FCD First-class Disciplines 一流学科建设研究生教学用书

本书获华东理工大学研究生教育基金资助

合规治理与企业合规管理：案例·原理·运用

祝宁波 著

華東理工大學出版社
EAST CHINA UNIVERSITY OF SCIENCE AND TECHNOLOGY PRESS
·上海·

图书在版编目(CIP)数据

合规治理与企业合规管理 ：案例·原理·运用 / 祝宁波著. -- 上海 ：华东理工大学出版社，2024. 11.（2025. 10 重印）

ISBN 978-7-5628-7611-3

Ⅰ. D922.291.914

中国国家版本馆 CIP 数据核字第 2024MH5445 号

内容提要

近些年，合规被社会各界普遍关注。以“合规”为中心的“合规治理”和“企业合规管理”正以前所未有的速度在国际社会和我国国内广泛推进。无论是从宏观的国家治理层面，还是从微观的企业生存和发展层面来看，推进企业合规建设都具有重要意义和价值。从国家治理层面，合规治理可助益多元治理主体共同参与下的国家治理模式与制度体系的更新与发展，促进行政监管方式的转变，提升司法效能，塑造更具活力、更加公平、透明的市场环境。从企业生存和发展层面，企业合规建设能引导企业更好地履行合规义务和社会责任，限缩违法违规行为的空间，预防各类风险所致损失的发生概率，从而推进企业可持续、稳健发展。

项目统筹 / 左金萍
责任编辑 / 左金萍
责任校对 / 王雪飞
装帧设计 / 徐蓉
出版发行 / 华东理工大学出版社有限公司
地址：上海市梅陇路 130 号，200237
电话：021-64250306
网址：www.ecustpress.cn
邮箱：zongbianban@ecustpress.cn
印　　刷 / 上海新华印刷有限公司
开　　本 / 787mm×1092mm　1/16
印　　张 / 14.5
字　　数 / 325 千字
版　　次 / 2024 年 11 月第 1 版
印　　次 / 2025 年 10 月第 2 次
定　　价 / 78.00 元

编　委　会

前言

“其作始也简，其将毕也必巨。”合规学或者合规管理学，作为一门较为年轻的交叉学科，在我国方兴未艾。国内高等院校开设相关课程的数量较少，有关它的学科定位和学科体系尚处于学界和实务界的不断探索中。然而，全球化对我们的经济和社会生活的影响日盛。“合规”这一舶来品，也越来越频繁地成为大众耳熟能详的常用词汇。它不仅可能体现为企业的合规管理体系建设，也可能存在于某跨国交易伙伴间的合规承诺中，抑或是某境外执法部门与某跨国公司达成的暂缓起诉协议。“合规”正深刻改变着国内外市场环境和交易规则，也在不断影响着我们的生活。

修订后的《中华人民共和国公司法》(以下简称《公司法》)开篇第一条明确提出，公司应规范组织和行为，完善中国特色现代企业制度，弘扬企业家精神。这是构建高水平社会主义市场经济体制的重要内容，也是我们实现中国式现代化的重要内容之一。合规制度发轫于西方主要发达国家，虽然在我国起步较晚，但发展迅猛。可以毫不夸张地说，企业合规建设和合规学研究已迈入高速发展期。不过，在繁荣发展的背后，社会大众也存在着对合规理解肤浅化和外延泛化的困境。合规建设本质上是对社会主体(特别是企业)进行治理结构和合规文化的自我革新。这一进程需要社会各界的参与，将企业合规建设向法律化的方向引导与激励。这需要我们审视现阶段的法律制度环境是否提供了足够有效的供给。

合规制度的确立和完善是我国法律领域的大事，需要吸引更多学者对这一领域展开广泛而深入的研究。同时，实务领域期待大批高素质的合规人才的加入，而合规人才的培养就肩负着这一重要的历史使命。作为硕士研究生教学用书，本书在体例和内容上有如下特点。

首先，本书注重探讨合规治理的理论及其国内外的发展脉络，借以全面剖析企业合规管理实施的背景和意义。全书分为两编，各自围绕一个关键主题展开探讨。上编以“合规治理”为核心，以“合规”及“合规治理”原理阐释为基础，深入探讨相关国家在合规治理方面的理论与实践；并从“巴塞尔协议体系”“OECD 合规倡导”“ISO 有关合规管理的指南”“世界银行制裁与诚信合规体系”入手，探讨国际社会对全球合规治理的倡导和推动。第四章将视野聚焦于我国，梳理合规治理的本土化发展脉络、各阶段特点和未来发展趋势。下编以“企业合规管理”为核心，在对合规义务及合规风险基本原理进行深入剖析后，探讨企业建设合规管理体系的意义和价值、企业合规管理体系及其与企业其他管理体系的关系。随后几章则侧重于研究企业合规管理体系的不同组成部分，即合规管理组织体系、合规管理制度体系、合规风险管理体系、合规运行与保障体系。上下两编共同体现“国家监管”与“企业自治”的呼应与互动，也反映出企业通过合规管理体系建设对政府倡导的合规治理的积极回应。这一过程既是企业内部管控机制对国家法律制度的调适和改进过程，也是企业将自我完善和自主创新理念不断融入社会治理的过程。由此，作者希望在对“合规治理”与“企业合规管理”的互动研究中，推动合规治理与我国企业合规管理体系建设领域的相关研究，促使合规互动机制在发展和演进中，不断推进我国政府与企业间的互信与合作，实现“有效市场”与“有为政府”的功能聚合。

其次，本书将“案例”作为“原理”和“应用”的研究基础和重要补充，力争将案例有机融入原理分析和后续研究中。本书所涉案例涵盖领域广泛且注重典型性，力求体现一个案例在不同场景下的运用，凸显内容的生动性和研讨性。同时，全书也采用规范分析法和比较法，以加强对所有知识点和原理的论证。其中，境外制度和实践的引入和探讨不仅是研究“合规治理”这一国际性话题所必需的，更重要的是它们对其他国家合规治理制度和实践具有潜在影响以及它们可能预示着未来全球合规治理方向与发展趋势。因此，国际社会在合规治理方面的最新立法动态不仅应该被我国企业知晓并在合规管理体系建设中作出回应，以增强企业应对全球合规监管挑战的能力，而且也需要为我国相关立法所吸收和借鉴，成为中国合规治理、合规监管制度的重要组成部分。

本书体例完整、阐释清晰、案例丰富，力求做到将高水准、适用性、知识性和研究性相结合。本书各章节前均结合正文主题设置“引例”，以启发读者对即将学习内容的兴趣。各章正文后单列“案例选读与思考”部分，以帮助读者回顾并夯实理论知识、延伸学习相关学术和实务的新动向，进而激发读者持续探索研究的热情。由于个人能力和学识有限，难免存在疏漏和不妥之处，敬请读者不吝赐教。

本书面向合规学、法学专业硕士研究生，亦可供企业及法律实务人士建设企业合规管理体系时参考。

目录

上编　合规治理原理

下编　企业合规管理应用

上编

合规治理原理

上编聚焦合规与合规管理的基本理论，西方主要国家、国际组织对合规治理的倡导与推动，以及我国合规治理从萌芽到繁荣的发展历程。

上编以国家与社会的合规要求及合规治理为视角，探讨合规与合规治理的基本原理，并从各国合规治理的实践，延伸至国际社会合规治理趋势。

上编同时探讨并梳理了我国合规治理的本土化进程及发展趋势。

第一章

合规与合规管理

引例

××企业合规倡议书

××全体员工：

2022年是国务院国资委确定的合规管理强化年，围绕加快突破难点、补齐短板，推动合规管理工作往深里走、实里走，真正发挥规范管理、防控风险、支撑保障的重要作用。现以“经营业务合规专项治理”活动为契机，我们向全体员工提出以下倡议。

以习近平法治思想为指导，弘扬“全员合规、全面合规、全过程合规”的合规文化，为打造业界领先、富有活力、受人尊敬的国际一流工程公司筑牢合规防线。

◆ 以身作则，恪守诚信准则

管理人员应当率先垂范，模范遵守合规行为准则和与职位相关的所有法律法规、制度规范，营造诚信合规文化氛围。全体员工应始终将公司利益放在首位，认同公司文化及宗旨，认真履行自身职责，努力维护公司社会形象及良好声誉。

◆ 爱岗敬业，坚守合规底线

热爱本职工作，熟知岗位合规要求，严格按照规范流程开展业务，杜绝一切可能导致公司陷入违法嫌疑或被明令禁止的不道德行为，拒绝突破合规底线的业务、拒绝突破合规底线的利润。

◆ 坚守信念，廉洁自律守初心

树立健康向上、勤勉尽责的从业理念，知敬畏、存戒惧、明行止、守底线，从思想上筑牢廉洁自律的第一道防线，弘扬正确的世界观、人生观、价值观，不通过贿赂等任何形式的腐败行为或其他性质相同的不当行为获取商业成功。

◆ 保守秘密，维护公司权益

树立百密不疏观念，养成保密的好习惯，严格遵守公司的商业秘密保护规定，对于公司商业秘密不得在未经内部沟通或向上级领导请示前，擅自对外发布、在公开场合讨论、向未经授权的个人或机构披露或无正当授权情况下使用公司或相关第三方的商业保密信息和专属信息。

◆ 杜绝违规，主动监督举报

时刻保持警惕，主动履行合规义务，有效防范合规风险，做依法合规经营的自觉尊崇者、模范践行者和坚定捍卫者，敢于举报违规问题，及时报告违规事件，共同营造良好的合规文化。

合规工作是一项长期而复杂的系统性工程，对公司的高质量发展至关重要。让我们一起认真遵守和执行合规制度，履行合规承诺，让诚信合规经营成为公司企业文化和砥砺前行的旗帜，以实际行动和优异成绩迎接党的二十大和企业第九次党代会胜利召开。

××企业　党委书记、董事长

××企业　党委副书记、总经理①

2022 年 10 月 1 日，《中央企业合规管理办法》(国务院国资委令第 42 号)正式施行。该办法对于推动我国中央企业(以下简称央企)加强合规管理，切实防控风险意义重大。作为我国合规管理领域的关键性法律文件之一，该办法的出台不仅对央企合规管理和生产经营产生直接影响，也对我国其他企业的合规管理具有示范、导引作用。该办法第三十一条规定："中央企业应当加强合规宣传教育，及时发布合规手册，组织签订合规承诺，强化全员守法诚信、合规经营意识。"本章以××企业合规倡议书为例，开启有关合规的定义、法律性质，以及合规管理的内涵、特征、原则、实施目标等问题的探讨。

第一节　合规的定义与性质

引例

雀巢公司员工侵犯公民个人信息案

2011—2013 年，被告人郑某、杨某分别担任雀巢(中国)有限公司(以下简称雀巢公司)西北区婴儿营养部事务经理、兰州分公司婴儿营养部甘肃区域经理。为推销雀巢奶粉、抢占市场份额，被告人郑某、杨某授意公司员工被告人杨某某、李某某等通过拉关系、支付好处费等手段，多次从数家医院的医务人员手中非法获取公民个人信息十余万条。一审中多名辩护人提出本案系单位犯罪，应追究雀巢公司的刑事责任。雀巢公司举证辩称，公司政策及员工行为规范等均不允许向医务人员支付任何资金或者输送利益，也不允许员工以非法方式收集消费者个人信息。被告人郑某、杨某、杨某某、李某某等都曾接受过相关培训并签署承诺函。在明知国家法律法规以及公司禁止性规定的情况下，被告人的行为并非体现雀巢公司的单位意志，应属个人违规操作。

2016 年，兰州市城关区人民法院一审认定雀巢公司 6 名员工构成侵犯公民个人信息

① 中交第四航务工程局有限公司.【合规倡议书】履行合规承诺，弘扬合规文化[EB/OL].(2022-04-29)[2024-03-01]. https://mp.weixin.qq.com/s/87yLYooKYv7jilEXMcxrfg.

罪。一审判决后，各被告人均以行为系公司行为、本案应属单位犯罪为由上诉至兰州市中级人民法院。2017 年 5 月，兰州市中级人民法院认为，雀巢公司发布相关管理文件，并进行合规培训的行为证明其已尽到合规管理义务。各上诉人违反公司管理规定，为提升个人业绩而实施的犯罪为个人行为。兰州市中级人民法院最终裁定驳回上诉、维持原判。[①]

本案涉及的主要问题包括：合规的定义、合规的性质以及企业合规的意义等。

一、合规的定义

合规即合乎规范，是指特定主体遵守或满足特定合规环境的各项要求。合规不是新生事物，有规则的地方必然有合规或违规的现象。由于企业是重要的社会活动主体，合规常常与企业相连，成为企业有效经营管理的重要保障。合规最早发源于 19 世纪末 20 世纪初英国和美国的企业合规实践。[②] 为应对国际大型金融机构相继曝光的因洗钱、重大操作风险引发的违规行为，英国、美国等国家的监管部门和国际金融组织率先对银行的经营活动提出了合规要求[③]，认为银行应以实现合规目标为中心，控制和管理合规风险，维护金融安全、促进经济社会发展。合规由此被定义为与经营目标保持一致并遵守企业所应适用的法律法规的各项活动[④]；也有国家的金融机构，如荷兰银行（ABN AMRO Bank）认为，合规就是合规部门代表管理层独立监督核心管理流程和相关政策的执行，确保银行从形式到实质均遵守行业内特定法律法规、维护银行声誉的各类行为。它使银行经营活动与法律管控、内部规则保持一致。随着合规理念的拓展，合规不再局限于金融行业，而被推广应用于对各领域的企业进行监管。2014 年，国际标准化组织的《ISO 19600：2014 合规管理体系——指南》（以下简称 ISO 19600）将合规定义为"履行组织所有的合规义务"[⑤]，并为所有类型和不同规模的企业建立有效的合规管理体系提出指导性建议。

当前，我国正大力推进法治国家、法治政府、法治社会一体建设。法治政府要求一切公权力机构法治化；法治社会则要求社会活动主体，无论是自然人、法人，还是各个社会组织、企业事业单位，乃至街道、社区、行业协会等全面法治化。[⑥] 法治建设一体化使合法、

---

① (2017)甘 01 刑终 89 号。

② 李晓明. 合规概念的泛化及新范畴的确立：组织合规[J]. 法治研究，2022(2)：136－147.

③ 如巴塞尔银行监管委员会(Basel Committee on Banking Supervision，BCBS，以下简称巴塞尔委员会)公布的《银行机构内部控制制度框架》(Internal Control System Framework of Banking Institutions)就认为合规性目标是银行内部控制所要实现的三大主要目标之一。

④ 美国反虚假财务报告委员会下属的发起人委员会（The Committee of Sponsoring Organizations of the Treadway Commission，COSO）于 1992 年发布的《内部控制整合框架》报告（Internal Control-Integrated Framework，以下简称 COSO 报告）。

⑤ 《ISO 19600：2014 合规管理体系——指南》"术语与定义"部分（https://www.iso.org/standard/62342.html）。

⑥ 卓泽渊. 推进法治国家法治政府法治社会建设[EB/OL]．(2021－05－14)［2024－03－01］. https://m.thepaper.cn/baijiahao_12673710.

合规在我国逐渐演变成为一个专业话题①，合规管理也发展成为法治社会不可或缺的专业领域之一。早在2006年，中国银行业监督管理委员会（以下简称银监会）就在其发布的《商业银行合规风险管理指引》第三条明确规定，合规"是指商业银行的经营活动与法律、规则和准则相一致"。2018年，国务院国资委发布《中央企业合规管理指引（试行）》，其中第二条将合规定义为"中央企业及其员工的经营管理行为符合法律法规、监管规定、行业准则和企业章程、规章制度以及国际条约、规则等要求"。② 在随后不久，七部委联合发布《企业境外经营合规管理指引》，扩展了合规所适用的主体范围和合规义务范围，并将合规定义为"企业及其员工的经营管理行为符合有关法律法规、国际条约、监管规定、行业准则、商业惯例、道德规范和企业依法制定的章程及规章制度等要求"。③

最近几年，合规实践活动的快速发展使合规概念在我国呈现泛化之势。在称谓上，"合规"被不同学科适用于不同场景，如企业合规、银行合规、行政监管合规、反制裁合规等。合规管理还被广泛应用于企业的宏观战略布局，以及企业中观管理和微观细节等的操作中。合规管理工作在企业不同部门间也存在职责划分不清、管理泛化、边界不明等问题。不过，尽管合规概念泛化的现象明显，学界和实务界仍基本同意如下定义：企业合规是企业为有效防范、识别、应对可能发生的合规风险所建立的一整套公司治理体系④。

二、合规的性质

合规是对企业依法依规经营的要求，是社会对企业行为恰当性和可接受性的整体评价，这些行为一旦受到质疑，企业将会面临社会谴责和政府部门加强监管等系列挑战。⑤合规同时也是一种公司治理体系，它有助于企业的自我治理、自我监管和自我整改。从社会治理层面看，合规管理是较为有效的公私共同治理机制之一。执法部门通过各类合规监督和激励措施不断推动企业加强自我防范、自我监控和自我应对这一内部监管体系的运行。⑥ 这意味着合规体系的建设和运行越来越成为企业不能回避的问题之一。随着合规管理在西方国家半个多世纪的发展，合规本身的性质越来越多地被人们所认知，并在植根于中国社会治理土壤的过程中，具有了不同于西方国家合规管理的特质。

（一）合规既涉及企业也关涉企业员工

本质上，合规是企业通过建立和运行一套识别和应对违法违规行为的管理机制，主动培育依法依规经营的习惯以及遵守合规文化的自觉。由此，合规适用的范围不仅包括企业，还涉及企业管理人员和全体员工。

---

① 华东师范大学企业合规研究中心.企业合规讲义[M].北京：中国法制出版社，2018：2.

② 《国资委关于印发〈中央企业合规管理指引（试行）〉的通知》（国资发法规〔2018〕106号）。

③ 《企业境外经营合规管理指引》第三条。

④ 陈瑞华.企业合规的基本问题[J].中国法律评论，2020(1)：178-196.

⑤ 陈良，张正勇，高文亮.合规管理与企业社会责任信息披露——来自中国上市公司的经验证据[J].南京财经大学学报，2012(6)：73-79.

⑥ 陈瑞华.企业合规的基本问题[J].中国法律评论，2020(1)：178-196.

企业管理活动再严密细致也无法确保全体员工都能遵规守纪。一方面，企业员工的某些违法犯罪活动可能对企业造成不当影响。通过建构合规管理体系，企业不但为决策、管理和运行活动设定符合规范的标准，使上至管理层、下至普通员工都能较为清晰地认知各类行为的边界，也能通过运行合规机制，将防控合规风险的理念，以及超越行为边界可能面临的风险、后果和所要承担的责任，传达、宣传至企业全体成员。另一方面，企业合规中的诸如自我披露和内部调查机制，将使从事违法违规行为的高管和员工受到内部举报、调查和惩戒，严重时，还将受到国家司法机关法律责任的追究。这些企业内部监督机制将能更好地约束、规范员工行为，降低员工不合规行为的发生概率和对企业的不利影响。

这种“自治”运行模式离不开企业、企业管理者和员工的自我管理和自我约束，也离不开企业外部合作伙伴的配合。这样的管理模式使企业构建起企业自身、企业高管、企业员工以及企业外部合作伙伴间的责任分割机制，即建立起企业行为与员工行为的“防火墙”，企业责任与企业家的责任将被区分。企业将不会因为高管或员工的违法违规行为承担责任；企业也不会为其供应商、经销商、代理商等第三方合作伙伴的违法违规行为承担责任。同时，企业因实施有效合规而获得免责抗辩，即建立和实施行之有效的合规管理体系，可能成为企业与监管部门达成和解、解除制裁以及获取其他宽大处理的途径。

（二）合规企业既须遵循道德规范，更应满足法律法规要求

合规企业遵循的是社会道德还是法律义务？道德规范往往基于社会成员的内在信念、觉悟，依据社会舆论发挥作用；而法律具有确定性和可预见性，依据明确而具体的规定发生法律效力。

企业建立合规管理体系的价值是多方面的，除了社会责任驱使及外部监管推动等因素，还源于企业内部自身的管理需求。现阶段，大多数的企业合规建设仍属于企业自发行为，并不构成其必须遵循的法定义务，也未上升至法律层面的要求。不过，合规所表达的企业商业道德和社会责任层面的内容和标准往往高于企业所需承担的法律义务，也更能够有效践行企业社会责任。这种更高层面的企业自我管理机制和行业协会推广的内部治理方式一旦实施，很容易被社会公众所认可，成为企业提升品牌效应、赢得社会美誉度的特殊“名片”。随着全社会各类合规激励机制正以前所未有的速度推广，那些重视合规建设的企业将在市场准入、信用评级以及获取更优质的交易资源上获得比其他市场主体更强的竞争地位。合规建设已经不再成为“要我做”的事情，而是逐步转变为企业“我要做”的行为自觉。

当然，作为舶来品的“合规”，其英文“compliance”的原意即“遵循”（命令或规则），隐喻合规主体对权威规则的服从之意。结合合规产生的背景，合规主体对规则遵守的意味更趋明显。建构企业合规机制的本意是减少或者避免企业因违反法定或者约定义务而遭遇各类风险事件。这种机制应当以法律规范作为识别或者评估风险发生可能性的标准，不能脱离特定的法律环境。同时，合规管理的基本手段是制度设计，通过制定和实行各项合规管理制度，达到降低或规避合规风险的法治管理目标。合规管理将企业内控、合规和风险管理有机结合，满足企业内部管理需求和外部监管要求，以内控体系为基础，融入合

规要求，形成完整的风险管理体系，从而提升企业内部管理水平，保证企业健康、长远发展。

随着企业违法违规行为给社会造成越来越大的损害后果，加强企业监管和治理成为各国普遍关注的焦点问题。合规不再是企业可自由选择的道德治理问题，它已然转变为国家从外部以各类激励措施共同推动下的社会与企业共治方式之一。因此，合规不仅具有企业依法依规经营的含义，还是企业自我治理、自我监管和自我整改的一种方式，更是在企业陷入执法调查时获得宽大处理的激励机制。① 显然，企业合规活动既具有道德属性，也必然具有法律属性。

（三）企业所遵循的合规内容或规则更多源于企业外部

外部合规义务主要源于立法机关、行政机关、司法机关或行业协会发布的各类规范，也可能源于外国法律规范、国际组织规则或国家之间的国际公约和协定，以及各类国际惯例、商业道德准则等。企业外部合规义务的遵守是基于国家或者社会对企业现代化、规范化、安全化、合法化及高效率良性运行的期望和治理要求，也是国家或者社会对企业全方位、立体化文化建设的要求。外部合规义务边界与范围的广泛性大大增加了企业遵守合规义务的风险和成本。而企业内部合规义务则不仅包括本企业内部的规章、制度或规定，若企业是某集团公司的下属企业，这里的内部合规义务还包括本集团上级公司约束集团全体的制度规范。

在不同时期、不同主体以及不同适用场景下，合规的内涵、性质和特征会有不同层面的解读。它既是对法律、政策和商业道德的遵守，也可能是合规管理和合规管理体系的简称。当然，合规也代表着合规文化，而且已成为企业乃至整个社会文化精神的组成部分。

第二节　合规管理概述

引例

三鹿集团合规风险管理失控案

集奶牛饲养、乳品加工、科研开发为一体的三鹿集团，经过近半个世纪的发展，曾连续6年入选中国企业500强。“三鹿”品牌曾被世界品牌实验室评为中国500个最具价值品牌之一。“三鹿”商标曾被认定为“中国驰名商标”。其品牌价值也曾被中国品牌资产评价中心评定市值达149.07亿元。在20世纪90年代初，该企业开创的“奶牛＋农户”饲养管理模式因具有奶源获取优势而为同行所效仿。

不过，急剧扩张导致的资金投入、机器设备及运营管理等矛盾为企业发展埋下诸多安全隐患。自2007年12月起，三鹿集团陆续接到一些患泌尿系统结石病儿童家长的投诉。

① 陈瑞华. 论企业合规的性质[J]. 浙江工商大学学报，2021(1)：46-60.

但三鹿集团并未引起重视，反而采取推诿、隐瞒等手段回避问题，导致事态日益恶化。2008 年 12 月，巨额医疗费和赔款造成三鹿集团因严重资不抵债而破产，曾经的奶业龙头企业一夜间消失。

三鹿集团看似因“三聚氰胺”毒奶粉导致破产，但事件背后的深层次原因却是其内部存在着严重的运营风险管理问题。乳制品企业本应加强奶源建设、保证原奶质量，但在执行“奶牛＋农户”饲养管理模式时，三鹿集团高层管理人员风险意识淡薄，忽略对原奶生产、收购到运输环节的全过程实时监控。唯一控制奶源质量的最后检查环节，又因反舞弊监管措施实施不力，出现奶源质量低下的严重问题，为腐败和作弊提供了滋生土壤。在利润驱使下，三鹿集团将工业用原料三聚氰胺加入奶粉，置消费者的健康于不顾，突破社会道德底线。此外，因盲目扩张，三鹿集团还存在着内部股权分散、治理架构缺乏所致制衡机制薄弱等问题。这直接导致三鹿集团缺乏对贴牌生产产品的合作商的有效监管，进而产生巨大的产品质量控制隐患。面对外界对“三鹿”牌婴幼儿奶粉质量的质疑，三鹿集团却隐瞒真相，最终引发媒体深度报道和产品质量问题的全面曝光。“三鹿”品牌的轰然倒地几乎成为无法避免的事实。①

三鹿集团合规风险管理失控为我国企业敲响了警钟：构建适合企业发展的合规管理体系，营造和谐的企业内部控制环境关乎企业的生死存亡和盛衰荣辱。本案涉及的主要问题包括：合规管理概念、企业合规管理的目标和原则、企业合规管理的必要性等。

如果说合规管理中的“合规”包含着对企业营业地所在国法律法规、各项监管规定、行业准则，与企业行为密切相关的国际条约、惯例、各类标准，以及企业章程、内部规章制度等的“遵守”之意，那么，合规管理（compliance management）则强调的是通过“管理”实现符合各类规范的目标，落实合规义务的遵守。

一、合规管理的定义与分类

（一）合规管理的定义

合规管理是企业管理的重要组成部分，被认为是与业务管理、财务管理并重的企业三大管理支柱之一。关于合规管理的定义，理论界和各类非政府组织探讨较多。早期的如巴塞尔委员会 2005 年发布的《合规与银行内部合规部门》②，从规范银行合规部门和合规岗位的工作、有效管理风险角度出发，为银行在开展业务经营活动时提出了遵守“法律、规

① 石家庄三鹿集团股份有限公司（https://baike.so.com/doc/6770701-32317603.html）。

② 2003 年 10 月，巴塞尔委员会发布《银行内部合规部门》（https://www.bis.org/publ/bcbs103.pdf），该文件成为法国等国家的监管机构和银行规范合规风险管理的指导性文件。2005 年 4 月 29 日，巴塞尔委员会为更好地指导银行业机构设立合规部门和合规专职岗位，协助银行高级管理层有效管理合规风险，发布《合规与银行内部合规部门》（https://www.bis.org/publ/bcbs113.pdf）。

则和准则”的各类合规职责要求。[①] 我国国务院国资委2022年出台的《中央企业合规管理办法》第三条，将“合规管理”定义为“企业以有效防控合规风险为目的，以提升依法合规经营管理水平为导向，以企业经营管理行为和员工履职行为为对象，开展的包括建立合规制度、完善运行机制、培育合规文化、强化监督问责等有组织、有计划的管理活动”。

从这些定义可见，各监管机构多从监管视角将“企业”确定为合规管理的实施主体。企业遵循各类合规标准和要求，满足监管机关对其运营活动的规范性要求。为此，企业需要凭借内部控制措施，加强对各项具体事务的合规操作，确保从管理层到每一位员工对各项规章制度的遵守。同时，企业还需要根据外部合规环境的变化，适时调整内部控制措施。这需要企业合规管理具有前瞻性，能够对未来可能出现的问题进行风险管理。而风险管理的内容源于企业对经营管理活动的风险预判。由此，企业合规管理要以风险管理为导向，查漏补缺，不断深化企业内部控制措施。

（二）合规管理的分类

按照不同的标准和依据，合规管理可有以下不同分类。

1．全面合规管理和专项合规管理

依据实施合规管理的目标、内容和范围的不同，合规管理可分为全面合规管理和专项合规管理。

全面合规管理是覆盖企业各业务领域、各部门、各关联企业及全体员工，贯穿企业决策、执行与监督等各个环节的全面性、综合性合规管理体系。全面合规管理是“以管理为导向”的合规建设思路，遵循“企业依法依规经营”理念，同时注重从合规文化建设、合规资源投入、流程制度建设和专业能力提升等维度，来建立合规管理体系。[②] 企业建立全面合规管理体系，既要实现管控各类合规风险的“近期目标”，也要据此逐步提升企业的软实力和商业竞争力，确保企业实现可持续发展的“长远目标”。国务院国资委在《中央企业合规管理办法》中，就对央企合规管理工作提出了全面覆盖原则，即要求央企合规管理将合规要求嵌入经营管理各领域、各环节，贯穿决策、执行、监督全过程，落实到各部门、各单位和全体员工，实现多方联动、上下贯通。[③]

专项合规管理是针对企业合规风险较高的特定领域或者已发生合规风险事件领域，制定合规管理具体制度或者实施专门性合规管理。这些领域包括但不限于反垄断、反商业贿赂、生态环保、安全生产、劳动用工、税务管理、数据保护等。相较于全面合规管理，专项合规管理通常具有较强的针对性，是全面合规管理的重要组成部分。专项合规管理强调对专门合规风险的预防与管控，主张视企业所处行业、业务范围、规模、违法违规事件等的不同，构建符合企业需求的专门化合规管理体系。由此，专项合规管理体系应通过识别特定领域的合规义务与风险，制定专门性合规整改计划和针对性制度，严格制度和流程的

---

① 华兵，鄢青．巴塞尔委员会“合规”文件解读与我国商业银行合规管理[J]．福建金融，2005(12)：16-18.

② 申楠．中兴通讯首席法务官申楠：合规风控的认知和管理进阶之路[EB/OL]．(2022-07-21)[2024-03-01]．http://news.sohu.com/a/569845217_121181007.

③ 《中央企业合规管理办法》第五条。

执行措施，堵塞管理漏洞、消除制度隐患、去除治理结构缺陷。

需要指出的是，企业构建全面合规管理体系抑或专项合规管理体系并没有先后顺序。在合规建设初期，企业可事先通过梳理国家法律、法规、行业规范、商业惯例、企业内部规章制度等，明确企业所处的合规环境和可能面临的合规风险，进而建构尽可能全面的合规管理体系。而在构建并实施该管理体系的过程中，企业合规管理人员不断提高合规管理从业能力，合规制度体系建设不断走向精细和严密，合规管理体系框架日趋契合企业发展。这些为企业专项领域的合规管理体系提供了精细化乃至专门化管理的建设基础。从这一意义上说，企业合规管理体系建设所经历的是"从无到有、从有到优"的不同发展阶段。与此相反，在企业合规建设资源有限的情况下，专项合规管理体系建设有助于企业尽早开启合规建设探索，管控具体的、现实的和迫在眉睫的合规风险，逐步积累经验、检验合规管理成效，实现具象化合规风险管控目标，进而"以点带线带面"，最终逐步形成合规文化，推进全面合规管理体系建设。

实施全面合规管理体系还是专项合规管理体系，不应成为衡量企业合规管理建设水平高低或者管理成效好坏的证明。事实上，无论是全面合规管理还是专项合规管理，都应符合相称性原则，根据企业规模、行业特点、业务范围以及面临的合规风险情况等，建立具有差异化的合规管理体系。

2. 救济型合规管理和预防型合规管理

从构建和实施合规管理体系的原因来看，合规管理可分为救济型合规管理和预防型合规管理。

救济型合规管理是企业在发生违规事件后，执法机关（行政机关或者司法机关）以企业承诺采取符合执法机关要求的合规管理措施为条件，构建和实施合规管理体系，以减轻或者免除企业的部分或者全部违法、违规责任。在国际社会，救济型合规管理是企业在面对执法机关违法责任追究下常用的合规自救方式。救济型合规管理通常是企业在执法机关的外部监督下开展的合规体系建设。因实施效果与违法行为处罚结果直接相关，开展此类合规管理时，企业重视程度普遍较高。

预防型合规管理是企业为减少或者避免合规风险的发生而主动建立合规管理体系的一种类型。在此背景下，企业发生违法、违规事件后，执法机关审查企业合规管理体系并认为符合合规免责条件，会在定罪量刑或者行政执法时免除或者减轻处罚。企业预先积极主动实施合规管理措施，有助于证明企业没有实施违法犯罪行为的故意，这将成为执法部门减轻处罚的重要依据。1991 年，美国《联邦组织量刑指南》（United States Sentencing Guidelines Manual，USSG）[①]在第八章中就明确：企业因代理人实施的违法行为被起诉、定罪的，若企业建立有效的合规体系，则可以减轻企业的刑事责任。预防型合规管理是企业自发采取的降低企业风险的公司治理模式，是企业在未受政府机关或者司法机关指控前就主动建立并实施的行为。与救济型合规管理相比，在预防型合规管理体系下企业因不受外部机关的监督、审查，其合规管理的自主性更强。

---

① 详见本书第二章第一节。

二、合规管理的特征

合规管理是现代企业可持续发展的重要保障。它用体系化的运行模式来管控企业违法、违规风险。合规管理的核心内容是对企业合规义务和合规风险的管理。不过，合规管理必须满足企业管理需求，在管理目标上平衡企业成本与收益、风险与规范，为企业找寻恰当的经营管理之路。合规管理具有如下基本特征。

(一) 企业是合规管理的重要主体

企业是合规管理的重要主体。通常，合规管理的内容都以规范企业的经营活动和企业员工行为为核心。企业的合规管理活动强调与企业日常运营相结合。由于企业的一切活动都必须遵守法律法规、商业惯例以及企业内部规章制度，因此，合规管理可以被理解为，企业就风险开展识别、评估、监测、防范、控制等的一系列管理活动。

(二) 合规管理的核心是企业的风险管理

风险管理是企业实施内部管理与控制的基础性工作。合规管理具备企业管理所含的计划、组织、实施、控制等基本内容，但主要围绕企业合规风险开展工作。它以预防与控制企业风险为核心目标，通过遵守企业外部法律、规定，或者制定符合外部法律、规定的企业内部规范为主要实施路径，落实或者监督内外部规范的执行，以增强企业识别、监测、预警、管理风险的能力。与财务管理关注的“企业做什么”和“如何建立短期目标”不同，合规管理多从法律视角注重引导“企业怎么做”和“如何建立长期目标”。

合规管理虽然通常由企业某部门专门负责，但受全员性原则约束，合规管理构成企业的基础管理和底线管理。合规管理须将与企业有关的各类合规义务或者合规承诺覆盖企业管理的各层级和全过程，并对全体员工普遍适用。它一方面是国家合规意志在企业的落实，另一方面也是企业对国家合规意志的自我调适。合规管理是企业各部门以合规视角，为实现合规目标而实施的全体成员具体、细微活动的集合。只有企业全员的管理合力，方能真正助推企业长远、稳健发展。

(三) 合规管理本质上是企业治理与公私合作治理方式的结合

企业合规所依据的“规”大多具有强制特性，对法律和规则的遵从没有“个体”和“企情”差异。这意味着“合规”是企业承担的首要责任，是企业业务顺利开展的前提、经营管理坚守的底线和不得触碰的红线。由此，企业要加强自我监督、控制和管理，主动防止违法违规行为的发生，以此形成企业健康发展的治理机制。

随着公私共治[①]理念的兴起，合规管理也被赋予新的内容。“法律通过介入企业微观

---

① 公私共治，即公私合作，是指国家不再强制性、单独处理业务，政府与私人部门共同行动、互相补充，从而实现公共利益的模式。其又被称为“受规制的自我规制”“强制性自我规制”。高秦伟. 社会自我规制与行政法的任务[J]. 中国法学，2015(5)：73－98.

管理，为企业的自律性规制设定外在制度约束、最低要求和绩效目标，又为企业保留相当程度的灵活性，令其在遵守法律的前提下，有可能以最符合成本有效性要求的方式，通过创新企业战略，改革内部管理，设定高于法定要求的自律性规范，还能有效降低行政规制成本，减少行政资源的耗费”。[①] 因此，合规管理不仅依然保留企业自我管控的内容，也包含了来自企业外部力量，如政府部门、司法部门、行业组织等刺破式介入企业日常运转的合规监督内容。企业建立合规管理体系不但可以由此获得各项激励，如合规管理成为无罪抗辩的事由，企业合规管理成为适用暂缓起诉协议的适用条件，企业合规建设能够减轻或解除来自外国政府或者国际组织的制裁等，也能使国家通过各类合规激励措施促进企业建立合规管理体系，实现法律监管之目的。[②]

（四）合规管理是一种企业文化样态

“法律不仅是世俗政策的工具，还是生活终极目的和意义的一部分”。[③] 合规管理在实践中常以“违规会受罚”为逻辑假设的起点，以追求“不发生违规行为”为目标，因而管理重心在“风险防范”上。这有利于排除企业管理层及员工的侥幸心理、投机心理。同时，合规管理需要企业建立相应的制度或者规范体系。通过合规制度的制定和执行，违规行为将受到惩戒。这种常态化的管理模式势必增强员工对规则的敬畏感、信任感和自我行为的管控力，打造规范遵守的价值理念，培育遵守规则的行为自觉。合规管理措施的科学运用，也能不断提高企业员工的专业素质、促进企业健康发展。实践证明，国际著名企业普遍树立诚信合规经营的价值观，把守法遵规作为员工行为的底线，并逐步形成诚信合规的企业文化，在合规上不允许有任何变通、规避或例外，对违规行为实行零容忍、一票否决。这种把合规管理作为公司治理基石的做法，不但可以积极应对日益严苛的监管环境，也有助于保障企业的健康、持续发展。

同时，合规管理是企业管理的一部分，具备企业管理学科的基本要素。[④] 不过，由于合规管理涉及法学、经济学、企业管理、社会学等多学科理论知识，随着实务界和学界对这一领域研究和探索的深入，合规学正作为一门交叉学科越来越受到重视。

三、合规管理的原则

万物有所生，而独知守其根。合规管理关涉多学科、多行业需求，且不同类型、不同发展阶段的企业的合规管理需求各有不同。在构建和实施合规管理体系的过程中，企业必须明确合规管理的目标，恪守以下基本原则，不断提升依法合规经营的管理水平。

（一）全面合规管理与专项合规管理相结合

合规管理作为一项系统性、基础性工作，涉及企业管理的方方面面。企业应注重合规

① 宋华琳．论政府规制中的合作治理[J]．政治与法律，2016(8)：14－23．
② 毛逸潇．合规在中国的引入与理论调适——企业合规研究述评[J]．浙江工商大学学报，2021(2)：149－160．
③ 哈罗德·J．伯尔曼．法律与宗教[M]．梁治平，译．北京：生活·读书·新知三联书店，1991：43．
④ 郭青红．企业合规管理体系实务指南[M]．北京：人民法院出版社，2019：3．

管理的整体设计，坚持将合规要求覆盖至企业所有业务活动和全体员工，落实到所有子企业、各分支机构和各部门，贯穿至决策、执行、监督、反馈等全过程，实现"事前、事中、事后"的预防、监管和控制相统一。单项风险可能关联或者引发多种风险，或可能因对一种风险处置不当而升级为系统性风险。因此，企业管控单项风险时，应将其纳入全面合规管理体系中，分析某类风险的穿透性和演变性。由于合作方的不合规行为造成或者可能引发对本企业的不利影响，如声誉风险等，企业要充分评估其内外部风险的相关性和传导性。不过，风险无处不在，全面覆盖合规管理，企业会面临管理难度过大、管理有效性存疑等问题。企业可以将其核心业务或者经常爆发风险的区域，如安全、环保、财务、劳动、合同、数据、知识产权等领域，作为风险防控重点，采用专项合规管理体系，优先实施。

全面合规管理和专项合规管理的实施需要考虑企业成本与收益问题。一般来说，风险可接受程度越低，控制成本就越高。相比而言，企业进行全面合规管理可能短期内会增加企业运营成本、造成管控资源的浪费。建立专项合规管理体系有助于企业在确定合规管理的重点方向、重点领域后，集中企业资源和力量，以较小的成本率先开展合规管理实践。现阶段，我国在反垄断、出口管制、数据安全、知识产权等领域出台了大量专项合规管理指引。加强对这些成果的应用与实践，不但有助于企业尽快建立专项合规管理体系并对其持续优化，也能借助这些专项合规管理的实践经验开展先行先试，逐步培育企业合规文化。在推进全面合规覆盖的管理目标进程中，企业可按照重点突出、分步实施的方式，充分考虑合规管理的运行条件和实施范围，避免因噎废食，逐步实现合规管理全覆盖的目标。

（二）预防性和适应性相结合

风险具有不确定性。合规管理应考虑风险的这一特性，采取措施、降低风险的不利影响并确保合规目标的实现。对风险实施预防性监管，其效益和效果往往优于企业风险事件发生后的处置成本和结果。企业合规的预防管理应具有前瞻性思维，应以实现企业发展战略目标为指导原则和核心，采取源头防控、管理关口前移、定期审查等措施，积极做好各项预防措施。

在源头防控方面，可从源头入手，主动识别和评估风险，及时发现问题，铲除或者减少滋生风险的"土壤"。

在管理关口前移方面，可从合规制度制定的角度，基于合规制度及其实施来管理企业。同时，合规文化及意识的培养有助于从全体员工思想上把控风险，规范企业经营管理和业务流程，提高企业整体风险防范意识和风险应对处置能力。

在定期审查方面，企业可通过定期比对国内外合规风险环境和企业合规风险体系运行状况，以便综合评估企业整体风险状况，排查隐患、梳理问题；通过定期调整和优化风险预警指标体系及阈值设定，提高企业风险预警体系的敏感度和风险应急处置能力。

当然，企业合规管理应考虑企业管理的现实需要，不能脱离企业现有的管理体系、管理制度和流程。合规管理工作不是一个部门、一个人的事情，合规管理的后果也不仅仅影响企业某个人、某个部门或者某个业务领域。因此，企业合规管理体系在制度、运行机制、人员等各个管理环节的复杂程度应与企业规模、经营情况、风险状况以及外部合规监管环境相匹配。

适应性也意味着合规管理应当符合及时管控、持续改进的要求。风险事件具有突发性,任何处置和应对得不及时、不恰当,都可能导致风险的外溢和扩散,增加企业的损失。因此,企业合规管理体系应具有及时处置风险事件、减少风险损失和防止风险扩大的作用。为此,可以借助信息化平台或者技术手段开展实时动态监测,提升企业合规管理的数字化、智能化水平。另外,合规风险环境并非一成不变,企业合规管理手段只有不断迭代更新、持续改进,方能适应不断变化的企业管理需求。

在我国许多国有企业中,合规管理、内部控制和全面风险管理都是公司治理的重要工作内容,三者在理论基础、管理框架、组织架构、管理流程等方面具有相似性,且关系密切。但三者在工作目标、范围界定、管理方式、监管体制、工作要求上又存在明显不同。企业建立合规管理体系时,应考虑各部门间的协调配合,实现信息共享、风险共担、共同处置,防止风险在业务领域之间交叉传导、转移和扩散。① 与此同时,企业的合规管理还应积极发展与行政机关、司法机关、行业协会等企业外部机构的协同联动和信息成果共享,形成合规治理的合力。

(三) 专业性、独立性与有效性相结合

合规管理是一门专业性很强的交叉学科。从事企业合规管理的人员不但应熟悉行业或者企业业务管理制度和流程,也应具有较为丰富的法律法规知识、风险预判和解决能力。合规管理的各项工作和流程都需要专业化的合规管理人才队伍,方能确保合规管理各项工作的落实,使合规管理体系发挥实效。企业应根据其组织架构、行业及业务特点、规模等设置合理的合规管理机构,配备专门的合规人员。在合规部门的工作机制方面,应确保合规部门和合规负责人在企业组织体系上具有独立地位,与企业其他各项业务经营活动区分,以方便独立开展合规管理活动。

合规管理体系的有效运行是企业开展合规管理的目的,也是外部机构对企业实施合规监管希望其实现的目标。企业合规制度的制定和执行效果最终都体现在管理成效上。否则,无效运行的合规管理体系不但影响企业经济效益,也会损害企业的声誉和社会形象。合规管理的有效性包含合规计划的有效性、合规机制运行的有效性,以及在企业涉嫌违法或者犯罪时作为对其无罪抗辩或争取宽大处理抑或免予起诉的实质性要件。企业制定并实施有效的合规计划,甚至被视为一种能够获得行政或刑事处罚上不同程度豁免的企业自我监督、自我约束的内部法规运行忠诚机制。② 而上述内容的有效性评价结果与有效性评估标准直接相关。合规有效性评估标准是企业合规管理工作成效的检验标尺。考察国外经验和我国实践,有效性评估标准目前在各国并未形成共识。从发展趋势来看,企业合规有效性评估标准越来越体现政府机关、检察机关主导的态势,并正在经历从形式

---

① 陈继红.商业银行声誉风险管理原则解读[J].银行家,2022(5):72-74.

② 齐钦,孙昕锴,王路路.企业合规计划的有效性判断[J].中国检察官,2022(3):31-34.

到实质、从抽象标准到具体指标的演进过程。不同行业企业、不同规模企业合规计划的有效性评估标准正日益呈现个性化发展的趋势。同时，合规文化已经作为企业合规有效性的标准之一越来越受到重视。

四、合规管理的目标

以上合规管理原则虽然普遍适用于各类企业的合规管理。不过，不同类型企业在不同发展阶段，其合规管理范围和管理重点会有所不同。因此，企业需要结合自身情况和需求，明确合规管理体系构建或者完善的目标。

通常，企业应从以下几个方面确立自身的合规管理目标，以确保企业合规稳健运行、健康有序发展：

(1) 构建满足合规管理需求的组织体系；

(2) 完善合规管理制度体系；

(3) 强化合规管理的执行保障和合规效果审核；

(4) 合规观念先行，实现合规自觉。

案例选读与思考

1. 企业为什么要建立合规管理体系？

2. 请结合实例谈谈企业合规为何既关乎企业，也关涉企业全体成员。

3. 请结合实例谈谈合规企业遵循的是社会道德还是法律义务。

4. 合规承诺有利于强化管理层乃至全体员工的合规意识，是企业文化的重要组成部分。阅读本章引例《××企业合规倡议书》，思考如下问题：

(1)《企业合规倡议书》的作用是什么？

(2)《企业合规倡议书》应包含哪些内容？

5. 请了解“雀巢公司员工侵犯公民个人信息案”后回答下列问题：

(1) 企业员工以单位名义、为实现单位利益，实施犯罪行为的情况下，企业是否应承担刑事责任？

(2) 在本案中，雀巢公司如何实现单位责任与员工个人责任的有效切割？

6. 阅读本章第二节引例“三鹿集团合规风险管理失控案”，分析三鹿集团在合规管理方面存在的问题。

第二章

合规治理的起源与发展

引 例

摩根大通集团巨额罚款案

摩根大通集团(JP Morgan Chase & Co.)是美国第一大银行。2020年9月底,摩根大通集团因在贵金属、国债等金融交易中的违规行为被美国监管机构处以罚款9.2亿美元。据美国执法机构公布的文件披露,2008—2016年,摩根大通集团及其附属机构的15名交易员通过“幌骗”(spoofing)手法,操纵贵金属期货与美国国债价格进行牟利,给贵金属和国债市场的其他参与者造成逾3亿美元的损失。美国商品期货交易委员会(CFTC)的调查结果显示,该银行内部交易监测系统并未有效识别其交易员存在的幌骗交易、操纵市场价格行为;其他员工对幌骗交易行为的举报也未促使该银行启动内部调查程序。同时,该银行对CFTC的执法调查也未给予积极配合。

在与美国司法部(DOJ)达成的为期三年的暂缓起诉协议(deferred prosecution agreement, DPA)中,摩根大通集团表示对交易员的不当行为负责,并承认银行内部合规管理体系存在漏洞,承诺将采取一系列合规整改措施,并与执法部门加强监管合作。这些措施包括:全面推进合规整改计划的实施;增加合规人员及合规事务经费等合规资源投入;改进交易和电子通信监测程序、优化监测系统,加强交易监测;推进稳健合规文化建设,公司内部加强反欺诈和反市场操纵合规提示及合规培训;按时向执法部门提供真实数据和合规整改报告等。

在合规整改评估后,摩根大通集团最终获得一定程度的罚金减免。CFTC也未派遣合规监督员监督该银行的合规整改。[①]

摩根大通集团的不当交易影响了多个国际金融市场。美国CFTC的执法也堪称为其史上最大幌骗交易罚款案。该案无论是罚金的数额还是案涉人员的层级都刷新了美国的

---

① 苏如飞.合规管理视角看幌骗案例——美摩根大通银行巨额罚单分析[J].金融市场研究,2021(1):74-78.
美国司法部官网(https://www.justice.gov/opa/pr/jpmorgan-chase-co-agrees-pay-920-million-connection-schemes-defraud-precious-metals-and-us)。

执法纪录，反映出美国监管机构对企业越来越严格的合规监管趋势。

本案主要涉及以下问题：合规管理的起源和西方国家合规监管的发展。

企业作为利润追求者，本身缺乏合规管理建设的原动力。不过，在社会民众普遍认可的诚信理念推动下，企业若在经营中不遵守法律义务、不遵循公序良俗、不符合商业道德规范，社会民意会以法律方式推动企业变革治理模式，如通过政府执法、利益相关方损害赔偿诉讼、公众舆论等外部压力迫使企业不得不开展合规建设。而违规可能面临的声誉损失、高额赔偿、各类行政和刑事处罚等风险会迫使企业不得不将外部压力转变为自身合规需求，进而逐步开启合规管理的探索与实践，确保企业各项活动符合外部监管要求。在内外合力作用下，开展合规管理建设便成为企业应对政府监管要求和社会公众期望的必然举措之一。

企业合规管理在中国、欧美国家及国际社会的产生和发展是企业合规管理学的首要研究课题。[①] 合规理念源自 50 多年前的美国。伴随着经济和商业活动的全球化，越来越多的美国企业将合规管理理念和实践推广至全球。与合规管理有关的治理理论和实践探索也多与美国企业关系密切。同时，美国政府合规监管的做法也逐渐被英国、法国、意大利、日本等国家的监管部门效仿，纷纷出台有关企业风险管理及内部控制方面的监管制度或监管准则。

第一节　美国合规管理的起源和演进

引例

巴西石油公司贪腐案

巴西石油公司(Petróleo Brasileiro S. A. , Petrobras)是由巴西政府控制的、总部位于巴西里约热内卢市的大型国有油气公司。巴西石油公司在包括美国在内的十多个国家开展业务。该公司的普通股和优先股在美国证券交易委员会(U. S. Securities and Exchange Commission, SEC，以下简称美国证监会)注册，并在纽约证券交易所交易。2004—2012 年，巴西石油公司高管、经理与多名政客及承包商合谋，实施多起串通投标、虚增合同价款等行为。2015 年 3 月，该公司的上述行为被巴西检察官指控至巴西最高法院。[②]

2018 年 9 月，美国证监会公布行政命令(administrative order)，称巴西石油公司提交不实财务报表，隐瞒巨额贿赂、操纵项目投标，误导美国投资者。美国证监会据此认定该

---

① 郭青红. 企业合规管理体系实务指南[M]. 北京：人民法院出版社，2019：3 - 4.

② 巴西石油公司涉贪腐案 54 名政治人士被要求调查[EB/OL]. [2024 - 03 - 01]. http://news.sohu.com/20150304/n409326619.shtml.

公司违反美国《证券交易法》第17(a)(2)、(3)条有关禁止证券发行人通过欺诈、欺骗、不实陈述或重大事实遗漏来牟利的规定；同时认定该公司也违反了美国《反海外腐败法》(Foreign Corrupt Practices Act, FCPA)的账簿、记录及内部控制规定。为此，巴西石油公司与美国司法部、美国证监会以及巴西政府达成不起诉协议(non-prosecution agreement, NPA)。该协议明确要求巴西石油公司立即停止涉嫌违法行为，向美国证监会上缴违法所得及利息，向美国证监会、美国司法部支付17.8亿美元罚款，向巴西政府支付6.8亿美元罚款。巴西石油公司还同意向美国司法部提交一份为期三年的反商业贿赂合规状况自查报告，开展合规整改，全面整治合规管理缺陷。[①]

巴西石油公司贪腐案至今仍位居美国FCPA执法史上处罚数额巨大案件之列。该公司因违反美国《证券交易法》和《反海外腐败法》令美国拥有管辖权。不过，将一家外国国有企业在其本国境内贿赂本国官员的行为纳入美国FCPA的域外刑事管辖范围，并以不起诉协议要求其加强反商业贿赂合规体系建设的做法拔新领异，引起国际社会的广泛关注。[②]

本案有助于考察美国合规管理制度的起源和发展。

美国与合规相关的政府监管法律可追溯至20世纪初的公共健康和食品安全领域。出于对公共健康和食品安全的担忧，美国于1906年成立食品药品监督管理局(Food and Drug Administration, FDA)，对食品、药品、生物制剂等实行严格监管。随后，美国在反垄断、消费者权益保护等多个领域颁布法律，成立与执法相配套的联邦监管机构，监督企业更好地遵守法律。不过，因执法机构与企业之间更多表现为对抗性监管，并未催生企业从事合规管理的自觉。随着美国对企业构建内部违法行为预防机制的“柔性”制度引导，企业陆续开启合规管理体系建设的探索活动。此后，美国越来越多民事、行政类的法律规范增加了有关企业未能构建有效的内部合规机制将面临惩戒的规定。自此，企业合规管理这一治理模式在美国企业得到推广应用。

在美国合规管理史上，多部法律制度的出台和强力推行，促使企业合规管理在美国得以快速发展。1977年出台的美国《反海外腐败法》[③]和1991年联邦量刑委员会(United States Sentencing Commission, USSC)出台的《联邦组织量刑指南》以刑罚作为企业不合规行为的惩戒手段，倒逼企业不得不重视合规建设。2002年，美国国会出台的《萨班斯-奥克斯利法》(Sarbanes-Oxley Act, SOX，以下简称《萨班斯法》)针对上市企业明确了合规管理的强制性义务要求。

---

① Paul, Weiss, Rifkind, Wharton & Garrison LLP. Behind Petrobras $1.8 billion FCPA settlement, an interesting accounting [EB/OL]. (2018-10-2) [2024-03-05]. https://www.paulweiss.com/media/3978113/2oct18-petrobras.pdf.

② 陈宇. 从Petrobras案看美国《反海外腐败法》的域外管辖问题[J]. 河北法学，2020，38(5)：167-186.

③ 美国司法部官网(https://www.justice.gov/criminal-fraud/foreign-corrupt-practices-act)。

一、《反海外腐败法》

【案例 2-1】

洛克希德公司行贿案

洛克希德公司(Lockheed Corporation)是 20 世纪 70 年代美国最大的飞机制造公司和军火供应商之一。为争取海外市场，该公司不惜采用行贿手法渗透、贿赂国外政要。1969 年，洛克希德公司花费 200 多万美元收买意大利空军将领、国防部部长及一些政党和政府官员。1970—1975 年，该公司海外行贿开支高达 2 亿美元，涉及日本、荷兰、印度尼西亚等十余个国家。[①] 1976 年 2 月，洛克希德公司的不正当竞争行为被美国其他飞机制造商举报。举报材料提及，洛克希德公司在日本行贿黑社会头目和包括日本首相田中角荣在内的多位日本政要，并顺利占领日本军用战斗机和商用客机市场等。洛克希德公司的行贿细节曝光后，田中角荣引咎辞职，与此案有牵连的 16 名日本高管相继被起诉，该公司的多名高管也纷纷引咎辞职。[②]

该案引发了美国公众对企业道德问题的关注，也增强了美国政府打击美国公司海外贿赂行为的决心。该案也成为 1977 年美国 FCPA 出台的背景之一。

(一) 美国反海外腐败法律体系的渊源

美国 FCPA 是全球首部制裁国内实体贿赂境外公职人员行为的法律，也是与企业合规密切相关的一部法律。[③] 如今，该法已成为跨国公司合规建设无法忽视的重要法律与风险基准之一。[④]

在 FCPA 出台前，美国已有多部法律约束企业的商业腐败行为，如《1934 年证券交易

---

① 李世谦. 世界知名企业兴衰探秘[M]. 北京：冶金工业出版社，1993：164.

② 宋振国，卫灵. 权与法的较量：各国反腐败要案纪实[M]. 北京：世界知识出版社，1996：1-21.
李世谦. 世界知名企业兴衰探秘[M]. 北京：冶金工业出版社，1993：162.

③ “腐败”一般是指有损人类道德、侵蚀公权力及其社会公信力的事实状态。国际货币基金组织将“腐败”一词定义为“滥用公共权力以谋取私人的利益。”《布莱克法律词典》认为“腐败”的范围比“贿赂”更广，不仅确认行为主体与公职人员之间钱权交易的事实，更强调该行为应予惩戒的理念。“腐败”有狭义与广义之分，狭义的“腐败”常特指国家公务人员的腐败行为，广义的“腐败”还包括境外腐败、影响力交易，甚至包括私人主体间的贿赂行为。“海外腐败”一词作为专有概念源于美国 FCPA，并逐步被国际社会广泛使用。不过，各国对海外腐败的称谓又各有不同，如英国 2010 年《反贿赂法》则采用“贿赂”一词来概括商业主体向外国公职人员行贿的行为。学界也有使用“跨国商业贿赂”“跨国贿赂”或“海外贿赂”等术语。为表述的便利性，本书在此不再细分“腐败”“贿赂”等词语，统一泛指经济领域的“贿赂”或者“海外贿赂”行为。

④ 童嘉嘉. 美国《反海外腐败法》域外管辖扩张及中国的法律应对[J]. 东南大学学报(哲学社会科学版)，2020，22(S1)：51-57.

法》[1]《邮政电信反欺诈法》[2]《虚假陈述法》[3]等。20 世纪 70 年代中期，美国大型企业贿赂外国公职人员的现象较为普遍，行贿丑闻不断曝光。特别是在“水门事件”(Watergate Scandal)后，美国证监会开始就美国企业对外国公务员的行贿行为展开调查。调查结果显示，当时的世界 500 强企业中有 400 家美国企业涉嫌向外国公务员行贿。这不仅严重影响了美国企业的声誉和美国国家形象，也容易引发外交冲突。在此背景下，美国国会在 1977 年通过并颁布 FCPA，禁止美国公民或公司向外国政府官员支付不当款项来寻求商业机会或保留已有商业交易。该法历经多次修改和制度建设，已逐步发展成为一套以 FCPA 单行法为核心，集 1988 年《综合贸易与竞争法》(Omnibus Trade and Competitiveness Act of 1988)[4]、1998 年《国际反贿赂和公平竞争法》(International Anti-Bribery and Fair Competition Act of 1998)[5]、2010 年《多德-弗兰克华尔街改革与消费者保护法》(Dodd-Frank Wall Street Reform and Consumer Protection Act，以下简称《多德-弗兰克法》)等单行法以及若干实施细则、指南[6]为一体的美国反海外贿赂法律体系及执行体系。

(二) 美国《反海外腐败法》的主要内容

【案例 2-2】

美国诉霍斯金斯案

劳伦斯·霍斯金斯(Lawrence Hoskins)是法国阿尔斯通英国子公司的一名高管。霍斯金斯在任职期间曾通过邮件与阿尔斯通美国子公司员工共谋行贿一位印度尼西亚官员，以确保阿尔斯通及其美国子公司能够从印度尼西亚政府获得价值 1.18 亿美元的合同。行贿实施期内，霍斯金斯并未前往美国。2015 年 4 月，美国 DOJ 指控霍斯金斯共谋行贿及实质违反 FCPA 反贿赂条款，认为其“是负责批准代理、向代理付款的人之一，且知道部分款项将被支付给印度尼西亚政府官员以获取政府合同”。[7] 霍斯金斯反驳称，FCPA 的适用范围为美国公司、公民及其代理

---

① 《1934 年证券交易法》(Securities Exchange Act of 1934)明确规定上市公司不得用贿赂行为提高业绩，误导投资者。

② 《邮政电信反欺诈法》(Mail and Wire Fraud Acts)禁止用邮政、州际和国际长途电信等手段实施贿赂等不法行为。

③ 《虚假陈述法》(False Statements Act)规定，任何向美国官方作虚假陈述的自然人、企业将面临刑事处罚指控。

④ 1988 年《综合贸易与竞争法》中第 5 篇被称为“1988 年外国腐败行为法修正案”。

⑤ 1998 年《国际反贿赂和公平竞争法》旨在实施经济合作与发展组织(OECD)的《OECD 反行贿公约》(详见本书第三章第二节)。

⑥ 例如，《FCPA 信息指引(2020 版)》(A Resource Guide to the U.S. Foreign Corrupt Practices Act, Second Edition, 2020)；《FCPA 公司执法政策(2023 版)》(FCPA Corporate Enforcement Policy updated by January 17, 2023)；《公司履行、合规和政策(2023 版)》[The Corporate Enforcement, Compliance, & Policy Unit (CECP) updated by June 5, 2023]。

⑦ United States v. Hoskins, 902 F. 3d 69, 72(2d Cir. 2018).

人、雇员、高管、董事及股东，以及在美国境内行贿的自然人，而其行为并不在FCPA管辖范围内，DOJ无权指控其违反FCPA。2020年3月，审理此案的美国康涅狄格州地区联邦法院认为，现有证据不能充分证明霍斯金斯系阿尔斯通美国子公司的代理人，故推翻DOJ有关霍斯金斯违反FCPA的指控，但其因涉嫌洗钱及共谋洗钱罪，被判处15个月监禁及3万美元罚款。①

本案中霍斯金斯不受FCPA管辖的依据是什么？DOJ为何不能基于霍斯金斯共谋、协助或教唆行贿的行为要求其承担FCPA中的责任？

美国FCPA的主要内容包括管辖原则、主要条款及其适用与例外。

1. FCPA的管辖原则

除适用传统的地域管辖原则和广泛的国籍管辖原则外，FCPA的执法实践越来越强调叠加适用最低限度联系原则和单一经济体原则，并注重执法管辖的效果原则。

（1）地域管辖原则。FCPA的地域管辖原则是指所有在美国领土内直接或间接实施腐败行为的个人或者实体，无论是否具有美国国籍，FCPA均拥有管辖权。在实践中，该地域管辖条款中的"美国领土"一词被扩大解释为其领土管辖范围内的所有领域，包括使用美国通信与电缆方式完成的不正当支付。换言之，外国公司和个人在美国境内，无论是直接还是通过其代理人（间接）促进贿赂款项的支付，也不论是否使用美国邮政或其他州际商业手段，均受FCPA的管辖。

（2）国籍管辖原则。FCPA对美国公民、美国永久居民和其他具有美国国籍的人（不论其是否居住于美国），以及所有根据美国法律注册成立的公司、企业或其他组织均具有管辖权。这意味着FCPA不仅拥有对上述对象的属地管辖权，也据此扩展了域外属人管辖权。同时，在美国境内发行证券的发行人（美国公司或外国公司，不论其是否在美国注册或拥有美国国籍）及其董事、管理人员、职员、代理人或代表该发行人行事的股东等均受FCPA的管辖。②

FCPA还约束与腐败行为相关的第三方。从美国监管机构颁布的部分指引和执法实践来看，FCPA项下的第三方范围非常宽泛，包括企业的上游供应商，下游经销商、代理商，以及提供顾问、咨询、居间等的服务商。这意味着，承担FCPA合规义务的企业不但应做好自身合规管控，也需关注任何与企业有业务往来、可能被员工用来从事不当交易活动的第三方的合规管控是否有效。

（3）最低限度联系原则。在实践中，FCPA的执法管辖遵循最低限度联系原则。除基于国籍管辖原则下的主体在美国境外从事贿赂活动应受FCPA管辖外，美国国籍以外的任何自然人，或者根据外国法成立的任何公司、企业、协会，以及这些实体的董事、职员、

① United States v. Hoskins, No. 3: 12 - cr00238 - JBA（https://www.whitecase.com/insight-alert/united-states-v-hoskins-scoville-v-sec-doj-sec-extend-their-extraterritorial-reach）。

② 15 U.S.C. §78dd-2.

代理人或者代表该实体行事的人，只要他们使用美国的通信工具(包括实时通信软件和美国公司提供的电子邮件系统)或者任何属于美国的国际商业方法和手段，实施腐败行为的，均受 FCPA 的管辖。由于美国在全球的经济影响力，大多数跨国企业都会与美国企业有商业往来活动，或使用美国企业提供的商业系统，无形中使 FCPA 这一美国国内法产生了较为广泛的域外适用效力。

(4) 单一经济体原则。FCPA 通过单一经济体原则，加强国内母公司对海外子公司商业贿赂行为的责任承担。具体而言，若美国国籍的母公司实质性参与了子公司的经营活动，则该母公司应为其子公司的商业贿赂承担责任。例如，证券发行人在美国或海外公司中拥有 50%以上投票权的，其有义务确保子公司遵守 FCPA 会计条款。否则，证券发行人将对子公司违反 FCPA 的会计行为承担法律责任。[①]

(5) 效果原则。实践中，美国监管机关会出于 FCPA 执法效果的考量，对在美国境外发生的腐败行为行使较为灵活的管辖权。只要它认为此种行为在美国境内引起了可预见的伤害或损害，或者可能对美国的商业利益产生实质性影响的，都有可能开展 FCPA 执法管辖，而不论贿赂行为主体是否为美国人[②]，行为人在美国境内也不必拥有任何财产或者住宅。

2. FCPA 的主要条款

FCPA 禁止从事的行为主要来自“反贿赂条款”(anti-bribery provisions)和“会计条款”(accounting provisions)的规定。[③] 反贿赂条款所涉行为，在绝大多数国家的法律框架下均属违法或者不合规行为；但会计条款中所涉行为却具有典型的美国特点。

(1) 反贿赂条款

反贿赂条款主要约束对外国公务员的贿赂行为，它明确禁止美国公司或个人、发行人和企业直接或间接贿赂外国政府官员，以排除竞争对手、获取不正当利益或维持业务等。要构成这一违法行为必须满足以下条件。

① 在主体上，FCPA 适用于任何个人、公司、官员、董事、雇员、企业代理人或者任何代表公司行事的股东。如果个人或公司命令、授权、协助他人违反反贿赂条款，或者共谋，该个人或公司也将受到惩罚。

② 在贿赂行为的意图上，必须是企图导致受贿人为行贿人或其他任何人滥用职权，帮助企业获取或者保留、指导某项业务。

③ 在行贿方式上，FCPA 禁止提供、支付或承诺支付或授权第三方支付或提供金钱或任何有价物品。其包括签订合同、做出赠予或类似承诺的行为、提供工作机会等。

④ 在行贿对象上，FCPA 仅针对外国政府官员。外国政府官员是指任何外国政府、政党、国际组织的官员、党务工作者或者任何外国政府职位候选人及其近亲属，以及代表官方身份的任何部门或机构的雇员或官员及其近亲属，也包括皇室成员、立法机构的成

---

① United States v. Hoskins, 2nd Circuit, US District Court Cases, 2019, pp. 1 - 10.

② 童嘉嘉. 美国《反海外腐败法》域外管辖扩张及中国的法律应对[J]. 东南大学学报(哲学社会科学版), 2020, 22(S1): 51 - 57.

③ 15 U. S. C. §§78dd - 1, 2 and 3, and §78ff.

员、国有企业的官员及其近亲属等，无论其职位高低。

企业若通过第三方行贿外国政府官员，以协助美国个人或公司获得或保留业务的，不仅不能消除 FCPA 下的企业潜在法律风险，还可能引发企业自身的合规风险，面临 FCPA 的处罚。①

（2）会计条款

FCPA 会计条款包含账簿和记录条款（books and records provision）以及内部会计控制条款（internal accounting controls provision）。其中，账簿和记录条款要求发行人设立并保持能够准确和适当反映发行人交易和资产处置内容的合理详尽的账簿、记录和账户。而内部会计控制条款则要求发行人构建和实施合理的内部会计控制系统（内控体系）以确保：① 交易的执行均遵守管理层的一般或特别授权；② 会计账簿透明，对交易进行必要的记录，以确保会计报表的编制遵守通用会计准则或任何适用于此报表的其他条件，并保持资产的可核查性；③ 只能根据管理层的一般或特别授权使用资产；④ 在合理的期间内将所记录的资产的可核查性与现存资产进行比较，并针对任何差异采取适当措施。

同时，发行人与第三方的业务往来，也应同时满足前述会计条款的要求。例如，以咨询费、服务费名义向第三方支付的款项，如无证据表明第三方有能力或实际提供相关服务，或无法证明该发行人聘用第三方的商业合理性，那么其与第三方的交易则可能会因未能反映业务实质、财务账簿记录不准确而被认定违反会计条款。若公司缺乏对第三方从选择、监督到惩处的全过程合规管控机制，同样可能会被认定为未能有效实施会计条款项下的内控体系。

会计条款确立了以法律形式介入企业内部控制体系建设的美国模式。它在敦促企业解决自身存在的内控管理不合规问题的同时，也有助于执法机构收集企业商业贿赂的证据。

3. 处罚、免责与例外

根据 FCPA，对违反反贿赂条款的企业和其他商业实体，可处以 200 万美元以下的罚金，对于个人可处以 10 万美元以下的罚金和 5 年以下的监禁。② 而依据《选择性罚金法》（Alternative Fine Act），法院可以判处比 FCPA 规定高出很多的罚金：最高可判处被告通过贿赂意图获取利益的两倍罚金。目前，通过《选择性罚金法》对企业进行巨额罚金已经逐渐成为 FCPA 执法过程中最具威慑力的刑罚方式。

不过，企业或者个人能够举证证明相关禁止行为在外国成文法下具有合法性，或者支付行为是合理正当的，则可免于处罚。同时，若办理政府证件或在该国经营业务的许可证、营业执照或其他官方证件，以及提供货物通关、电话服务等类似性质的支付，即支付便利费或加速费（facilitating or expediting payment）的，属于 FCPA 的适用例外。

若受调查企业自愿揭露（voluntary self-disclosure）、充分配合（full cooperation）执法

① 第 78dd－1 节：股票发行人禁止的对外贸易行为（prohibited foreign trade practices by issuers）。第 78dd－2 节：国内企业禁止的对外贸易行为（prohibited foreign trade practices by domestic concerns）。第 78dd－3 节：发行人或国内企业以外的人士禁止的对外贸易行为（prohibited foreign trade practices by persons other than issuers or domestic concerns）。

② 第 78ff 节：处罚（penalties）。

部门的调查工作，或者采取积极、及时的补救措施（timely and appropriate remediation）的，在满足特定条件的情形下，企业可获得不起诉（declinations）、和解、减免罚金[1]等“奖励”。不过，企业仍需上缴所有违法所得。“和解协议”包括不起诉协议、暂缓起诉协议、认罪协议（plea agreement，PA）。

（三）美国《反海外腐败法》的执行

FCPA体系的两大执法机构是美国司法部与美国证监会。美国司法部主要监督非上市企业反贿赂条款的遵循情况，并对违反FCPA且未达成和解的企业进行刑事指控。美国证监会主要监督上市企业对于反贿赂条款和会计条款的遵循情况。违反FCPA的企业可能面临民事、行政或刑事责任，包括丧失商业机会和交易资格、巨额罚款、没收违法所得以及监禁相关责任人等。

进入21世纪后，美国监管机构逐渐探索出一套行之有效的“胡萝卜＋大棒”执法机制。具体而言，监管机关鼓励企业在发现员工存在潜在违法行为时率先开展内部调查，根据调查结果及时采取补救措施，包括惩戒涉事员工、终结与有问题的第三方主体的合作等，并积极完善企业合规管理体系。监管机关同时也鼓励企业主动报告不合规情形和已经采取的内部调查与补救措施等。企业的前述合规管理活动可能会令美国监管机关对其从轻、减轻，甚至免除处罚。相反，若企业不重视合规建设，或在发现问题后不采取内部调查或补救措施，不主动报告，甚至隐瞒其不当行为，企业可能面临更严重的处罚。鉴于实践中监管机关有多重途径（如举报、媒体曝光、获取外国执法信息、与他国执法机关合作等）来发现受FCPA管辖企业的违法行为，对美国监管机关隐瞒行贿行为的企业可能面临较高风险。

在FCPA实施初期，因顾忌该法的震慑力，美国企业在合规管理体系建设中，常常因拒绝贿赂海外政府官员而在国际竞争中处于劣势，导致收益锐减。于是，企业不断向美国政府施压，希望将FCPA执法体系国际化，使美国企业能与其他国家企业在国际市场上处于公平竞争地位。为此，FCPA经过多次修改，大大提高了执法的国际化水平和国际影响力。一方面，美国将FCPA执法管辖范围通过属地管辖和属人管辖原则，扩大到外国企业或自然人在美国境内，以及本国企业在美国境外实施的违反FCPA的行为，使美国境内外的商业腐败行为皆可引发美国执法部门启动FCPA调查程序。由此，FCPA成为企业开展合规管理体系建设的重要法律依据。另一方面，美国政府努力加强与OECD等国际组织合作，促成反腐败领域国际条约的达成[2]，进而促使相关国际组织成员方制定本国的反海外腐败法律制度。由此，推动企业建立合规管理体系的规定陆续出现在其他国家法律和国际公约中。

---

① 根据2019年3月的《FCPA公司执法政策》，企业最高可减免50%的罚金。

② 《关于打击国际商业交易中行贿外国公职人员行为的公约》（Convention on Combating Bribery of Foreign Public Officials in International Business Transactions）。至2018年5月，共有44个缔约国批准加入该公约（https://www.oecd.org/daf/anti-bribery/WGBRatificationStatus.pdf）。

(四) 美国《反海外腐败法》的影响及发展趋势

FCPA 在刚开始生效的几十年里，几乎是一部沉睡的法律，并未引起广泛关注。不过，从 20 世纪末开始，美国联邦政府突然开启围绕这部法律的大规模执法行动。从近些年的 FCPA 执法实践看，美国对打击国际腐败行为的决心日益增强，甚至认为其已成为危及美国国家安全的重要因素之一。由此，美国政府不断加大 FCPA 的执法力度、扩展 FCPA 的制度内容①，并呈现以下发展趋势。

(1) FCPA 案件的管辖依据越来越灵活、管辖范围不断扩大。同时，执法部门通过与企业开展的 NPA 和 DPA 谈判，也大大增强了 FCPA 的执法灵活度。②

(2) FCPA 执法部门对“政府官员”的解释日趋宽泛，已经将这一概念的外延扩大到外国国有企业的员工及其近亲属。

(3) 企业应出于正当目的或者理由，方可为相关方安排合理适当的旅游与考察。否则，任何不适当的“旅游或者娱乐”活动都有可能被纳入“贿赂”范畴。

(4) 自然人越来越多地受到 FCPA 刑事执法指控。

(5) 执法机构对企业第三方的审查和追究力度也在加大。

(6) FCPA 的执法处罚后果日趋严厉。

(7) 涉及亚洲或者清廉指数较低的国家正在成为 FCPA 执法部门的关注重点。FCPA 的执法实践表明，中国是涉及 FCPA 贿赂案件较多的国家。这些案件既有跨国公司在中国行贿以获得业务或其他利益的情形，也有在美国上市的中国公司因涉嫌在中国国内行贿而被美国证监会问询甚至调查的情况。而企业化解 FCPA 频繁执法的最有效方式恐怕就是实施或者不断完善合规管理体系。③

FCPA 不仅对在海外运营的美国公司有约束力，也适用于外国公司在美贿赂行为，以及在美国设立分支机构的外国公司的海外贿赂行为。这一广泛的管辖权和严格的监管要求大大增强了 FCPA 执法体系的震慑力，也增加了企业违规被发现和被处罚的可能性。多家知名跨国企业因 FCPA 执法遭遇巨额罚款，这倒逼越来越多的企业不断加强自身反腐败合规管理体系建设。显然，FCPA 不仅是美国反商业贿赂领域的重要法律之一，它对企业合规管理体系建设的必要性也起到关键助推作用。④

二、《联邦组织量刑指南》

20 世纪 80 年代是美国各领域违规事件的多发期。于是，美国一方面通过不断颁布新法加强监管，另一方面则通过行业协会加强行业自我管理。⑤ 1986 年，美国环境保护署

① 肖扬宇. 美国《反海外腐败法》的新动向及我国国内法表述[J]. 中国刑事法杂志，2020(2)：158 - 176.

② 陈宇. 从 Petrobras 案看美国《反海外腐败法》的域外管辖问题[J]. 河北法学，2020，38(5)：167 - 186.

③ 王志乐. 合规：建立有效的合规管理体系[M]. 北京：中国经济出版社，2016：2 - 3.

④ 美国国际贸易管理局官网(https://www.trade.gov/us-foreign-corrupt-practices-act)。

⑤ 如 1986 年，18 家国防供应商联合发起“国防工业商业道德和行为倡议”，其中包括推广、执行书面合规行为准则，向有权机关举报违规行为等内容。

在《环境审计政策声明》中鼓励企业定期对设备使用是否符合环保要求等进行系统检查，以确保合规管理体系运行的有效性。在此背景下，《联邦组织量刑指南》应运而生。

(一) 定义企业合规

1991 年《联邦组织量刑指南》和 2004 年的修订版是“企业合规发展的分水岭”。它开启了企业合规的外部监管，特别是用刑法规则敦促企业实现合规建设的目标。这在美国乃至世界合规发展史上都具有里程碑式的意义。它定义了企业合规，认为企业合规体系是“预防、发现和制止企业违法犯罪行为的内控机制”。[①]《联邦组织量刑指南》对企业合规进行了概念界定，使其正式成为一个法律概念，已经被国际组织和各国法律文件接受或认可。可以说，其后涉及企业合规的法律文件，在“企业合规”概念的界定上，大多采纳《联邦组织量刑指南》的观点。

(二) 明确合规管理体系有效性最低标准

为方便执法者对企业合规管理体系构建和实施的真实性与有效性状况进行评估，避免企业实施“装点门面式”的合规管理体系，2004 年《联邦组织量刑指南》的修订版要求企业的合规管理体系应推动合规文化建设。该指南确立了判断有效合规管理体系应考虑的以下七项最低标准。

(1) 企业应制定合规政策和标准。

(2) 企业应指定高层管理人员监督企业的合规政策与标准的执行。

(3) 企业不得聘用在尽职调查期间被了解到具有犯罪前科记录的高管。

(4) 企业应向所有员工有效普及企业的合规政策和标准，如开展合规培训。

(5) 企业应采取合理措施，以实现企业标准下的合规，如利用监测、审计系统来检测、预防员工的犯罪行为，并建立违规举报制度，让员工举报可能的违规行为。

(6) 企业应建立适当的惩戒机制确保严格贯彻执行合规标准。

(7) 企业发现犯罪后，应采取必要的合理措施来应对犯罪行为并预防类似行为的发生，如修改完善合规管理体系。[②]

这些合规管理有效性评价标准对全球合规监管和企业合规管理体系建设均产生了重要影响，成为各国企业合规有效性评估标准的重要参考之一。实践中，许多企业的合规管理体系中均包含以下内容或要素：道德准则或者企业内部行为准则；确保行为准则被遵循的执行机制；确保企业员工及其代理人知晓行为准则的保障机制；企业合规监测或审计系统；畅通无忧的违规举报途径等。

(三) 确立企业合规激励机制

为鼓励企业构建并实施合规管理体系，《联邦组织量刑指南》将企业是否建立有效合

---

① U. S. Sentence Guidelines Manual §8 B2. 1 (a) (2004).

② U. S. Sentence Guidelines Manual §8 C2. 1 (b) (2010).

规体系作为法官对涉嫌犯罪的企业是否给予减免罚金和适用缓刑的法定条件。

《联邦组织量刑指南》将高额罚金作为激励企业构建实施合规管理体系的动力，允许法院通过考虑各种“罪责”因素，来增加或减少罚金数额。《联邦组织量刑指南》通过减少罚金的方式，对那些拥有有效合规管理体系的企业进行鼓励，激励企业持续监督自身员工的行为合规。

《联邦组织量刑指南》建立了广泛的企业缓刑体系，以部分替代罚金。是否及如何对企业适用缓刑取决于企业与执法机构是否达成和解、企业是否制定并实施合规管理体系以及企业合规体系的整改情况好坏等。在企业缓刑期间，其经营决策的过程将处于法院和合规监督员的密切监督之下。具体而言，法院有权监督被指控企业的合规管理体系是否预防和发现了违法犯罪行为；法院可要求企业制定并提交企业合规整改计划及其实施时间表；企业有义务披露所犯罪行并及时告知企业员工和股东；企业还须定期向法院或合规监督员报告企业合规整改进展。对案涉企业缓刑的最长期限可至五年。缓刑期内，若企业违背缓刑条件，法院可以延长缓刑期，或者施加新的缓刑限制条件，或者撤销缓刑并重新量刑。在企业“重复性地、严重地违反缓刑条件”的情况下，监管机关可指派专门的合规监督员对企业合规体系实施情况进行监督。

企业缓刑，有助于推进企业合规管理体系建设，也使监管机构对企业内部运作的干预介入成为可能，从而确保了对犯罪企业的持续性司法管控。客观上，《联邦组织量刑指南》中有关企业实施有效合规管理体系即可换取刑罚减轻的规定，正式确立了刑事合规不起诉的量刑激励制度，为企业构建并实施合规管理体系提供了动力。而监管部门在企业缓刑期间监督企业经营管理活动的行为也将推动企业以合规为目标的内部治理改革。

三、《萨班斯法》

早在20世纪60年代，美国就有鼓励企业建立反垄断合规管理体系的相关制度。“水门事件”爆发后，美国制定了上市公司自愿披露制度。该制度规定，企业若自我调查不当行为，并主动向执法机关披露的，可以减轻处罚。21世纪伊始，美国违规丑闻频发，催生了合规学的进一步发展。安然、世通、安达信三大公司财务报告造假事件引起全球金融市场动荡。这暴露出美国在企业财务监管和企业内控方面的诸多问题，迫使美国不断改革其对资本市场的监管制度和信息披露制度。2002年，美国出台《萨班斯法》，进一步强化了针对上市公司的治理结构和内控体系的建设要求，以确保上市公司财务报表的真实性和准确性。

《萨班斯法》明确公司财务报告责任并大幅增加公司财务状况的披露义务。在信息披露方面，该法要求：上市公司提报的经确认的年度和季度财务报告应当准确，且没有错报、漏报可能产生负面影响的所有重大缺陷的情况；上市公司应披露内部控制体系内担任重要职位管理人员或其他雇员的欺诈行为；所有应被考虑事项的信息披露都已与管理层充分、及时沟通；客观反映公司在报告期末的财务状况及报告期内的经营成果；实物资产应与会计记录相符。

在上市公司的合规义务方面,《萨班斯法》强调公司管理层有责任建立和维护内部控制体系及相应控制程序。该法要求上市公司有义务实施符合公司情况的内部控制体系,确保公司管理层知晓公司及其子公司的所有重大信息,尤其是报告期内的重大信息。同时,上市公司应指明公司经过内部合规评估后的调整、更正或重大变化,并在年度报告中体现公司内部控制的信息,包括强调公司管理层建立和维护内部控制体系责任的信息、最近财政年度末对内部控制体系及控制程序有效性的评价等。该法还加重了对公司管理层违法违规行为的处罚措施。这些规定对企业提出了更高层次的合规理念和合规管理要求。

《萨班斯法》对美国企业的影响力巨大。美国企业广为采用的 COSO 报告[①]就是在该法影响下出台,成为全球判断企业内控建设有效性的标准之一,对企业合规管理产生了深远影响。在《萨班斯法》的执法实践中,SEC 延续了"拥有完善合规管理体系的公司可以减免处罚"的原则,使监管机构扩大了通过执法敦促企业承担自我管理责任的影响范围。[②]《萨班斯法》的严格执法使越来越多的大型企业在最高管理层内增设首席合规官,合规管理也成为企业治理和内部管理必不可少的工作内容之一。

四、美国合规管理制度的新发展

除以上对合规领域具有重要影响力的法律外,美国政府一直没有间断对企业合规制度的变革。

1999 年,DOJ 发布《联邦商业组织起诉原则》(The Principles of Federal Prosecution of Business Organizations,又名 Holder Memo,《霍尔德备忘录》)。其中,政府起诉商业组织的八项原则中有三项原则与企业合规建设有关。企业是否构建有效合规计划成为检察官(attorney)决定是否起诉企业的重要考量因素。2003 年,DOJ 发布《联邦商业组织起诉原则》的更新版——《汤普森备忘录》(Thompson Memo),建议检察官在对企业起诉前适用审前分流协议(包括暂缓起诉协议与不起诉协议)程序(又称"审前转处协议程序")。适用审前分流协议程序首先需要企业自认存在违法行为,并积极配合执法机关调查,同时企业应遵守暂缓起诉协议或不起诉协议的内容,承诺不再实施类似行为,构建并实施合规体系。这一规定使涉事企业有机会通过构建与完善合规管理体系而免受刑事处罚,减少涉诉对企业的负面影响。

2010 年,美国国会通过《多德-弗兰克法》。在数千页的规定中,"吹哨人"制度最为引人注目,致使该法不但成为美国金融业最为深远的一次改革,也为强化企业合规内部举报制度提供了重要依据。

2023 年,美国陆续发布几项与企业合规及刑事执法密切相关的重要政策:《企业合规

① COSO 报告中的整合框架主要是在会计信息质量、内控评价监督等方面针对上市企业提出内控要求。2013 年 5 月,COSO 更新了该整合框架,其内容更全面,赋予企业在内控建设和评价方面更多的自主权,也更关注欺诈与舞弊的各种途径和方式。

② 王志乐. 合规:建立有效的合规管理体系[M]. 北京:中国经济出版社,2016:4.

计划评估》(Evaluation of Corporate Compliance Programs，ECCP)①、《薪酬激励和追回机制试点计划》(The Criminal Division's Pilot Program Regarding Compensation Incentives and Clawbacks)②、《关于遴选刑事局案件监察官选任的修订备忘录》(Revised Memorandum on Selection of Monitors in Criminal Division Matters)③。这些更新或新颁布的规定，对于企业合规建设及刑事案件中选任独立合规监察官(monitor)的考量因素和管理机制提出进一步要求。同时，值得注意的是，《企业合规计划评估》新增了两项机制：薪酬激励追回制度与企业对员工个人设备和通信平台的合规管理制度，它们将会对企业合规体系的建设产生重要影响。薪酬激励追回制度要求企业增加合规薪酬激励与惩戒内容，企业也应在劳动合同中约定不当行为的员工退回已发放的薪酬。执行此项制度的企业将会获得一定的罚金抵减。此外，企业管理个人设备与第三方信息平台的合规管理水平，也将成为美国检察官评价企业合规管理体系和刑事调查配合程度的重要方面。企业对相关问题的回答及配合调查的程度将直接影响其刑事责任的承担。上述政策适用于 DOJ 的所有刑事执法活动，包括反腐败、反洗钱、知识产权、商业秘密、出口管制与制裁等企业常见合规风险。上述三项合规新规为完善企业合规机制、优化刑事执法程序作出了指引，同时也传递出美国进一步提高企业合规管理体系评估标准的信号。

美国以反商业贿赂合规为核心发展而来的全方位合规治理制度与实践，对其他国家以及国际社会的企业合规规制理念与规制方式均产生了深刻影响。美国在不同领域发布的合规指引以及对暂缓起诉制度的推广和应用，使多国司法实践产生意义深远的变革。

第二节　英国合规管理的起源和发展

引例

标准银行暂缓起诉协议案

标准银行(Standard Bank PLC，以下简称 SB 公司)是南非标准银行集团有限公司在英国成立的子公司。2013 年 3 月，SB 公司的关联公司坦桑尼亚斯坦比银行(Stanbic Bank Tanzania，以下简称 ST 公司)为与 SB 公司共同获得坦桑尼亚政府 6 亿美元的私人安置项目，通过一家坦桑尼亚公司行贿坦桑尼亚政府官员。这一行贿行为产生的 840 万美元交易费由 ST 公司和 SB 公司共担。2013 年 4 月，SB 公司向英国反严重欺诈办公室(SFO)主动披露了上述贿赂事实和相关材料。考虑到同 SB 公司达成 DPA 可能更符合社

① DOJ. Evaluation of corporate compliance programs [EB/OL]. (2024-09-23) [2024-10-09]. https://www.justice.gov/criminal-fraud/page/file/937501/download. 该文件 2024 年 9 月更新。

② DOJ. The criminal division's pilot program regarding compensation incentives and clawbacks [EB/OL]. (2023-03-03) [2024-10-10]. https://www.justice.gov/opa/speech/file/1571906/download.

③ DOJ. Revised memorandum on selection of monitors in criminal division matters [EB/OL]. (2023-03-01) [2024-10-10]. https://www.justice.gov/opa/speech/file/1571916/download.

会公众利益，经谈判，SFO与SB公司于2015年11月达成DPA。在DPA中，ST公司及其员工均被视为SB公司的关联人，且违反了英国《反贿赂法》(UKBA)。该协议同时认为，SB公司在预防贿赂行为时有明显过失，其反商业贿赂合规体系存在较大漏洞。为此，SB公司须支付2 520万美元罚金及利息，支付坦桑尼亚政府700万美元补偿金及利息。此外，SB公司还须承担SFO案件调查费用33万英镑，并严格遵守DPA中的合规承诺，承担合规整改费用。SFO则对SB公司的刑事责任暂缓三年起诉。2018年11月，SFO宣布因SB公司履行完成DPA中合规体系建设的全部承诺，DPA终止。

SB公司与SFO达成的DPA是英国《反贿赂法》生效后首个被英国高等法院批准的暂缓起诉协议。SFO的负责人曾表示"此案中的DPA可以作为以后类似协议的模板"。本案有助于了解英国合规管理制度的起源、运行和发展历程。①

得益于《欧洲理事会反腐败刑法公约》的推动，20世纪90年代后，欧盟许多国家相继在国内法中植入"预防性公司刑事责任"理念，通过确立企业刑事合规制度，实现单位犯罪或违法行为惩戒的预防转型。② 受其影响，英国通过《反贿赂法》建立的商业组织反贿赂合规激励制度备受全球关注，被视为全球最具前瞻性的反腐败法。③ 相比美国《反海外腐败法》，英国《反贿赂法》在对商业组织的合规管理方面的要求更严格，企业违反《反贿赂法》的处罚更重。④ 同时，英国发布了竞争合规的系列文件，同步建立了一套较为完整的企业竞争合规指引机制。⑤

一、暂缓起诉协议机制

(一)《反贿赂法》

为落实国际公约义务、回应海外商业贿赂丑闻，英国在2010年通过《反贿赂法》，创造性地增设了两个新罪名：商业组织预防贿赂失职罪(failure of commercial organization to prevent bribery)和行贿外国公职人员罪(bribery of foreign public officials)。商业组织预防贿赂失职罪通过刑事责任为商业组织设定了建立充分、有效的反贿赂合规管理体系的义务，使商业组织的合规要求由道德约束被提升至法律义务的层面，成为英国合规管理的标志性事件。

商业组织因疏于构建预防贿赂体系而致该商业组织的"关联人员"为获取或保留其业

---

① SFO官网(http://www.sec.gov/news/pressrelease/2015-268.html)。

② 《欧洲理事会反腐败刑法公约》(The Council of Europe Criminal Law Convention on Corruption)于2002年7月1日生效。该公约第18条规定，与法人有关的自然人从事受贿、洗钱以及其他不当交易的，法人也应承担刑事责任。法人同时还负有未能有效预防此类犯罪行为的刑事责任。这为成员方刑事合规制度的确立提供了法律基础。范红旗.法人犯罪的国际法律控制[M].北京：中国人民公安大学出版社，2007：59.

③ 苏如飞.英国金融业反贿赂合规管理分析及借鉴[J].金融发展评论，2020(2)：53-63.

④ 谭彪.英国《反贿赂法》对跨国公司合规提出新挑战——严格责任及其抗辩[J].企业经济，2012，31(7)：185-188.

⑤ 丁茂中.英国竞争合规指引机制的考察与思考[J].价格理论与实践，2014(9)：24-27.

务，或者为获取或保留其竞争优势向他人行贿的，该商业组织将被认定构成商业组织预防贿赂失职罪。① 该罪名的设定意味着，商业组织自行反对商业贿赂或者实施反商业贿赂合规管理体系是不够的。即使它对与其相关的贿赂行为一无所知，也要采取措施防止代表自己（商业组织）行事的第三方实施贿赂，否则该商业组织可能会因未能有效预防贿赂被追究法律责任。不过，商业组织若能证明自己已经制定并实施了预防贿赂的"充分程序"的，则可能免于该罪名的指控。② "商业组织"是指根据英国法律成立并开展业务的法人、合伙或其他组织，以及在英国开展全部或者部分业务的法人、企业或其他组织。③ 可见，根据英国《反贿赂法》需要实施预防贿赂合规体系的主体范围具有广泛性，不仅是英国的法人、非法人，只要在英国有商业活动的法人或者任何商业组织，都有可能因未能有效实施预防贿赂的合规计划（合规管理体系）而承担法律责任。商业组织不仅自身要做到合规经营，而且也须对供应商、合作伙伴及其关联公司等的行为负责。这样的监管要求表明，英国《反贿赂法》与美国《反海外腐败法》一样，对贿赂行为的追究已不再拘泥于传统的管辖原则。若商业组织从事跨国经营活动，则英国《反贿赂法》就具有域外适用的可能性。

为更好地使商业组织理解、制定和实施被司法部门认可的充分程序，英国司法部于2011年3月颁布《2010年反贿赂法适用指南》（The Bribery Act 2010 Guidance），明确提出判断商业组织充分程序有效性的六项原则④：相称程序原则、高层承诺原则、风险评估原则、尽职调查原则、有效沟通原则和监控与评估原则。

相称程序原则强调商业组织的预防贿赂合规体系应与其面临的贿赂风险，以及该商业组织经营活动的性质、规模和复杂程度成比例，且满足清晰、实用、易于获取和理解、方便有效执行的要求。⑤

高层承诺原则考察商业组织高级管理层是否承诺反对贿赂，包括管理层反对贿赂的态度和立场，以及管理层是否参与预防贿赂合规体系的建设。

风险评估原则强调商业组织对贿赂风险是否全面、定期开展识别、评估活动。

尽职调查原则关注商业组织是否为减少贿赂的发生，对相关人员开展专门的尽职调查。

有效沟通原则一方面强调商业组织是否开展了充分有效的内外部沟通活动，使预防贿赂的政策和程序有效传达到企业内部，令员工知晓并理解；另一方面强调商业组织是否以宣言或行为守则的方式，对现在和未来的合作方传递反对贿赂的态度和信息。

监控与评估原则主要用于判断商业组织是否建立了定期监督和评估预防贿赂的政策和程序，以及是否实施改进措施等。

以上原则并非强制适用于判断商业组织的预防贿赂合规体系是否充分有效。实践中，相关部门需要结合个案的具体情况和合规环境逐案作出判断。2013年，英国通过《犯

---

① 英国《反贿赂法》第7条（http://www.legislation.gov.uk/ukpga/2010/23/contents）。

② 此处的"充分程序"（adequate procedure）即合规管理体系，在英国合规管理部分，本书将两者混用。陈瑞华.企业合规基本理论[M].2版.北京：法律出版社，2021：439－443.

③ 英国《反贿赂法》第7条第5款（http://www.legislation.gov.uk/ukpga/2010/23/contents）。

④ 英国司法部官网（https://www.gov.uk/government/organisations/ministry-of-justice）。

⑤ 张远煌，赵赤，印波，等.企业合规全球考察[M].北京：北京大学出版社，2021：95－96.

罪与法院法》(Crime and Courts Act 2013),规定了 DPA 制度。根据该法的授权,皇家检察机构(CPS)和 SFO 负责与案涉企业达成 DPA,不过其须经法官批准。2014 年,两机构共同发布《暂缓起诉协议制度实施细则》(The Code of Practice on Deferred Prosecution Agreements),对 DPA 制度的适用条件、协商程序和协议内容作出了具体规定。① 根据该实施细则,申请适用 DPA 制度的必须是非自然人的企业、法人等商业组织,且须实施涉嫌欺诈、盗窃、提供虚假会计信息、洗钱、商业贿赂、伪造文书等经济犯罪。②

由于商业组织的合规体系及其措施可能使商业组织规避部分刑事责任。因此,从这些只具有事实性质的规避措施中去预测商业组织是否不会实施相关违法行为进而不承担法律责任的判断,本身就存在着风险。换言之,尽管商业组织的合规体系建设值得大力提倡,完善的合规管理体系确实能形成阻碍某些犯罪的屏障,但企业合规建设预防犯罪的效果不应夸大。基于此,英国执法部门对商业组织以建立预防合规管理体系来抗辩商业贿赂的指控持非常谨慎的态度。从英国近些年的执法实践分析,SFO 并不会对每个实施预防贿赂合规体系的商业组织都适用 DPA 程序。相反,SFO 适用 DPA 程序的要求较高,在没有满足特定条件的情形下,SFO 更倾向于按正常程序起诉案涉企业。③ 这些条件可能包括适用 DPA 程序所带来的公共利益因素远大于刑事起诉的公共利益因素,也可能源于商业组织的合规程序是否有效等因素。而合规程序的有效性判断,SFO 强调应根据特定交易背景去分析,而非简单判断。即使商业组织的预防贿赂合规体系与《2010 年反贿赂法适用指南》建议的预防贿赂合规体系不一致,也并不必然推定该商业组织没有建立充分、有效的合规体系。在具体规则的判断上,例如,商业组织的合规文化质量不是看其投入了多少资金,而是看一线人员实施合规管理体系的表现;行贿行为发生前商业组织的合规体系即使没有或是无效果的,但其随后加强合规体系的建立或完善,也可能会降低该商业组织承担的刑罚或减少其缴纳罚金的数额。④

(二)《刑事金融法》

2017 年,英国通过《刑事金融法》(Criminal Finance Act 2017)确立了两项职务类犯罪:预防逃税失职罪和预防涉外逃税失职罪。无论是英国商业组织,还是非英国商业组织,只要未能阻止代表其行事之人为英国境内逃税行为提供行事便利,或者英国的商业组织未能阻止代表其行事的第三方在海外为逃税行为提供便利的,都可能构成上述罪名。《刑事金融法》延续了《反贿赂法》的严格责任和无罪抗辩事由。同时,该法使涉事商业组织可以通过举证来证明本企业已建立有效的预防逃税充分程序,从而获得与执法机构谈判适用 DPA 程序的可能。随后颁布的《刑事金融法实施指南》也延续了与《反贿赂法》基

---

① 杨宇冠,张沈锲. 英国 DPA 在处理公司刑事合规案件中的适用及借鉴[J]. 经贸法律评论,2021(2):84-99.

② SFO 官网相关介绍(https://www. sfo. gov. uk/publications/guidance-policy-and-protocols/guidance-for-corporates/deferred-prosecution-agreements/)。

③ SFO 官网相关介绍(http://sfo. gov. uk/about-us/our-views/other-speeches/speeches-2015/first-dpa-and-use-of-s7-bribery-act. aspx)。

④ 周振杰,赖祎婧. 合规计划有效性的具体判断:以英国 SG 案为例[J]. 法律适用(司法案例),2018(14):112-120.

本相同的充分程序有效性的判断标准。①

2013年英国通过的《犯罪与法院法》确立了DPA制度。需要指出的是，是否适用DPA的权力被赋予法官，以增加该制度的透明度，避免企业和检察官因达成"免受第三方监管的秘密协议"而可能损害公共利益的情形出现。② 由此可见，公共利益的考量成为法官是否批准一项DPA的前提之一，而案涉罪行的严重程度也是法官必须考虑的因素。2016年，英国法官审理的"Rolls-Royce PLC案"有助于更好地了解英国DPA制度及其实践。该案明确了诸多用于判断罪行严重程度的要素，包括贿赂外国高级官员、行为跨越多法域且遍及案涉公司的各个部门及子公司、极大破坏市场竞争公平、时间跨度长达24年（1989—2013）、涉及巨额贿赂资金、贿赂计划周密、被告公司获得巨额收益（2.5亿英镑）以及牵涉该公司极高级别雇员等。由此得出案涉公司涉嫌"最严重的贿赂及腐败犯罪（the most serious breach of criminal law in bribery and corruption）"。③ 此外，被告配合执法、披露信息，不仅表明被告认罪悔改的态度，也大大节省了执法成本，是各国DPA制度适用的又一重要考量因素。被告公司信息披露的质量高，能够确保相关调查的顺畅开展为NPA或DPA的生效提供了可能。在该案中，尽管被告所涉罪行严重，且未自首，但公司展现出"良好的合作态度（extraordinary cooperation）"，如放弃相关保密权、全面无篡改地披露内部调查文件、无条件响应执法机构的任何文件调查和证人访谈要求等。④ 基于此，法官判决承认了DPA的效力。总结近些年英国案涉企业适用DPA程序的经验，2020年，SFO修订了《合规计划评价操作手册》（Operational Handbook Regarding Evaluating a Compliance Programme）。该手册提供了一套标准的流程、说明和指导意见，方便SFO的检察官、调查人员、审计人员、律师等更准确地评估商业组织合规体系的有效性。⑤

二、竞争合规指引机制

垄断一直被视为对社会经济秩序和消费者福利具有极大破坏力的行为。经历近百年的发展，英国通过一系列立法，如《限制性贸易惯例法》⑥《竞争法》⑦和《企业法》⑧等，对垄断行为的态度从宽容转变为施以严厉制裁。与商业贿赂的治理理念类似，英国竞争主管

---

① 陈瑞华. 企业合规视野下的暂缓起诉协议制度[J]. 比较法研究，2020(1)：1-18.

② Karl Laird, Deferred prosecution agreements and the interest of justice: a consistent approach? [J]. Criminal Law Review, 2019(6): 503-504.

③ Serious Fraud Office v. Rolls-Royce PLC, Rolls-Royce Energy System INC, Case No: U20170036, 17 January 2017, para 4.

④ Serious Fraud Office v. Rolls-Royce PLC, Rolls-Royce Energy System INC, Case No: U20170036, 17 January 2017, para 20.

⑤ SFO官网（https://www.sfo.gov.uk）。

⑥ 《限制贸易惯例法》（Restrictive Trade Practices Act 1956）首次将限制竞争行为推定为有害行为予以禁止。同时该法探索运用司法手段处理竞争问题，使英国竞争法的司法化改革步入欧洲国家前列（https://www.legislation.gov.uk/ukpga/1968/66/pdfs/ukpga_19680066_en.pdf）。

⑦ 《竞争法》（The Competition Act 1998）确立了限制性协议与滥用市场支配地位行为的制度（https://www.legislation.gov.uk/ukpga/1998/41/contents）。

⑧ 《企业法》（Enterprise Act 2002）于2016年修改（https://www.legislation.gov.uk/ukpga/2002/40/contents）。

机构对垄断行为实施严格的市场监管措施，以震慑企业，鼓励其公平参与市场竞争。任何垄断企业原则上都将面临高额罚款[①]，涉事个人可能被监禁、罚款[②]以及剥夺董事资格[③]。

英国公平交易局（Office of Fair Trading，OFT）作为英国主要的竞争和消费者执法机构，负责所有行业的竞争事务、审查产品初级市场和并购控制等。[④] 不过，反垄断制裁手段存在效果上的局限性。随着竞争法规制的范围和领域的不断扩大，英国执法机构治理成本过大、执法资源与信息有限性的矛盾愈加凸显。显然，依靠制裁实现威慑的传统反垄断法实施路径亟待调整。企业守法、竞争合规在竞争法实施中的作用逐渐被重视。

（一）竞争合规指引的发布

近些年，英国持续发布一系列竞争合规指引。执法者的角色逐步转变为企业竞争合规的倡导者。其通过阐释和指引企业建立并不断完善竞争合规体系，帮助企业识别、减少竞争风险。同时，执法机构通过与企业多种形式的沟通、协调与合作，达到引导市场行为主体公平开展市场竞争的规制目的，极大提升了英国企业竞争合规的整体水平，提高了社会整体绩效与福利。

有鉴于企业对竞争风险的认知不足，缺乏遵守竞争法的意识，英国竞争执法机构努力增进企业对竞争规则的理解和对竞争合规的价值认同。英国发布的多项竞争合规指引中都提到，有效的竞争合规体系有助于企业避免因违反竞争法产生的诸多法律责任、企业社会声誉损失、配合竞争执法机构调查所产生的费用、违约损失和赔偿等。通过导入减轻罚款责任的激励机制，可以增进企业实施竞争合规的动力，进一步释放竞争合规在反垄断法实施中的优势与潜能。[⑤] 为激发企业建立竞争合规体系的热情，英国法律规定，企业若实施有效的竞争合规体系，对违法行为及时检查和终止，该企业有申请豁免或者请求减轻10％处罚的机会。[⑥]

（二）企业竞争合规体系建设的指导

除通过惩罚威慑、合规激励等方式培养企业竞争合规的意识外，英国竞争执法机构也很重视对企业竞争合规建设的指导。如《竞争法合规指南》强调企业合规体系应传达到企业所有管理层级和企业全体成员。竞争执法机构强调企业高层应作出明确承诺，通过自

---

① 英国1998年《竞争法》规定，违法企业可被处以不超过营业额10％的经济罚款（https://www.legislation.gov.uk/ukpga/1998/41/contents）。

② 英国2002年《企业法》规定，实施垄断行为的自然人将会被处以高达5年的监禁，并可能并处无最高限额的罚金（https://www.legislation.gov.uk/ukpga/2002/40/contents）。

③ 英国1986年《公司董事资格剥夺法》[Act of Sederunt (Disqualification of Directors etc.) 1986]规定，对公司违反竞争法律制度负有责任的董事将会被剥夺董事资格。英国《竞争法》则规定董事资格最长可被剥夺15年。

④ 英国实行竞争政策多元执法体制。除OFT外，商业、企业和管理改革国务大臣（The Secretary of State for Business，Enterprise and Regulatory Reform）、竞争委员会（The Competition Commission）以及其他管制行业与OFT共同履行竞争事务管理职责。为表述方便，这些机构在本书中被统称为“英国竞争执法机构”。OFT后被竞争和市场管理局（The Competition and Markets Authority，CMA）取代。

⑤ 方翔．竞争合规的理论阐释与中国方案[J]．安徽师范大学学报（人文社会科学版），2020，48(4)：48-59.

⑥ 2008年《宽恕与不采取诉讼——OFT处理申请的指南》和2012年《有关罚款额度的指南》中均明确了豁免和宽恕的类型、适用条件、申请流程等，已实施竞争合规体系的涉事企业应被作为特殊情形来考量。

上而下的模式，定期向董事会、审查委员会报告，层层推进合规管理体系建设。在合规体系构建与实施方面，英国竞争合规指引推荐企业实施“风险识别、风险评估、消减风险应对措施以及体系持续审查完善”的合规管理路径。为帮助企业识别主要竞争风险，不断更新的竞争合规指引不仅列明竞争领域多发的风险点，还提出不同风险环境下的风险识别建议。在消减风险应对措施上，竞争合规指引强调合规培训的形式和深度应与企业及员工面临的竞争风险相适应。

对竞争法的理解和适用不到位是造成企业违法的重要原因。为解决这一问题，英国采用一对一解答企业咨询、集中发布指导、个案执法监督等形式，规范调整与个别调整相结合、刚柔并济发挥政府指引作用。企业在竞争合规建设中遇到的问题可直接向竞争执法机构咨询，获得指导。针对企业竞争合规建设中的普遍性问题，英国政府会通过发布新的指引或者其他具有法律效力的文件给予解答。① 竞争执法机构也会经常以报告、白皮书等方式将竞争执法案例、信息等向社会公布。

政府执法也是非常重要的合规监督形式之一。实施合规建设的企业若违反竞争法，企业需要提出罚金减少的申请，并提供已充分实施竞争合规体系的相关证据，在获得竞争执法机构认可后才有减少罚金的可能。

英国竞争执法机构将在全面评估申请企业是否贯彻竞争合规承诺并实施足够适合的风险应对手段后，作出相应答复：若为肯定答复，应向相关利害关系主体说明理由；若否决申请企业的请求，须指出企业在竞争合规方面有何不足。②

第三节　合规管理在其他国家的发展

引例

法国阿尔斯通公司案

在电气能源领域，法国阿尔斯通公司曾拥有水电设备、核电站常规岛、环境控制系统等多项世界第一。不过，这些骄人成绩的背后也与阿尔斯通公司及多家关联公司向世界多地政府官员行贿的行为分不开。为掩盖违法行为，上述公司还涉嫌伪造位于印度尼西亚、埃及、沙特阿拉伯、巴哈马和中国台湾地区等电力、电网项目的账簿和记录。阿尔斯通公司的多位高管也纷纷因涉嫌违反美国 FCPA，未能实施适当的内部控制措施，遭遇美国监管部门的指控或者审判。经过四年半的调查，2014 年 12 月 22 日，美国司法部与阿尔斯通公司签署了暂缓起诉协议，并公布了对阿尔斯通公司的调查结果和处罚结果。阿尔斯通公司认罪，弗雷德里克·皮埃鲁奇(Frederic Pierucci)等公司高管被美国监禁，美国

① 例如，2011 年《公司董事与竞争法——英国公平交易局指南》(Company Directors and Competition Law—Directors' Guidance)(https://assets.publishing.service.gov.uk/government/uploads/system/uploads/attachment_data/file/284410/oft1340.pdf)。

② 丁茂中.英国竞争合规指引机制的考察与思考[J].价格理论与实践，2014(9)：24-27.

向阿尔斯通公司开出7.72亿美元的巨额罚金。2019年，本案被告之一、阿尔斯通公司前高管皮埃鲁奇出版自述回忆录《美国陷阱》，披露了自己在本案中的经历。①

本案是外国企业与美国司法部就商业贿赂事由达成的有史以来金额较大的协议之一。分析本案有助于考察法国等大陆法系国家合规管理制度的起源和发展。

进入21世纪后，许多国家对合规管理给予了高度关注，并在各领域开展积极的制度探索。

一、意大利的合规管理制度

【案例2-3】

英波基洛公司案

英波基洛公司(Impregilo)是意大利最大的公路、铁路、水电站等领域的土木工程及国际水利工程承包商。英波基洛公司的总经理与董事在金融市场存在虚假陈述行为，被认定违反意大利法律，构成操纵证券罪。由于该罪符合意大利第231号法令合规监管范围，米兰地方法院和米兰上诉法院均在一审和二审中考察了英波基洛公司内部合规管理体系。经审查，英波基洛公司的合规管理体系是依据意大利司法部批准的行业工会的合规建设指导细则制定；英波基洛公司已成立由具有专业知识与职责的相关人员组成的合规监管机构，监督合规管理体系的运行与更新；在犯罪行为发生前，英波基洛公司运行的合规管理体系符合意大利第231号法令确立的合规管理体系的形式要求，并已融入公司管理与内控程序中，包含举报机制和预防此类犯罪行为发生所采取的措施等。据此，本案一审和二审判决均确认，在犯罪嫌疑人犯罪行为实施前，英波基洛公司的合规管理体系有效，该公司无罪。

不过，2013年12月，意大利最高法院却提出相反的看法，认为：意大利第231号法令适用的犯罪若不能认定绝对系由个人实施，则应认定法人的刑事责任；行业工会的合规建设指导细则即使经司法部批准，也不能成为企业合规管理体系有效性的判断依据之一；公司的合规管理体系若缺乏有关总经理和董事承担上述责任的规定，则其合规管理体系名不副实。此外，该公司还应承担信息披露义务，以便国家授权机构能够行使对该公司合规管理体系的监督权。基于此，意大利最高法院最终推翻了米兰上诉法院的无罪判决，将此案发回重审。②

① 张家铭."霸权长臂"：美国单边域外制裁的目的与实施[J].太平洋学报，2020，28(2)：53-65.
② 周振杰.从具体案例看合规计划的有效性判断[J].河南警察学院学报，2018，27(4)：64-70.

本案是意大利首例地方法院根据企业合规管理体系认定企业无罪的案例，虽然意大利最高法院之后逆转发回重审。本案有助于了解意大利法院对企业合规的监督和企业合规管理体系有效性的认定。

(一) 意大利合规制度的由来

作为大陆法系国家，意大利宪法秉承“刑事责任归于个人”之观点，在其刑法上不承认法人可以成为犯罪主体。不过，作为众多国际条约的缔约国，意大利负有履行惩罚法人犯罪的国际义务①，加上国内打击企业犯罪的需要，传统的犯罪主体一元化理念受到挑战。

2000 年 9 月，意大利颁布第 300 号法律，授权政府制定“法人和无法人资格的各类组织的行政责任”的法令。2001 年 6 月，意大利通过《关于法人、公司、协会及非法人组织行政责任的法令》(意大利第 231 号法令)。该法令确立了法人刑事责任原则，不仅规制法人，也调整公司、协会或者非法人性质的集体性组织犯罪。该法令同时建立了企业合规制度，力图指导企业构建、运行适当的合规管理机构、合规治理结构、合规风险防范体系，提前预防高管、经理、员工犯罪，并使企业通过合规管理体系建设免于承担该法令规定的责任。该法令实施 20 年来，已形成较为丰富的案例。其合规监管体系从最初对企业商业贿赂的防范和治理，发展到可规制 150 余种犯罪。可以说，该法令在意大利法律体系中，乃至世界合规制度体系中都具有重要地位。

(二) 意大利合规制度的主要内容

意大利第 231 号法令是意大利首部规定企业合规的专门法令。该法令在规定企业合规的适用对象、企业归责与惩罚措施、企业合规免责条件以及企业合规有效性等方面都独具特色，解决了企业合规的法治化问题，使司法机关在判定企业是否可因合规而出罪时有法可依。②

1. 适用对象

意大利第 231 号法令规定，法令适用于法人、公司以及其他不具有法人资格的从事经济活动的各类企业、协会和集体性组织等。政府机关、公共机构、其他非经济性公共机构，以及履行宪法职责的其他机构则不予适用。不过，随着该法令影响力的日益增强，其适用对象的范围也在不断扩大。在意大利的公共采购招标中，投标申请人必须实施符合该法令规定的合规管理体系。也有部分地区对本地区运营的所有企业都提出了必须实施合规管理体系的强制性要求。意大利最高法院也在个别案例判决中提出，若国有机构参与经

① 例如，意大利参加的《保护欧洲共同体金融利益公约(第二议定书)》就要求各成员国制定国内法，约束法人向外国公职人员行贿，同时各成员国须接受是否履行公约义务的严格评估。

② 刘霜，安德烈·卡斯塔洛.论企业合规计划的有效性判定——中意刑法比较研究的视角[J].澳门法学，2022(1)：13-25.

济活动的，可适用意大利第 231 号法令。[①]

2. 企业归责与惩罚措施

(1) 企业归责

构成企业责任应符合下列标准。

① 企业内部自然人的行为已构成意大利第 231 号法令规定的犯罪，包括计算机犯罪、公共秩序犯罪、有组织犯罪、违反公司法的犯罪、危害工商业秩序犯罪和恐怖主义犯罪等，且至少有一名企业雇员应承担刑事责任。[②]

② 企业若对自然人实施的犯罪承担责任，应当满足：犯罪行为是为企业利益或者企业获得了好处，而非为个人或第三方的专属利益实施；犯罪嫌疑人必须在企业内部担任职务。

③ 法人未构建并实施足以预防所涉犯罪行为的合规管理体系。显然，在犯罪行为发生前建立和有效实施合规管理体系的企业可以阻却企业责任而避免遭遇处罚。这一规定彰显了政府激发企业自我约束、自我监管进而形成风险内控机制的立法导向。[③]

需要注意的是，在确立企业责任的时候，意大利法律并不免除自然人(犯罪嫌疑人)的责任。同时，并非与企业有关的任何自然人的犯罪行为，企业均须负责。这里的自然人限于企业的法定代表人、履行管理和领导职务的人(如企业首席执行官、董事会成员和管理委员会成员)、被企业赋予财务和职能自主权的人，以及行使或者事实掌握管理企业和控制权的人。

(2) 企业责任的惩罚措施

意大利第 231 号法令第 9 条明确了企业责任所要承担的法律后果，具体包括罚金、剥夺资格、没收财产和公布有罪判决等。

① 罚金。意大利第 231 号法令规定企业罚金以配额方式支付，每股配额对应的金额不等。具体数额将由法官根据犯罪行为的严重程度、企业承担责任的大小，以及企业为减轻或消除犯罪后果采取的事后补救措施等因素综合考虑后确定。

② 剥夺资格。剥夺资格的处罚仅在企业实施特别严重的犯罪行为时适用，具体又分为以下几类：取消企业从事某项业务的资格；暂停或撤销对实施犯罪有影响的授权、执照或特许；禁止企业参与公共行政合同的签订；排除企业取得或者撤销已经给予企业的优惠、贷款、捐款和补贴等；禁止企业为商品或服务做广告。

③ 没收犯罪所得或者企业利润。此种惩罚措施通常与刑罚同步。若犯罪所得或者企业获得的利润无法评估时，执法机构可没收与犯罪所得或利润等值的金钱、货物或其他利益。

④ 公布有罪判决。公布有罪判决是法院在对企业定罪量刑时公开判决及其刑罚的一种方式。该项处罚措施一方面是对企业犯罪行为的宣告，另一方面也将起到震慑作用，防止该企业再次犯罪或者警示其他同类企业不得实施类似犯罪。

---

① 刘霜，安德烈・卡斯塔洛. 论企业合规计划的有效性判定——中意刑法比较研究的视角[J]. 澳门法学，2022(1)：13-25.

② 周振杰. 从具体案例看合规计划的有效性判断[J]. 河南警察学院学报，2018，27(4)：64-70.

③ 张远煌，赵赤，印波，等. 企业合规全球考察[M]. 北京：北京大学出版社，2021：14.

3. 企业合规免责的适用条件

构建有效的合规管理体系是企业免责的唯一手段。不过，意大利合规制度的一大特点在于，企业犯罪时，实施犯罪者在企业内部的身份不同会导致企业面临不同的责任追究之后果。① 这意味着，企业高管抑或雇员涉罪，企业的合规免责条件不同。

在企业高管实施犯罪时，若企业能够证明其已经建立有效的合规管理体系的，企业免责。为此，企业需要证明存在以下情形。

(1) 在犯罪行为发生前，企业已实施有效的预防该类犯罪的合规管理体系。若在犯罪发生后企业再建立合规管理体系的，不能免除企业责任，但可作为法官减少制裁措施的酌定情节。另外，若企业的合规管理体系并未实现预防犯罪功能，进而使高管或者雇员实施犯罪的，企业必须承担责任。

(2) 企业已有独立、权威的合规管理机构负责监督合规管理体系的运行、更新和持续改进。

(3) 犯罪嫌疑人系以欺诈方式或者违反企业合规管理体系实施犯罪的，不论该自然人是为了企业利益还是为了个人利益。此种情形下说明企业已经尽到预防犯罪的注意义务，企业的“组织性罪过”被排除。②

(4) 企业合规管理机构未履行合规管理职责或者未能充分履职，致使企业内自然人犯罪嫌疑人实施犯罪未能被阻止。此时，法律将追究企业负有合规监管职责人员的责任。

相比而言，若犯罪行为由企业雇员实施，因其与企业身份认同的模糊性，企业只需证明已在雇员实施犯罪之前就构建实施了有效的合规管理体系，即可免除企业的责任。

考虑到小规模企业的运营、管理成本，法令并无硬性要求这类企业设置专门的合规管理机构，而只需要其日常管理机构履行合规管理职能、预防犯罪即可。

4. 合规管理体系的有效性

企业合规管理体系的有效性是企业免责的重要条件。它对企业构建并实施有效的合规管理体系产生重要影响。意大利第 231 号法令第 6 条提出评价企业合规管理体系有效性应当考虑以下因素。

(1) 企业是否为预防企业最有可能产生的犯罪而开展了内部审计和风险识别、评估工作。该工作是开展有效合规管理体系的前提和基础。为此，企业应立足本企业经营和日常管理体系及组织架构，分析不同部门可能实施的违法犯罪行为。唯有如此，企业的合规管理体系才能依据自身情况加以建设。

(2) 企业是否实施旨在预防犯罪的有针对性的合格风险预防方案。该方案是否包含企业道德规范、完善企业内部组织结构的机制、明确权力分配和签字权的制度、内部控制制度和有效的纪律处分制度等内容。为确保各项制度的落实，合规管理体系应当明确遵守各项制度的流程，并确保相关规定被管理人员和普通员工知悉。意大利第 231 号法令也强调，合规管理体系或合规整改计划若没有涉及被诉企业所涉罪行领域的，不能视为企

① 张远煌，赵赤，印波，等. 企业合规全球考察[M]. 北京：北京大学出版社，2021：14.

② 刘霜，安德烈·卡斯塔洛. 论企业合规计划的有效性判定——中意刑法比较研究的视角[J]. 澳门法学，2022(1)：13-25.

业合规管理体系有效。同时，尽管企业都应遵循行业协会制定的市场标准和合规指南来制定本企业合规计划，但每个企业都有责任构建适合自身特定需求的合规计划，否则并不当然依据意大利第 231 号法令免除企业责任。

(3) 企业是否为合规管理体系的运行配备独立、权威的合规管理机构，以便及时更新合规管理体系。尽管企业实施合规管理体系不是强制性义务，但它是企业避免承担意大利第 231 号法令规定的企业责任的唯一途径。为此，企业应注重对合规管理体系及时更新以便实现企业的最佳利益。同时，意大利第 231 号法令还规定，在犯罪行为发生后，合规管理体系应及时更新和调整，以便符合实际，且须提出合规应对措施，预防相同犯罪行为再次发生。此外，企业应实施预防犯罪行为发生的财务管理制度和流程，杜绝存在为犯罪活动提供账外资金的可能性。

(4) 企业是否规定了合规管理机构的信息披露义务，以确保企业合规管理体系的运行。同时，企业合规管理体系应确保信息提供者的安全。

(5) 企业是否引入纪律处分制度，包含必要的制裁手段和措施以惩戒不遵守合规管理体系的违规行为。

由于意大利更倾向于用审判程序处理企业犯罪案件，因此，法院在意大利企业合规监督中居于主导地位。对于企业合规案件，无论是在审前程序、预防性措施的适用、初步听证会，还是审判阶段和制裁措施的执行阶段，法院都发挥着关键作用。法院可以自行或依检察机关的申请，任命司法专员监督涉罪企业合规管理体系的完善情况。司法专员接受法院委托，对法院负责，并定时向法院汇报企业的合规管理体系完善情况。这一点与其他国家法院参与企业合规监督的模式存在较为明显的区别。①

通常，当企业犯罪行为发生时，检察官有义务提起诉讼。不过，证明企业合规管理体系有效性的举证责任由企业承担。检察机关须证明企业在预防犯罪方面存在总体性和结构性的组织罪过，即证明企业合规管理体系存在明显缺陷时，才能诉请追究企业责任。②但若企业悔改态度较好，检察官可向法院建议采取某些奖励措施，如减少罚金、不适用剥夺资格的处罚等。而合规管理体系是否有效则交给法院最终判定。

二、法国的合规管理制度

【案例 2-4】

空客公司商业贿赂案

空中客车公司（以下简称空客公司）是一家在荷兰注册，总部位于法国，业务遍及全球的民用和军用飞机供应商。2008—2015 年，空客公司实施多项商业贿赂及

---

① 杨慧妍.法国、意大利、德国涉案企业合规中的法院角色[N].人民法院报，2022-06-17(8).
② 张远煌，赵赤，印波，等.企业合规全球考察[M].北京：北京大学出版社，2021：13.

违反出口管制的不当行为，其商业贿赂的对象包括亚洲、非洲及南美洲多国政府部门及航空公司。2020 年 1 月下旬，经过法国、英国及美国执法部门历时四年的调查，空客公司承认其存在腐败及违反出口管制的行为，并与法国金融检察官办公室(PNF)签署公共利益司法协议(judicial public interest agreement，CJIP，以下简称公益协议)，支付 20.83 亿欧元的公共利益罚金。空客公司承诺接受不少于三年的法国反腐败局的合规监督和评估并撤换高管。空客公司也于同一周内与英国 SFO 及美国 DOJ 达成暂缓起诉协议，分别向英国和美国支付 5.26 亿欧元和 9.84 亿欧元的罚金并采取多项补救措施以和解此案。

本案是法国与美国、英国执法部门在企业合规监管上的一次国际合作，有助于探究法国版暂缓起诉协议制度及其价值和目标。

(一) 法国合规制度缘起

近年来，法国企业接连遭遇美国 FCPA 的执法管辖。[①] 这不仅影响了法国企业的国际声誉和全球竞争力，也制约了法国海外利益的实现。法国政府认为，出现这一状况，一方面是源于法国企业尚未适应新的全球商业监管环境；另一方面法国国内缺乏类似监管制度也是导致本国企业自我经营管理能力不强的原因。为此，有必要尽快构建相应制度，引导企业提高合规管理水平。同时，类似监管制度的执法行动也有助于法国基于“一事不再理”或“禁止双重危险”[②]等原则，阻却他国合规域外管辖效力的扩张、保护本国企业、增强对法人犯罪的制裁力度。

2016 年，法国通过《萨宾第二法案》(Sabin Ⅱ Act)。在规定强制合规制度的同时，创立法国版的企业合规暂缓起诉协议制度——公益协议。由于暂缓起诉协议制度具有非常典型的美国协商司法的特点，与法国以强制为特征的职权主义刑事诉讼模式格格不入。为此，法国通过本土化制度改造，尝试引入带有“诉辩交易”性质的程序，以使法国版的暂缓起诉协议制度能更好地融入本国刑事诉讼程序中。

(二) 法国合规制度的主要内容

《萨宾第二法案》第 2016－1691 号法律第 22 条引入的公益协议程序在承继以往庭前认罪答辩程序(CRPC)的基础上，进一步放开“诉辩交易”的条件。它使公益协议的签署不再以涉事法人认罪为前提，并在法人履行约定义务后，不再对其追诉，不会留存该涉事法

① 例如，2014 年 6 月，法国巴黎银行违反美国有关“禁止在某些国家开展业务”的规定，遭遇处罚。又如，法国阿尔斯通公司行贿案等。

② 禁止双重危险原则是英美法系的刑事诉讼法原则。“危险”非指普通危险，而是刑事诉讼中的犯罪嫌疑人、被告人由于被追诉而面临的不利境遇。该原则与大陆法系的“一事不再理”原则相对应。前者更加强调对个人权利的保障；后者则着重于维护法的安定，保障国家权力的有效性。禁止双重危险原则现已发展为国际法上的一项基本原则。联合国《公民权利和政治权利国际公约》第 14 条第 7 项规定：“任何人已依一国的法律及刑事程序被最后定罪或者宣告无罪者，不得就同一罪名再予审判或者惩罚。”

人的任何犯罪记录。

公益协议制度的适用范围较窄，仅适用于贿赂、洗钱、兜售影响力等腐败领域，以及逃税、环境损害犯罪等领域。作为传统的提起公诉的替代方案，公益协议程序是否适用，取决于其是否符合“公共利益”。为此，检察官将着重从以下几个方面予以判断：涉事法人此前是否受到法国法院或外国执法机关类似犯罪的制裁；涉事法人若为强制合规的对象的，是否按照规定履行了合规义务①；涉事法人的内部调查和刑事调查合作情况等。

符合适用公益协议条件的案件，检察官办公室将在协议中提出关涉法人义务的具体意见，供涉事法人考虑是否接受。公益协议的义务包括公共利益罚金、企业合规计划、被害人赔偿等，检察官可视案情，要求涉事法人承担其中的一项或多项。

公益协议将在听证会召开后，由法官决定是否批准。涉事法人有权在此批准生效之日起十日内行使撤回权，致协议失效。若法院不批准此协议或涉事法人撤回协议的，检察院必须组织证据对涉事法人提起公诉。法人履行协议后，案涉违法行为的刑事追诉将归于消灭。②

依据《萨宾第二法案》，法国国家反腐败局（Agence Francaise Anti-Corruption，AFA）专门负责预防和发现腐败、挪用公款、非法获取利益等违法犯罪行为。在公益协议程序中，AFA 有义务协助检察官调查、谈判，以及监督企业建立合规制度并评估合规体系的有效性。未按规定建立有效合规体系的企业，AFA 下设的处罚委员会有权对企业及其高管进行行政处罚。从法国近些年的执法实践看，适用公益协议程序的案件较少，且适用对象多集中于大型跨国企业。

法国合规管理制度尽管在制定时具有一定的被动性，在制度执行中也与传统制度存在诸多不相容的地方，但是该制度却实现了远超刑罚的经济收益，并更好地督促了企业的自我合规管理。同时，通过公益协议的签署和执行，涉事企业能够弥补合规漏洞，对企业的存续和经营影响也不大。这些积极作用推动着法国合规管理制度不断扩展其应用领域。

案例选读与思考

1. 斯维特集团（Sweett Group PLC）是英国一家建筑和基础设施项目的服务提供商，在全球许多国家都有办事处。CSIL 公司是斯维特集团在塞浦路斯注册的全资子公司，负责该集团的中东和北非项目。CSIL 公司为赢得在迪拜的一个酒店工程管理和造价咨询合同，实施了违反英国《反贿赂法》的行为。

2014 年 7 月，SFO 宣布对斯维特集团的业务活动开展调查。随后，斯维特集团主动报告了 CSIL 公司的相关交易活动，但不承认交易活动涉及贿赂。该集团也承认尚未建

① 《萨宾第二法案》第 3 条和第 17 条确立了大企业强制合规制度，即拥有 500 名以上员工的企业，或母公司总部位于法国且员工人数 500 名以上的集团企业，且其营业额或综合营业额超过 1 亿欧元的，必须建立合规管理体系。违反此项强制义务的企业将会被法国国家反腐败局处以 100 万欧元以下的罚款，对高管处以 20 万欧元以下的罚款。

② 戎静. 法国刑事合规暂缓起诉制度之缘起、效果及借鉴[J]. 比较法研究，2022(3)：58-73.

立为预防个人实施贿赂行为的管理体系。最后，SFO以商业组织预防贿赂失职罪起诉斯维特集团。一年后，刑事法庭判决斯维特集团承担SFO的调查费、没收违法所得并处罚金约140万英镑。[①]

该案是英国司法机关依据"商业组织预防贿赂失职罪"追究被告法人刑事责任的第一案。了解此案详情后，请回答下列问题：

(1) 英国司法机关判决斯维特集团为其全资子公司的行贿行为承担法律责任的依据是什么？

(2) 英国SFO拒绝实施暂缓起诉协议而以《反贿赂法》第7条"商业组织预防贿赂失职罪"起诉斯维特集团的原因是什么？

(3) 请比较该案与标准银行暂缓起诉协议案，思考英国SFO签署暂缓起诉协议的考量因素有哪些。

2. 检索"国际商业机器公司案"(International Business Machines Co., IBM)、"德普案"(Diagnostic Products Corporation)、"RAE案"(RAE Systems Inc.)与"嘉能可案"(Glencore Plc)，阅读并思考FCPA机制下，美国执法机构如何理解并运用管辖权条款、反贿赂条款及会计条款推动企业合规建设，美国未来的执法趋势是怎样的？

3. 澳大利亚矿业巨头必和必拓公司(BHP Billiton)是2008年北京奥运会的官方赞助商之一。在奥运会期间，必和必拓公司邀请并赞助176位政府官员、国有企业员工，以及102名官员配偶参加2008年奥运会。为此，必和必拓公司为他们每人花费超过1万美元的招待费。2015年，必和必拓公司的行为受到美国SEC的调查和行贿指控。SEC认为，必和必拓公司"没有完整地记录账目以便如实地反映交易"，也并未给员工进行如何填写表单或评估贿赂风险的培训。其合规部门形同虚设，没有确保有意义的编制、审查和请求批准的合规管理程序，违反了美国FCPA。最终，SEC与必和必拓公司签署和解协议。必和必拓公司支付2 500万美元罚款，承认邀请政府官员参加奥运会的行为增加了违反FCPA的风险，而公司并未实施足够的内部控制措施。必和必拓公司须在一年内继续向SEC报告其反腐败合规实施情况。阅读上述案例后思考以下问题：

(1) SEC指控必和必拓公司违反FCPA的依据有哪些？

(2) 必和必拓公司在实施合规管理体系上存在什么问题？如何改进？

4. 约90%的美国FCPA执法案件表明，众多企业通过第三方实施贿赂，或缺乏对第三方的有效合规管控，被美国监管机构认定违反FCPA会计条款和/或反贿赂条款。请查询FCPA相关执法案例后思考以下问题：

(1) FCPA下的第三方合规风险为何容易被企业忽略？

(2) 实践中常见的涉第三方贿赂的风险行为有哪些？

(3) 试比较在中国和美国不同合规环境下，企业面临的这类合规风险是怎样的？

(4) 你认为应当如何有效管控第三方合规风险？

---

① SFO. Sweett Group PLC sentenced and ordered to pay £2.25 million after Bribery Act conviction [EB/OL]. (2016-02-19) [2023-10-20]. https://www.sfo.gov.uk/2016/02/19/sweett-group-plc-sentenced-and-ordered-to-pay-2-3-million-after-bribery-act-conviction/.

5. 2012年10月，英国引入美国的暂缓起诉协议制度后，建立了以暂缓起诉协议为载体的企业合规不起诉制度。与美国暂缓起诉协议制度相比，英国的该制度具有哪些特征？

6. 英国、美国等的审前转处协议程序（DPA或NPA）作为一种制度创新，对社会治理与企业合规提出更高要求。请从法律经济学的角度，谈谈这一制度的优缺点。

7. 比较美国、英国、意大利和法国等的合规相关制度，总结其共性并分析各自制度特点。

8. 阅读“空客公司商业贿赂案”，思考法国公益协议制度的理论和实践能给我国司法制度带来哪些启示。

第三章

合规治理的国际化

引 例

湖南建工解除世界银行制裁

湖南建工集团有限公司(以下简称湖南建工)是一家位列中国500强的大型国有企业。2013年,湖南建工曾参加一起由世界银行资助的道路翻修项目的竞标,提供了全套旨在证明自身具有施工经验和竞争实力的证据材料。世界银行廉政局(INT)审查发现,该公司提供了不真实的竞标材料,构成《诚信合规指南》所指的"欺诈"行为。2013年10月,世界银行对湖南建工作出附条件解除的制裁两年的决定。这意味着该公司(包括其关联企业)在两年内不得参与世界银行资助的项目。两年期满时,湖南建工若申请恢复参与世界银行项目的资格,必须证明其针对前述被制裁行为已经采取适当补救措施并建立和实施了符合世界银行要求的、有效的诚信合规计划。世界银行的制裁不仅导致湖南建工融资困难,也使其声誉遭受了巨大的损失。为解除制裁、挽回声誉,避免更大损失,该公司在世界银行的监督和指导下开展诚信合规体系建设。2017年6月,湖南建工收到世界银行解除制裁通知书,标志着该公司的诚信合规体系建设获得世界银行的认可。①

湖南建工解除世界银行制裁的事例是我国企业按照国际标准建立合规体系的一次成功探索,它遭遇世界银行制裁的教训及其后开展诚信合规体系建设的实践值得所有中国企业汲取。本案主要涉及以下问题:合规治理的国际化发展。

全球经济一体化进程的加快增进了不同国家间的跨境合作与交流。原属一国境内的问题,如商业腐败、金融监管及合规治理等,逐渐发展成为全球性议题。在美国等西方国家的大力推动下,以营造合规文化为契机,建立全球范围的良性市场秩序,已成为越来越多国家的共同要求。随着企业风险管理、内部控制及合规等内容陆续出现在国际条约和国际组织的规则、标准内,合规管理的国际标准逐步在全球范围内推广。这些标准和准则

① 陈瑞华.湖南建工的合规体系[J].中国律师,2019(11):88-90.

既有专业机构发布的行业内非强制性标准、准则、合规倡议，也有国际组织实施的具有一定强制性的合规指南与规范。它们反映出风险的系统性监管、企业社会责任的全球化影响及合规国际化遵守的趋势，为企业合规管理及各国合规监管提供了进一步借鉴的思路和方向。

第一节　巴塞尔协议体系及其合规演进

引例

赫斯塔特银行倒闭事件

赫斯塔特银行(Herstatt Bank)曾是德国一家以外汇投机交易为主的大银行。在固定汇率的布雷顿森林体系下，因外汇波动范围较小，其外汇投机交易的风险较小。随着1973年3月布雷顿森林体系的解体，汇率急剧波动导致该银行外汇投机交易风险迅速增大。该银行的管理者却认为在浮动汇率下将获利更多，最终导致该银行损失惨重，于1974年6月宣告破产。该银行的破产使存款储户损失惨重，德国境内与之有业务关系的银行均遭受了不同程度的挤兑，一些小银行被迫倒闭。同时，由于时差的存在，这一破产事件也使外汇现货交易业务的清算机制陷入混乱，多国银行因此遭遇极其严重的资金困难。这种因时差所致的国际结算风险自此被称为“赫斯塔特风险”。

经历了一系列类似赫斯塔特银行倒闭事件后①，西方国家意识到，“各人自扫门前雪”的分割化金融监管方式已不能适应全球金融体系高度关联的新局面②，推动国际金融风险统一监管成为各国金融监管当局的共同责任。赫斯塔特银行倒闭引发的跨境风险促成了巴塞尔委员会的诞生。自此，母国与东道国跨境监管合作、清偿力风险、资本充足水平等成为国际金融监管的重要议题。

合规管理最早源于金融业。由于金融产品的无形性、抽象化，加上金融机构之间往来密切，一家机构的风险事件极易引发金融行业乃至其他行业的连锁反应。由此，作为高风险行业的金融业一直受到各国严密监管。经济全球化的发展使金融国际化程度不断加深，金融创新日趋活跃。不过，各国法律规定的差异使跨国银行面临的法律选择适用风险加大，凸显了跨国金融机构自身合规风险管理失控难题。对国际金融机构合规风险的管控成为全球金融监管国际合作的重中之重。

1974年年底，国际清算银行(Bank of International Settlement, BIS)下设巴塞尔委员

① 如美国圣地亚哥国民银行、富兰克林国民银行等的相继破产事件。
② 孟龙. 金融监管国际化[M]. 北京：中国金融出版社，1999：13－14.

会成立。巴塞尔委员会致力于以下工作：改进国际银行监管方法；改善国际银行业的监管；提出影响国际银行业务的任何问题，并与世界各监管机构交换信息和意见。[①] 作为现代国际银行监管领域最重要和最具影响力的组织，巴塞尔委员会自成立以来相继发布过一系列重要协定和协议。它们构成了巴塞尔协议体系。该体系内容不断丰富，已形成全球影响最广泛深远的现代国际银行风险管理的规则，对全球银行业的监管以及银行合规管理体系建设等都显现出强大的影响力。

一、巴塞尔协议体系

为保障存款人不致因银行倒闭遭受损失、确保货币等公共财产的可信度，同时，为避免因一家银行的倒闭而引发全社会经济发展的整体衰退风险，巴塞尔委员会制定了《统一国际银行资本衡量和资本标准的协议》(Basel Ⅰ，以下简称《巴塞尔协议Ⅰ》)、《资本计量和资本标准的国际协议：修订框架》(Basel Ⅱ，以下简称《巴塞尔协议Ⅱ》)及其系列文件，它们被统称为巴塞尔协议体系。[②] 巴塞尔协议体系历经三个发展阶段，每一阶段的协议内容被不断更新，其监管方法也被不断修正与改进。巴塞尔委员会也通过阐释这些文件条款，厘清了银行监管的原则、规则、标准和建议，对解决各国监管标准不一、监管权责划分不清、银行业务风险管理缺陷等问题发挥了巨大作用，已逐步成为国际金融监管领域重要的国际惯例和指向标。[③] 巴塞尔委员会因此成长为现代国际银行监管领域最重要和最具影响力的组织之一。

（一）《巴塞尔协议Ⅰ》

1988 年 7 月，巴塞尔委员会发布《巴塞尔协议Ⅰ》[④]。巴塞尔委员会试图通过提供统一的国际银行监管标准与方法，创造国际银行间公平竞争的外部环境，同时通过倡导银行建立健全基于量化风险的资本管理体系，以促进银行强化风险管理能力，提升整个商业银行运营体系的安全性和稳定性。

《巴塞尔协议Ⅰ》主要由三个部分组成。首先，明确银行资本的组成和分类。各类银行资本分为核心资本(股本和公开准备金)、附属资本(未公开准备金、资产重估准备金和普通准备金或呆账准备金)。其次，制定银行资产的风险加权计算方式。协议制定了对资产负债表内各种资产和各项表外科目的风险度量标准，并与资本和加权计算出的风险挂钩，主要关注其信贷风险。最后，规定实现标准比率的时间和目标。由于资本充足对银行健康发展至关重要，巴塞尔委员会将“资本充足率”(capital adequate ratio, CAR)等资本相关指标作为衡量银行风险抵补能力和保持银行稳健发展的重要指标，确立了以资本充足率为核心的资本监管框架。它规定商业银行最低资本要求的标准，即银行核心资本充

① 巴塞尔委员会官网相关介绍(https://www.bis.org/bcbs/)。
② 巴塞尔委员会官网相关介绍(https://www.bis.org/bcbs/history.html)。
③ 汪逸真，丝文铭，郑昌錞. 法律与合规风险管理[M]. 北京：中国金融出版社，2015：1-4.
④ 巴塞尔委员会官网相关介绍(https://www.bis.org/publ/bcbs04a.html)。

足率必须高于4%，总资本充足率应高于8%，以便银行持有充足的资本可吸收非预期损失。[①]

《巴塞尔协议Ⅰ》的主要内容目前仍是国际银行监管制度的重要组成部分。为实施该协议，西方国家努力加强对银行业的管制。为应对监管，商业银行纷纷通过并购来扩大规模。同时，各家银行也不断通过调整资产负债结构，来提升资产质量，努力提高自有资本比率。

（二）《巴塞尔协议Ⅱ》

【案例3-1】

巴林银行倒闭事件

1762年，巴林银行(Barings Bank)在英国伦敦创建，素以"发展稳健，信誉良好"闻名于世。截至1994年，巴林银行的税前利润已高达15亿美元，其核心资本在全球1 000家大型银行中排名第489位。然而，这家具有233年历史的金融巨头却于1995年2月26日被宣告破产，随后以1英镑的象征性价格被荷兰国际集团(ING)收购。巴林银行覆灭之灾的导火索是该银行驻新加坡巴林期货公司总经理兼首席交易员尼克·利森(Nick Leeson)。他因多次进行巨额金融期货投机交易，造成银行9.16亿英镑的巨额亏损。在巨亏重压下，巴林银行董事长试图求助于英格兰银行。然而此时巴林银行损失已逾14亿美元，且损失仍不断扩大。这致使巴林银行在其他金融机构不敢伸手救援的情况下轰然倒下。[②]

巴林银行倒闭事件绝非偶然。在该银行倒闭后，日本大和银行和法国兴业银行也因类似事件产生巨额亏损。表面上看，它们都是因为相关交易员的违规操作及投机失误。但究其根本，还在于银行内部管理制度欠缺及外部监管低效所致。

在全球自由化和全球金融体系结构性转变下，银行金融创新业务更加多样、复杂。仅对信用风险和市场风险等单一风险问题进行监管已不能满足全球化下全面金融监管的需要。日益复杂化、多元化、国际化的金融产品对监管提出了不小的挑战，《巴塞尔协议Ⅰ》的局限性日趋显现：它忽视了金融中介操作风险的资本要求；8%的资本充足率无法满足金融监管者的需要；它还面临无法有效应对金融业由信用风险、市场风险和操作风险等互相交织、共同作用形成的风险环境。[③]

伴随着西方监管理念从"规则监管"向"原则监管"转变，巴塞尔委员会于2004年6月

① 汪逸真，丝文铭，郑昌錞．法律与合规风险管理[M]．北京：中国金融出版社，2015：6-7.

② 林子山，陈运琼．巴林银行倒闭事件真相与教训[M]．中国农业银行稽核部，译．北京：中国金融出版社，1996：1-24.

③ 赵玉洁．金融风险管理[M]．北京：对外经济贸易大学出版社，2015：174.

公布《巴塞尔协议Ⅱ》[①]。《巴塞尔协议Ⅱ》延续了以《巴塞尔协议Ⅰ》为代表的一系列监管原则，以资本充足率为核心、以信用风险控制为重点，突出强调银行风险监管。

《巴塞尔协议Ⅱ》将最低资本要求（minimum capital requirements）、外部监管（supervisory review process）和市场约束[enhanced disclosure (discipline of market)]作为核心要求，也称“三大支柱原则”。

《巴塞尔协议Ⅱ》延续了以资本充足率为核心的监管思想。其提出衡量资本充足率的新思路和方法，以使资本充足率和各项风险管理措施更能适应当时金融市场发展的客观要求。在资本充足率的公式中，它全面反映了信用风险、市场风险、操作风险的资本要求，引入了计量信用风险的内部评级法。它将银行风险的范围从信用风险和市场风险扩展至操作风险，令风险评估方法更加多元，确保评估结果更加全面、精细。

同时，《巴塞尔协议Ⅱ》将各国监管机构的监督检查作为协议实施的重要保障，以监督检查助推银行提升风险监测和管理水平，促进银行风险管理体系有效运行，减少银行利用信息不对称的漏洞实施违规行为的可能性。

《巴塞尔协议Ⅱ》通过引入市场机制，植入全面信息披露理念，让市场主体或利益相关者了解风险信息，自主判断银行风险，以便对银行加强市场约束。为此，《巴塞尔协议Ⅱ》对银行资本结构、风险敞口、风险评估程序、资本充足率及风险管理战略等重要信息的披露提出更为具体的定性、定量要求。

《巴塞尔协议Ⅱ》的发布标志着全球银行监管理念已逐步从信用风险监管向全面风险管理转变；在风险管理手段上更加全面，逐步从强调定量指标向定性和定量指标相结合的方向转变，鼓励各国加强国际合作监管；在监管对象方面日益多元，不仅对银行开展监管，也对金融集团实施监管。上述变化意味着对银行合规管理提出了更高要求，不仅体现在合规管理制度、相关设备、数据及人才等方面，也表现在它们的合规管理的信息化、数据化、合规化方面。

（三）《巴塞尔协议Ⅲ》

【案例3-2】

次贷危机——雷曼兄弟公司倒闭事件

雷曼兄弟公司（Lehman Brothers）成立于1850年，总部位于美国纽约，是一家在全球很多城市都设有办公室和分支机构的投资银行。雷曼兄弟公司曾经在很多业务领域都居于全球领先地位，包括股票固定收益、投资银行业务、资产管理和风险投资等。由于热衷于投资房地产市场，雷曼兄弟公司持有巨大规模的次级贷款和以次级贷款为背景的金融衍生品。2008年，美国次贷危机爆发。因持有大量抵

① 巴塞尔委员会官网相关介绍（https://www.bis.org/publ/bcbs107.htm）。

押贷款证券，雷曼兄弟公司资产大幅缩水，公司股价在次贷危机后的一年之内下跌近95%。在多项收购谈判失败后，2008年9月15日，拥有158年历史的雷曼兄弟公司正式宣布破产。

雷曼兄弟公司的倒闭引发金融大海啸，大大小小的银行接连破产。各国政府及中央银行纷纷出手救市，全球金融体系陷入混乱。次贷危机的爆发也打断了各国实施《巴塞尔协议Ⅱ》的步伐，引发学界和实务界对金融监督有效性的质疑和反思。

2008年爆发的金融危机给全球银行体系带来了巨大的冲击，也暴露出《巴塞尔协议Ⅱ》存在的诸多不足：① 金融监管体系中存在的顺周期效应未引起足够重视；② 过度强化对单个金融机构的风险管理，对系统性风险的考虑不足，也缺乏对非正态分布等复杂风险的有效监测和监管；③ 计量方法的适用性及风险权重设置问题易产生风险计量的不准确性[①]；④ 在金融国际化的趋势下，大量非银行金融机构和非银行业务涌现，仍只将商业银行作为监管对象使《巴塞尔协议Ⅱ》发挥作用的空间有限。[②] 为此，巴塞尔委员会对国际银行监管规则进行重大改革，于2010年发布《更具稳健性的银行和银行体系的全球监管框架》[③](Basel Ⅲ，以下简称《巴塞尔协议Ⅲ》)和系列文件。

《巴塞尔协议Ⅲ》致力于从微观层面的银行入手，提高银行个体的稳定性；同时从宏观层面加强银行系统性风险以及风险放大周期效应的应对。它的核心改革体现为宏观审慎、扩大风险监管范围、建立分层次的监管框架。其主要改进的内容为以下四个方面。

第一，强化资本质量，提高全球银行业最低资本监管标准：① 总资本充足率保持不变，一级资本充足率下限由4%上调至6%，核心一级资本充足率下限由2%上调至4.5%；② 增设总额不低于银行风险资产2.5%的"资本防护缓冲资金"(核心一级资本、一级资本与总资本充足率分别提高至7%、8.5%与10.5%)；③ 提出0～2.5%的逆周期资本缓冲区间，用以缓解顺周期效应对宏观经济造成的不良影响。

第二，扩大风险覆盖范围，主要扩大了对衍生产品交易对手、资产证券化和表外业务等资本市场活动风险的覆盖。

第三，增设流动性覆盖率与净稳定融资比率两项监管指标，提出了流动性风险管理的17项原则，加强对银行流动性风险的管理。

第四，对于大型商业银行提出更高要求，包括附加资本、额外信息披露和更严格的压力测试等。

2017年12月，巴塞尔委员会发布修订后的《巴塞尔协议Ⅲ：后危机改革的最终方案》

---

① 《巴塞尔协议Ⅱ》鼓励银行使用基于内部评级的计量方法，但这仅适用于拥有长期经营记录和丰富数据，且能高效处理这些数据的大型银行，多数银行不得不依赖外部评级或者监管当局的建议指标。而片面依赖外部指标的话，将很难保证银行指标选择的客观、公正和科学。

② 赵玉洁.金融风险管理[M].北京：对外经济贸易大学出版社，2015：175.

③ 巴塞尔委员会官网相关介绍(https://www.bis.org/publ/bcbs189.htm)。

(以下简称《巴塞尔协议Ⅲ》最终版)[①],于2023年1月1日起实施。《巴塞尔协议Ⅲ》最终版主要针对信用风险加权资产和操作风险加权资产的计量方法进行优化和完善,进一步提高了资本计量的风险敏感度,确保风险加权资产的可比性和稳定性。

银行自身具备抵御风险的能力,将会大幅度降低因单一风险问题引发系统性金融危机的可能性。《巴塞尔协议Ⅲ》是巴塞尔委员会为加强银行业的风险管理和监管提出的一整套综合改革措施。它的通过和实施,标志着全球银行和金融监管体系的重大变革。

巴塞尔协议体系从资本标准和资产风险两个方面对银行提出明确要求,将国际银行监管的重心转向银行内部。同时,它满足了现代银行监管国际统一标准化的需要,防止国际银行间的不公平竞争。巴塞尔协议体系从强调投资母国与东道国监管责权的分配转移到对银行资本充足率的监管,这一监管思路得到各国银行监管机构的认可,并逐步转化为本国金融监管制度。当前,资本充足率标准已经成为衡量银行是否稳健发展的重要考量依据。监管环境的变化也促使商业银行明确自身责任,强化对不同风险资产的管理。

二、《合规与银行内部合规部门》

继巴塞尔协议体系将操作风险与信用风险、市场风险共同纳入银行监管框架后,巴塞尔委员会日益强调银行经营活动的合规性以及加强银行风险管理,特别是操作风险管理。2003年10月,巴塞尔委员会发布《银行合规职责》的咨询文件,提示银行应重视对合规风险的管理。该文件提出,鉴于合规风险有时也被称为诚信风险(integrity risk),国际银行金融机构的管理层必须确保有效的合规政策和程序得到遵守,并在发现违法、违规情况时采取适当措施予以纠正。[②]

2005年4月,巴塞尔委员会发布《合规与银行内部合规部门》。[③] 在此文件中,巴塞尔委员会定义了“合规风险”,确定了银行监管机构对商业银行合规监管的原则,并对商业银行的合规建设提出框架性指导建议,以持续改善对银行的监管问题并促进银行的稳健经营。

该文件主要涉及以下内容:定义合规、合规风险与合规文化、董事会和高级管理层的合规风险管理责任、合规部门原则、跨境经营的合规、合规委托管理的问题等。

该文件定义了合规及合规风险,列举了合规义务的来源。该文件同时强调银行应诚信经营,合规文化应从管理层做起,全体员工均应把合规视为银行经营活动的一部分。合规文化体现在以下方面:建立合规管理制度,保障合规工作的开展;全体成员形成合规思维与习惯,内心认同各项合规法律法规及规章制度,以合规行为模式主导日常行为等。

在董事会和高级管理层的合规风险管理责任方面,该文件提出银行董事会负责监督商业银行的合规风险管理。董事会应审批商业银行的合规政策,对商业银行有效管理合

① 巴塞尔委员会官网相关介绍(https://www.bis.org/bcbs/publ/d424.htm)。
② 巴塞尔委员会官网相关介绍(https://www.bis.org/publ/bcbs103.pdf)。
③ 巴塞尔委员会官网相关介绍(https://www.bis.org/publ/bcbs113.pdf)。

规风险的情况应每年至少进行一次评估。高级管理层负责银行合规风险的有效管理。其具体责任包括：制定、传达和贯彻合规政策及管理流程，确保有效执行，发现违规时采取适当补救或惩戒措施；在合规部门的协助下，定期识别和评估主要合规风险并制定合规计划，定期向董事会报告合规管理情况，及时报告重大违规情况；组建常设合规部门等。

合规部门原则（compliance function principles）是该文件最重要的组成部分。“合规部门”并非特定的组织机构，而是履行合规职责的职员。为确保合规部门的管理发挥实效，银行纲领性文件或其他正式文件应明确合规部门享有独立、正式地位，并由一名集团合规官（a group compliance officer）或合规负责人（head of compliance）全面负责协调合规风险管理。合规部门履职时不得与其所承担的其他职责有利益冲突，应能接触到合规管理所需的信息和人员，应有权对合规风险所涉部门开展调查，并可随时就调查结果向高级管理层及董事会报告。为确保银行内部合规风险的有效管理，合规部门应该配备履职的充分资源，包括合格、专业的合规管理人才，并对他们进行定期、系统的教育和培训。合规部门的工作范围和广度应受到银行内部审计部门的定期复查，其主要职责包括：向高级管理层汇报银行最新合规义务；对员工进行合规教育并提供合规咨询意见；制定银行内部规章制度、流程并适时评估其适当性；积极主动识别、评估合规风险并上报；与外部合规监管者保持联系等。

此外，该文件提醒跨境经营的银行应在其合规管理体系、合规部门组成及职责等方面遵守业务所在国家或地区的法律规定。银行合规管理被对外委托时，银行董事会和高级管理层仍应对依法合规负最终责任。

《合规与银行内部合规部门》对于银行合规管理体系的建立及执行发挥了非常重要的指引作用。包括我国在内的许多国家有关商业银行的合规管理规定都参考了此文件。

第二节　经济合作与发展组织的合规倡导

引例

法国法院审查 ABL 公司与阿尔斯通公司 ICC 涉腐仲裁裁决案

2019 年 5 月 28 日，巴黎上诉法院以违反国际公共政策为由拒绝执行中国香港亚历山大兄弟公司（以下简称 ABL 公司）取得的国际商会（ICC）胜诉裁决。巴黎上诉法院认为，所有证据均表明法国阿尔斯通公司向 ABL 公司支付的佣金，是对中国公职人员腐败行为的资助和奖励。执行该裁决是对腐败的奖励，将违反国际公共政策。巴黎上诉法院责令 ABL 公司退还阿尔斯通公司支付的所有款项。随后，ABL 公司向法国最高法院提出上诉。法国最高法院撤销巴黎上诉法院的判决，并将该案发回凡尔赛上诉法院重新审理。2023 年 3 月 14 日，凡尔赛上诉法院驳回阿尔斯通公司以国际公共政策为由提出的不予执行抗辩，准予执行ABL公司取得的ICC胜诉裁决。[①]

本案的核心问题是法国法院执行ICC裁决是否违反国际公共政策。判断这一概念适用的标准是1997年12月17日OECD通过的《关于打击国际商业交易中行贿外国公职人员行为的公约》（以下简称《OECD反行贿公约》）。法国于2000年7月31日批准了该公约，并于2000年9月29日开始在法国国内实施。此案中，法国法院根据本国批准的国际条约、国内法，来审查国际商事仲裁裁决的执行是否符合法国的国际公共政策概念。

本案有助于考察《OECD反行贿公约》对相关国家国内立法和司法实践的影响。

OECD是由38个市场经济国家组成的政府间国际组织。为共同应对全球化引发的经济、社会和政府治理等方面的挑战，OECD制定了一系列包括公司治理、反腐败等方面的国际标准。围绕《OECD反行贿公约》的履行，OECD提出一系列旨在规制企业国际商业交易贿赂的合规建议。[②]

一、《OECD反行贿公约》

【案例3-3】

OECD反贿赂工作组严重关切芬兰反海外贿赂执法

2022年12月，OECD反贿赂工作组（OECD Working Group on Bribery）向芬兰发出严重关切：敦促芬兰加快立法明确外国行贿罪的定义。其认为，芬兰自2017年通过有关《OECD反行贿公约》及相关文件第四阶段评估报告以来，仍然没有全面遵守该公约的核心义务。OECD反贿赂工作组还对芬兰未能调查或起诉任何外国贿赂案件表示关切，敦促其消除阻碍有效执行反海外贿赂法的任何障碍，并在2023年6月前提交一份具体计划及其时间表，否则OECD反贿赂工作组将派遣一个高级代表团前往芬兰。[③]

在第四阶段评估报告中，OECD反贿赂工作组指出，芬兰成立国家调查局（National Bureau of Investigation，NBI）独立并积极开展公约项下各项活动。不过，OECD反贿赂工作组质疑芬兰在对五起涉及外国行贿行为案件的当事人均被判决无罪的结果，建议芬兰采取措施扭转无罪释放率高的局面。这些措施包括将

① Paris Court of Appeal，Pôle 1，Chambre 1，No. 16/11182 (28 May 2019).

② OECD官网相关介绍（https://www.oecd.org/corruption-integrity/）。

③ OECD官网相关介绍（https://www.oecd.org/daf/anti-bribery/finland-should-urgently-step-up-its-efforts-to-enforce-its-foreign-bribery-offence.htm）。

案件交给具有专门技能和审判经验的法官处理，为执法机关提供有关行贿外国公职人员罪及其适用的资料和培训等。[①]

案例3－3侧面反映了OECD反贿赂工作组如何审查缔约国定期履行《OECD反行贿公约》义务的情况。被审查国需根据OECD反贿赂工作组评估报告中的整改建议开展进一步整改活动，并将整改情况向OECD反贿赂工作组报告。

贿赂在国际商业交易中较为常见，严格履行反贿赂合规体系的企业可能面临不公平的国际竞争环境。为减少各国因保护本国企业经济利益而降低监管标准的情形，1997年，OECD成员国签署《OECD反行贿公约》，共同推动国际反腐败标准的统一。

《OECD反行贿公约》要求缔约国参考公约规定的“行贿外国公职人员罪”的构成要件，结合各自国内法，将在国际商业交易中行贿外国公职人员的行为规定为刑事犯罪，并采取有效措施予以预防、制止和打击。各缔约国应加强在贿赂案件中的国际合作。该公约倡议各国在打击行贿外国公职人员领域加强与国际组织，如联合国、世界银行、国际货币基金组织、世界贸易组织、美洲国家组织、欧洲理事会和欧洲联盟等的交流与合作。[②]《OECD反行贿公约》定义了“行贿外国公职人员罪”，并进一步解释了“外国”“外国公职人员”“在履行公务方面作为或不作为”“其他不当利益”等术语的确切含义。但该公约强调相关定义及其解释仅供各缔约国制定本国法律时参考，并不要求缔约国严格采用公约给出的定义。[③]

该公约提出各缔约国应立法规定实施行贿外国公职人员行为的相关企业的法律责任，该责任应对治理贿赂具有有效性、相称性和惩戒作用。[④] 为确保法律责任的可追诉，各缔约国应确立国内管辖权并与贿赂所涉国家建立管辖权磋商机制；应严格企业账目管理、财务决算披露等制度，要求企业建立独立外部审计和公司内部控制体系，杜绝企业采用账外账、使用虚假单据等方式隐瞒此类犯罪；[⑤]同时，缔约国应加强为打击此类犯罪行为开展的调查和诉讼合作，也可将OECD作为此类合作的渠道之一。[⑥] OECD成立反贿赂工作组，接受缔约国提交的通报和其他信息；定期审议各缔约国履行公约义务的情况并提出建议；定期向公众发布该工作组的相关信息等。[⑦]

《OECD反行贿公约》是国际社会第一个规范国际商业行贿行为中个人或企业责任的国际反腐败文件。该公约对于各国国际反腐败领域的国内立法的影响巨大。许多国家将

---

① OECD官网相关介绍(https://www.oecd.org/daf/anti-bribery/Finland-Phase-4-Report-ENG.pdf)。

② OECD官网相关介绍(https://www.oecd.org/daf/anti-bribery/ConvCombatBribery_ENG.pdf)。

③ 《OECD反行贿公约》第1条(https://www.oecd.org/daf/anti-bribery/ConvCombatBribery_ENG.pdf)。

④ 《OECD反行贿公约》第2条、第3条(https://www.oecd.org/daf/anti-bribery/ConvCombatBribery_ENG.pdf)。

⑤ 《OECD反行贿公约》第8条(https://www.oecd.org/daf/anti-bribery/ConvCombatBribery_ENG.pdf)。

⑥ 《OECD反行贿公约》第9条、第12条(https://www.oecd.org/daf/anti-bribery/ConvCombatBribery_ENG.pdf)。

⑦ OECD官网相关介绍(https://www.oecd.org/daf/anti-bribery/oecdworkinggrouponbriberyininternationalbusinesstransactions.htm)。

贿赂外国公职人员规定为犯罪，并要求企业为避免此类行为的发生建立合规体系。同时，各国对这一类犯罪的调查、起诉和制裁合作加大了犯罪主体的刑事责任，也提高了国际社会对国家清廉指数和政府管理能力的评估标准。①

二、2009 年《反贿赂建议》

2009 年 12 月 9 日，OECD 为庆祝《OECD 反行贿公约》生效十周年，发布《关于进一步打击国际商业交易中行贿外国公职人员行为的建议》（OECD Recommendation for Further Combating Bribery of Foreign Public Officials in International Business Transactions，以下简称《反贿赂建议》）。《反贿赂建议》总结了《OECD 反行贿公约》的履行情况，结合国际商业交易中行贿外国公职人员的发展状况，提出各国负有共同打击此类犯罪的责任。同时，OECD 希望此建议的通过能加强《OECD 反行贿公约》的缔约国提高预防、侦查和调查外国贿赂行为的能力。②

（一）《反贿赂建议》的主要内容

《反贿赂建议》由 11 章、18 项建议及 2 个附录文件组成。附录文件分别为附件 1《执行〈禁止在国际商业交易中行贿外国公职人员公约〉具体条款的良好做法指南》（Good Practice Guidance on Implementing Specific Articles of the Convention on Combating Bribery of Foreign Public Officials in International Business Transactions）③、附件 2《内部控制、企业道德及合规最佳实践指南》（Good Practice Guidance on Internal Controls, Ethics, and Compliance）④。

该建议与合规密切相关的内容包括：建议缔约国监督企业建立预防贿赂体系原则及企业会计标准、独立外部审计，鼓励企业加强内控及合规体系等制度建设。为更好地督促缔约国履行《OECD 反行贿公约》，该建议提出定期审查与执行《OECD 反行贿公约》的具体建议，包括 OECD 反贿赂工作组发布并定期评估缔约国履行《OECD 反行贿公约》和该建议的措施、非保密信息等情况；接受缔约国的情况通报，促进履行《OECD 反行贿公约》和该建议的国际合作；举行国际商业贿赂罪审判法官会议，讨论治理、惩处此类犯罪的最佳做法和相关问题；开展国际商业贿赂行为主要趋势、问题和抵制措施的国际研究等。⑤

（二）《内部控制、企业道德及合规最佳实践指南》

《反贿赂建议》附件 2《内部控制、企业道德及合规最佳实践指南》，对成员国和跨国企业提出了更加具体的预防国际腐败行为的建议。在指导企业预防国际商业贿赂行为上，

---

① 李迪.《OECD 反贿赂公约》对英国反腐败制度的影响以及对我国的启示[J]. 澳门法学，2022(1)：147－169.

② OECD 官网相关介绍(https://www.oecd.org/daf/anti-bribery/2009_Anti-Bribery_Recommendation_Brief.pdf)。

③ OECD 官网相关介绍(https://www.oecd.org/corruption/anti-bribery/OECD-Anti-Bribery-Recommendation-ENG.pdf)。

④ OECD 官网相关介绍(https://www.oecd.org/daf/anti-bribery/44884389.pdf)。

⑤ OECD 官网相关介绍(https://one.oecd.org/document/C(2009)159/REV1/FINAL/en/pdf)。

该指南建议企业开展国际贿赂风险定期监测和评估活动，并基于评估结果制定有效的内部控制与合规体系。

为确保合规管理体系的有效性，跨国企业应关注以下方面：

(1) 所有员工应贯彻并自觉履行反国际贿赂合规体系与内部控制的措施；

(2) 管理层应确保并支持企业合规方案或措施的实施，应确保合规部门的独立性和自主权并提供合规管理所需的充足资源；

(3) 企业应确保其下所有实体履行合规管理体系，定期对合作第三方(商业伙伴)开展相关情况调查并要求其作出拒绝国际贿赂的承诺；

(4) 企业应制定系统的财务和会计内控制度，确保账簿、记录和会计的公正、精确和不被用于国际贿赂行为之目的；

(5) 对企业全体员工开展合规培训，引导员工理解并自觉履行合规措施；

(6) 企业应制定禁止违反国际贿赂行为的内部规章，建立举报机制；

(7) 企业应对合规体系的有效性进行监测和定期评估等。①

该指南同时也提醒不同类型企业，特别是中小微企业，应结合企业规模、类型、组织架构、产业及运营方式等情况，构建更为灵活的合规体系。

三、2021 年《反贿赂建议》

2021 年，OECD 结合全球反腐败领域的发展及最新成果，更新了《反贿赂建议》，即 2021 年《反贿赂建议》(The 2021 Anti-Bribery Recommendation)，对不断变化的贿赂挑战作出更加全面的回应。②

(一) 2021 年《反贿赂建议》的主要变化

与 2009 年《反贿赂建议》相比，2021 年《反贿赂建议》更新了以下五方面内容。

1. 贿赂“需求侧”

2021 年《反贿赂建议》增加了贿赂“需求侧”(addressing the demand side)，即索贿(或受贿)的内容。这一变化对《OECD 反行贿公约》是颠覆性的，因为该公约及相关文件此前只关注对行贿方的规制与制裁。2021 年《反贿赂建议》提醒缔约国提高公职人员和企业对索(受)贿风险的认识，向企业驻外人员提供处理索(受)贿情况下的应对培训；建议加强各国在处理索(受)贿问题的合作等。2021 年《反贿赂建议》同时呼吁各国加强对公职人员禁止贿赂的法律培训，并发布规范公职人员不当收费、接受礼品等方面的管理制度，方便个人和企业了解并遵守。2021 年《反贿赂建议》提示“小额疏通费”(small facilitation payments)的腐蚀风险，建议缔约国定期审查此类支付政策；同时提醒企业应将其纳入合规风险予以管控。

---

① OECD 官网相关介绍(https://www.oecd.org/daf/anti-bribery/ConvCombatBribery_ENG.pdf)。

② OECD 法律文书官网相关介绍(https://legalinstruments.oecd.org/en/instruments/OECD-LEGAL-0378)。

2. 非审判解决机制

2021年《反贿赂建议》增加了非审判解决机制(non-trial resolutions)的内容。非审判解决机制是根据自然人或法人与检察机关或有关部门达成的协议，未经完整的司法或者监管程序解决问题的机制。OECD建议缔约国在国际贿赂追诉程序中，探索各种形式的非审判解决机制。为此，缔约国应要求跨国企业承认犯罪事实并承诺实施预防类似犯罪的合规框架，以便后续根据合规体系执行效果赢得企业法律责任的减免。

3. 有效合规激励

2021年《反贿赂建议》鼓励缔约国对有效合规的企业给予政府补贴、许可、政府采购等方面的奖励、激励措施或将其纳入执法考量的因素之一。同时，建议各国加强并完善“吹哨人”保护机制。

4. 反腐执法信息跨国共享

2021年《反贿赂建议》倡议加强反腐败执法信息跨国共享与国际司法协助，同时鼓励缔约国借助双边或多边协议，增进证据调查、起诉等信息的互通与共享。同时，该建议也提醒国际贿赂行为的追诉国关注同一行为平行诉讼的可能性，减少重复性跨国制裁、提升执法效率。

5. 数据保护限制

鉴于执法工作数字化程度越来越高的趋势，2021年《反贿赂建议》鼓励各国新增数据保护限制的内容，提示缔约国其国内数据保护规则不应妨碍反腐败调查的国际合作以及企业内控或者合规机制的实施。①

(二)《内部控制、企业道德及合规最佳实践指南》的变化

在吸纳各国合规立法经验的基础上，2021年《反贿赂建议》的附件2《内部控制、企业道德及合规最佳实践指南》增加了以下内容：再次强调董事会、高级管理层及其他管理部门应明确作出承诺且全力支持企业内部控制和合规体系的运行，并持续增加企业对外合规承诺；强调企业应确保合规部门的独立性并满足其获取企业数据和资源的需求；建议收购的业务或者企业迅速被纳入企业内部控制及合规体系中；提供了更全面的“商业伙伴”界定标准；加强合规文化建设，将合规体系纳入人事制度；企业应加强“吹哨人”保护机制，确保举报信息的保密性。②

由于《反贿赂建议》不具有法律拘束力，2021年《反贿赂建议》是否会如2009年《反贿赂建议》那样产生巨大的国际影响力仍有待观察。不过，由于2021年《反贿赂建议》内容大多源自各国的监管实践，它的影响，特别对于跨国公司合规体系建设的影响不容小觑。同时，治理商业贿赂行为的国际多边合作可能带来监管环境的潜在变化。③

---

① OECD法律文书官网相关介绍(https://legalinstruments.oecd.org/en/instruments/OECD-LEGAL-0378#mainText)。

② OECD法律文书官网相关介绍(https://legalinstruments.oecd.org/en/instruments/OECD-LEGAL-0378)。

③ Martin J Weinstein, Jeffrey D Clark, Robert J Meyer, et al. OECD issues first update to anti-bribery recommendation in over a decade [EB/OL]. (2021-11-26) [2024-10-10]. https://www.mondaq.com/unitedstates/white-collar-crime-anti-corruption-fraud/1140608/oecd-issues-first-update-to-anti-bribery-recommendation-in-over-a-decade.

第三节 国际标准化组织有关合规管理的指南

引例

中兴通讯公司获得 ISO 37001 体系认证证书

ISO 37001 反贿赂管理体系发布后，中兴通讯公司积极依据这一国际标准搭建和持续改进其内部反贿赂管理体系，并于 2020 年 11 月获得由英国标准协会（British Standards Institution，BSI）认证的 ISO 37001 体系认证证书，成为获得此证书的首家中国企业。2021 年 7 月，BSI 对中兴通讯公司反贿赂管理体系的运行和持续改进开展审核监督，并再次表示认可。

BSI 审核组围绕该体系“贿赂风险评估、领导作用和承诺、反贿赂政策、反贿赂合规职能、合规管理资源、合规意识和培训、信息化、财务控制，以及礼物、款待、捐赠和类似利益”等要素考察了该公司的体系建设情况，同时肯定了该公司在领导重视、贿赂风险评估工具多元化、IT 系统数字化管理能力提升、员工合规意识宣贯和培训方式方法多样化、反贿赂持续监督管理的多层级化等方面做出的努力。

成立于 1947 年 2 月的国际标准化组织（International Organization for Standardization，ISO）是标准化领域的非政府间国际组织。目前，其成员由 167 个国家的国家标准化团体组成。[①] 代表中国参加 ISO 的是国家标准化管理委员会。[②] ISO 的宗旨是“促进全球标准化及其相关活动的发展，以便利国际商品、服务交易与国际智力、技术、经济等的合作”。ISO 的主要活动包括制定国际标准、协调世界范围内的标准化工作、组织各国成员和技术委员会开展信息交流、与其他国际组织合作研究有关标准化问题。ISO 标准几乎涵盖了技术、管理和制造的所有领域，截至 2023 年 8 月 23 日已发布 24 894 个国际标准。[③] 在合规管理领域，以下三项标准最为引人瞩目。它们的发布为企业建立和实施有效的合规管理体系提供了指南，也为各类组织、合规管理者、合规监管机构等提供了全球合规管理范本。[④]

一、《ISO 19600：2014 合规管理体系——指南》

2014 年，ISO 发布《ISO 19600：2014 合规管理体系——指南》[⑤]（ISO 19600：2014

---

① 国际标准化组织官网相关介绍（https://www.iso.org/about-us.html）。
② 国家标准化管理委员会官网（http://www.sac.gov.cn/）。
③ 国际标准化组织官网相关介绍（https://www.iso.org/about-us.html）。
④ 杨志花，谭韵. ISO 37301 对合规问题升级关注的要求及应对建议[J]. 质量与认证，2021(3)：52 - 53.
⑤ ISO 的国际标准通常以数字表示，如“19600”是标准号码，“2014”是发布年份。

Compliance Management Systems—Guidelines，以下简称 ISO 19600）。① ISO 19600 的目的是为所有类型的组织②在建立、实施、评估、改进合规管理体系上提供指引和操作建议，以确保合规体系的有效性和灵敏度。ISO 19600 借鉴了澳大利亚 1998 年《AS 3806——合规计划》（AS 3806-Compliance Programs，以下简称 AS 3806）。③ AS 3806 标准由 12 项基本准则组成，可通用于所有类型组织。因多次被澳大利亚执法和司法部门援引作为企业（组织）建立、实施和提高其合规管理体系运行有效性的方法，AS 3806 被广泛推广，2006 年该标准修订。2009 年，因新西兰也采用了此标准，将其更名为“AS/NZS 3806”。

ISO 19600 以 AS/NZS 3806 为基础，适用于任何组织的合规管理体系建设。任何组织的合规体系建设可结合自身规模、结构、性质、内部管理及业务活动的复杂程度等情况，灵活引用该指南的各项规定，并遵循有助于公司治理（good governance）、保持相称性（proportionality）、透明度（transparency）和可持续（sustainability）等原则。ISO 19600 认为，合规应以风险为基础，企业不应仅关注基于监管要求的合规义务，还应加强对风险的控制。此外，它提出合规管理的“三道防线”模式（the three lines of defense）。④ 这些意见、建议被多国合规指南所接受。我国 2018 年《合规管理体系 指南》（GB/T 35770—2017）就采用“等同翻译”的方式在我国境内推广应用。GB/T 35770—2017 从合规管理主体所处的环境，合规管理主体的领导作用，合规管理体系的策划、支持、运行，以及绩效评价与改进等方面为各类企业建立、加强、改进合规管理体系提供建议。

二、《ISO 37001：2016 反贿赂管理体系——要求及使用指南》

贿赂是合规管理中最为突出的议题之一。随着全球反贿赂意识的增强，越来越多的国家、国际组织和跨国公司呼吁对贿赂加强预防和管理。2016 年 10 月，ISO 发布《ISO 37001：2016 反贿赂管理体系——要求及使用指南》（ISO 37001：2016 Anti-bribery Management Systems—Requirements with Guidance for Use，以下简称 ISO 37001），最近一次的审查和确认于 2022 年完成。⑤ ISO 37001 旨在促使包括政府机构、企业在内的各类组织制定相应的反贿赂管理体系，确保其实施有效的反贿赂措施，防范与组织活动有关的贿赂风险的发生。

ISO 37001 确定了反贿赂合规管理体系的范围和建设原则，⑥贿赂风险的识别、评估方法，以及贿赂风险管理、绩效评估和改进等。结合各类组织的运营管理情况，ISO 37001

---

① 国际标准化组织官网相关介绍（https：//www. iso. org/standard/62342. html）。

② 组织是指有自身职能并具有责任、权限和关系的个人或团体，包括但不限于个体经营者、公司、集团、商行、企业、政府机关、合伙、慈善团体或事业单位或以上主体的部分或组成，不论其是否为法人，也不论其是否私有还是国有。

③ Standards Australia. Australian standard compliance programs [EB/OL]. (2006-03-09) [2024-09-01]. https：//www. saiglobal. com/PDFTemp/Previews/OSH/as/as3000/3800/3806-2006. pdf.

④ 业务和管理人员通过业务流程和控制措施的制定，形成违规应对的“第一道防线”；合规职能部门通过合规框架的建立和管理，形成“第二道防线”；内部审计成为“第三道防线”，确保并检验合规管理体系的有效性。

⑤ 国际标准化组织官网相关介绍（https：//www. iso. org/iso-37001-anti-bribery-management. html）。

⑥ 反贿赂管理体系针对各类组织的所有行贿和受贿的行为，包括组织及其员工的行贿和受贿行为，也包括其商业伙伴代表该组织或为该组织利益实施的各类直接和间接的贿赂等。

提出组织可以采用的管控措施，如对低贿赂风险的项目、活动、商业伙伴、特定岗位的员工等开展尽职调查，实施充分的财务控制措施；在采购、运营、销售、人力资源、法务等非财务活动方面加强控制，严格管理提供礼品、接待等利益活动；要求商业伙伴实施反贿赂管控措施，建立汇报程序和调查处理机制等。

ISO 37001 亦遵循过程方法和 PDCA[①] 闭环管理原则，强调以风险为基础。与 ISO 19600 不同，ISO 37001 标准可用于认证目的。各类组织可通过获取认证证书，证明其在反贿赂管理体系上符合 ISO 37001 标准的要求。

ISO 37001 为各类组织的贿赂风险提供了系统化的管理方法，它的诞生对全球反腐败反贿赂管理的提升具有广泛而深远的意义。尽管建立有效的合规和反贿赂管理体系并不能杜绝不合规行为的发生，但是企业严格实施此标准并设置适当的控制措施，有助于系统性地降低不合规和贿赂风险发生的概率。此外，按照此标准建立反贿赂合规体系能够成为司法抗辩的有力证据。取得 ISO 37001 认证还有助于证明企业拥有比其他企业更好的合规管理能力，从而提升客户对该企业的信任度，增强其市场竞争力。因此，ISO 37001 一经推出就受到跨国公司、国际工程承包企业的重视。是否取得 ISO 37001 认证证书甚至成为招标采购企业选择供应商的参考因素之一。[②]

三、《ISO 37301：2021 合规管理体系——要求及使用指南》

【案例 3－4】

美的集团获得 ISO 37301 体系认证证书

2022 年 1 月，经 BSI 审核，美的集团股份有限公司（以下简称美的集团）获得其颁发的 ISO 37301 合规管理国际标准认证证书，认证范围为美的集团智能家居、工业技术、楼宇科技在中国境内业务运营的反垄断与数据保护合规管理。这是 BSI 在国内颁发的首张 ISO 37301 体系认证证书。[③]

ISO 37301 认证证书的有效期为 3 年。为确保企业能够始终符合标准，认证机构将进行年度监督审核，每自然年度一次。

随着国家间贸易摩擦的加剧，全球产业链进入深度调整与重构期。各国监管机构不断加大执法力度，引导和督促企业合规化经营，企业合规管理的需求迫切，并亟待提升合

① PDCA 质量管理循环法。在质量管理活动中，将质量管理分为计划（plan）、实施（do）、检查（check）和行动（action）四个阶段，形成质量管理监管的闭环，不成功的留待下一循环去解决。

② 雒宏伟. 企业降低贿赂风险和法律责任的有效手段 ISO 37001 反贿赂管理体系标准诞生的背景和意义[J]. 中国认证认可，2018(5)：6－9.

③ 美通社. BSI 为美的集团颁发首张 ISO 37301：2021 合规管理国际标准证书[EB/OL]．(2022－01－15)[2024－03－01]. https://baijiahao.baidu.com/s?id=1721972845707298618&wfr=spider&for=pc.

规管理能力。在此背景下，2021 年 4 月，ISO 发布《ISO 37301：2021 合规管理体系——要求及使用指南》(ISO 37301：2021 Compliance Management Systems—Requirements with Guidance for Use，以下简称 ISO 37301)，修订并取代 ISO 19600。①

与 ISO 19600 相同，ISO 37301 提供的合规管理体系的通用框架和方法可适用于全球任何类型、规模、性质和行业的组织。相比而言，ISO 37301 以更全面、细化，更具操作性的合规管理要求为企业提供指导。该标准规定了识别、分析合规环境所需的更为广泛的要素，不仅包括法律法规、各类监管要求、行业准则、企业社会责任等外部环境要求，还包括企业自行制定或公开作出的各类承诺、声明等。ISO 37301 也对组织内最高管理者及管理层如何在合规建设中发挥领导作用作出规定。此外，ISO 37301 还对合规计划的制定和改进，合规管理体系保障和支持措施，合规培训与合规意识、合规文化的培育，合规管理体系的组织和运行，合规管理体系实施后的绩效评价、后续改进等各方面作出规定。

ISO 37301 的推广使各类组织在合规建设中得到更加清晰的思路和指引。对于从事合规监督的行政或司法部门而言，ISO 37301 也为其评价被监管对象是否合规、是否有效合规，进而是否定罪量刑提供了参考依据。不同于 ISO 19600 的指南类标准，ISO 37301 为可供认证的 A 类管理体系标准②。这意味着认证机构可直接将其作为认证的技术规范或者认证依据来判断被认证组织是否达到或符合合规管理体系的建设要求，由此大大增强了 ISO 37301 的强制性。企业若依据该标准获得认证证书，就需要根据标准要求构建企业合规管理体系。

为满足我国各类组织的合规管理需求并与国际标准保持一致，2022 年 10 月，国家市场监督管理总局发布《合规管理体系　要求及使用指南》(GB/T 35770—2022)，修订并代替了 GB/T 35770—2017。GB/T 35770—2022 是 ISO 37301 国际认证标准在中国实践的产物，为企业建立合规管理体系提供了架构和方法。它鼓励合规管理体系与组织业务过程和其他管理过程、程序相融合，强调合规文化融入员工的行为和意识，以推动各类组织的治理机构、最高管理者等运用社会主义核心价值观、普遍接受的良好治理方法、道德规范和社会准则来塑造其合规管理体系。该标准同时为企业合规管理体系认证提供明确的标准和依据。

第四节　世界银行制裁与诚信合规体系

引例

世界银行制裁福伊特集团总公司及附属公司

2022 年 4 月 14 日，世界银行发布一项制裁信息。制裁对象为德国福伊特集团总公

① 国际标准化组织官网相关介绍(https://www.iso.org/standard/75080.html)。

② ISO 管理体系标准分为三类。A 类为管理体系要求标准。这类标准是提供有关组织的 ISO 管理体系认证的相关规范，以证明该认证组织的管理体系是否符合内部和外部评定的要求。B 类为管理体系指南标准。这类标准通过对管理体系要求标准各要素提供指导，来帮助组织实施或完善管理体系的标准。C 类为管理体系说明性标准或者相关标准的原则。这类标准是就管理体系的特定部分提供详细信息或就管理体系的相关支持技术提供说明。

司(Voith Hydro Holding GmbH & Co. KG,以下简称 VHZ)及其子公司福伊特水电公司(Voith Hydro GmbH & Co. KG,以下简称 VHH)和福伊特上海公司(Voith Hydro Shanghai Ltd.,以下简称 VHS)。案涉项目分别为巴基斯坦塔贝拉第四扩建水电项目(Tarbela 4th Extension Hydropower Project,以下简称塔贝拉项目)以及刚果民主共和国 AFCC2 /RI-区域和国内电力市场发展项目(以下简称 PMEDE 项目)。

世界银行廉政局(Integrity Vice Presidency, INT)认为,实施塔贝拉项目和 PMEDE 项目旨在分别提升巴基斯坦和刚果民主共和国的水力发电和供电能力。然而,2012—2016 年,VHH 和 VHS 却在塔贝拉项目中,通过商业代理人提前获取机密信息,取得不正当招标优势。这一行为构成串通共谋。VHS 还在不同场合向商业代理人支付不当款项,得到政府公职人员对合同履行的认可,构成腐败。而作为母公司的 VHZ 却未能充分监督其附属企业的这一行为。2012 年,VHH 在 PMEDE 项目投标中,未披露支付佣金给商业代理人的计划,这一行为构成欺诈。故 VHS 被处以 34 个月的除名和 6 个月的有条件不除名制裁。VHH 被处以 21 个月的制裁,其中前 15 个月为附条件解除的制裁;若其履行与世界银行诚信合规官达成的和解协议,后 6 个月将有条件免除制裁。

本案中被制裁对象与 INT 达成和解协议。该协议约定,VHS 与 VHH 均承认实施了世界银行认定的上述可制裁行为;并认可世界银行做出的在解除制裁前不具有参与世界银行项目的资格的制裁决定;同时开展符合世界银行《世界银行集团诚信合规指南》(Summary of World Bank Group Integrity Compliance Guidelines,以下简称《诚信合规指南》)的合规整改活动,以便解除制裁。两家公司还承诺与 INT 充分合作,并向受损害国支付 1 766 198.22 欧元的赔偿金。对 VHS 与 VHH 两家公司的制裁决定还同时触发《共同实施制裁决议的协议》(Agrement for Mutual Enforcement of Debarment Decisions, AMEDD)项下其他缔约方的交叉制裁。①

本案有助于考察世界银行制裁体系适用的行为、制裁对象、制裁措施与制裁后果,理解世界银行《诚信合规指南》的适用。

世界银行是全球规模最大的多边开发银行组织。它以“消除极端贫困”和“促进共享繁荣”为使命,向发展中国家提供资金、技术援助、政策咨询等。世界银行由五个核心机构组成,分别是国际复兴开发银行(International Bank for Reconstruction and Development, IBRD)、国际开发协会(International Development Association, IDA)、国际金融公司(International Finance Corporation, IFC)、多边投资担保机构(Multilateral Investment Guarantee Agency, MIGA)和国际投资争端解决中心(International Center for the Settlement of Investment Disputes, ICSID)。

① 世界银行官网相关内容(https://www.worldbank.org/en/news/press-release/2022/04/14/world-bank-group-sanctions-german-and-chinese-hydropower-companies)。

为打击世界银行项目中存在的不法行为，治理腐败癌症（cancer of corruption），确保世界银行贷款资金使用的透明、有效，世界银行设计了一套独特的制裁机制，确保所有项目参与者从世界银行项目的前期招投标到履行都能遵守诚信合规的要求。

一、世界银行制裁体系

为防止受托资金被不当使用，世界银行扩大解释了《国际复兴开发银行协定》第3条和第5条有关“信义义务”的规定，即世界银行有权利也有义务打击投资项目中的欺诈和腐败行为，并采取必要措施，包括建立完整的违规制裁制度，保证世界银行宗旨的实现。为此，在最近20多年内，世界银行通过颁布和修订系列文件①，确立了由三个独立机构、两级审查程序、五种可制裁行为和五种制裁措施与结果组成的一套具有教育和威慑功能的制裁体系。

（一）可制裁的行为

世界银行通过发布文件，规定了五类应被制裁的行为，它们分别是腐败行为（corruption practice）、欺诈行为（fraudulent practice）、胁迫行为（coercive practice）、共谋行为（collusive practice）及妨碍行为（obstruction practice）。同时，世界银行也通过判例不断诠释这些行为的内涵。

1. 腐败

腐败行为是指直接或间接地提供、给予、接受或要求任何有价值物品，并不正当地影响另一方的行为。② 世界银行明确“回扣”属于典型的腐败行为。但当事方根据国际公认的行业标准或商业习惯，在符合当地法律的情况下，提供、给予或者接受招待，或赠送具有象征意义的礼品，或对公务人员的合理接待，且在账簿和会计记录中完整披露的，不构成腐败。

2. 欺诈

欺诈行为是指任何作为或不作为，蓄意或肆意误导或企图误导某一方，以获得财务等利益或逃避义务的行为。世界银行案例中，伪造业绩、伪造付款单、虚报资质等均构成欺诈。

3. 胁迫

胁迫行为是指直接或间接损害或威胁损害某一方的利益或财产，不正当地影响某一方的行为。如恐吓其他投标人迫使其放弃投标。

---

① 它们包括：2016年6月13日发布的《世界银行集团政策：欺诈和腐败制裁》（WBG Policy：Sanctions for Fraud and Corruption），2016年10月18日发布修订的《世界银行集团政策：制裁委员会章程》（WBG Policy：Statute of the Sanctions Board），2019年10月10日发布的《世界银行程序：世界银行制裁委员会成员的遴选和任命》（WBG Procedure：Selection and Appointment of WBG Sanctions Board Members），2011年1月1日发布的《世界银行集团制裁指南》（World Bank Group Sanctioning Guidelines），2010年发布的《诚信合规指南》（https://www.worldbank.org/en/about/unit/sanctions-system/sanctions-board#3）。

② 世界银行官网相关内容（https://www.worldbank.org/en/about/unit/sanctions-system/key-documents）。

4．共谋

共谋行为是指为了不正当目的，两方或更多方之间的串通安排，旨在实现不当目的，包括对第三方的行为产生不当影响。通常，项目投标书内容相似、投标价格接近的，极易被世界银行认定为属于共谋。

5．妨碍

妨碍行为是指故意销毁、伪造、篡改或藏匿对调查有重要意义的证据和信息，胁迫、骚扰任何相关人员以阻止其参与调查，或向调查人员作虚假陈述严重妨碍世界银行指控或调查的行为。

无论上述行为是否实现预期目标，均可构成可制裁行为，有面临世界银行调查和制裁的可能性。

（二）制裁的对象和范围

世界银行针对上述可制裁行为的调查和制裁对象的范围广泛。除和世界银行签订贷款协议的项目合同方以外，所有项目的参与者及其关联方、项目利益的接收者及其代表等都可能成为被制裁的对象。制裁机制作用于从项目招投标至项目合同履行、后期维护的全过程。

需要注意的是，世界银行制裁对象的附属公司、子公司、权益继承者或受让人都可能因制裁对象的不合规行为受到制裁。母公司或关联公司应尽监管职责但未发挥作用，或有过错的，同样会受到世界银行制裁。此外，制裁对象不仅包括受制裁行为的主体，还包括该主体的相关责任人。

（三）制裁的程序规则

为在震慑违规行为和促进公平竞争之间达到平衡，世界银行设计了“两级”（two-tiered system）制裁程序和多部门协作的世界银行制裁机制。

1．第一级制裁程序

在第一级制裁程序中，INT 负责对被举报行为进行筛选、立案、调查和指控。随后，案件将会被移送至资格暂停及除名办公室（Office of Suspension and Debarment，OSD），由资格暂停与取消主管（Suspension and Debarment Officer，SDO）负责审查 INT 的调查结果，决定是否采取制裁措施。INT 若认为有充足的证据证明相关企业或个人存在应予制裁的行为，会向 SDO 提交“指控声明及证据”（statement of accusations and evidence，SAE）。SDO 审查相关证据和材料后，若认为 INT 的证据不充分的，则会退回 INT，由其补充调查或取消指控。相反，若 SDO 认为证据充足，会向被调查人发出“制裁审理通知”（notice of sanctions proceedings，NSP）。NSP 包含指控的理由、证据和制裁建议。发出 NSP 后，被调查人将被暂时取消参与世界银行项目的资格，直到作出最终裁决结果。第一级制裁程序如图 3－1 所示。

2．第二级制裁程序

被调查人在收到 SDO 的“通知”后，可以选择是否对该指控或所建议的制裁提出异

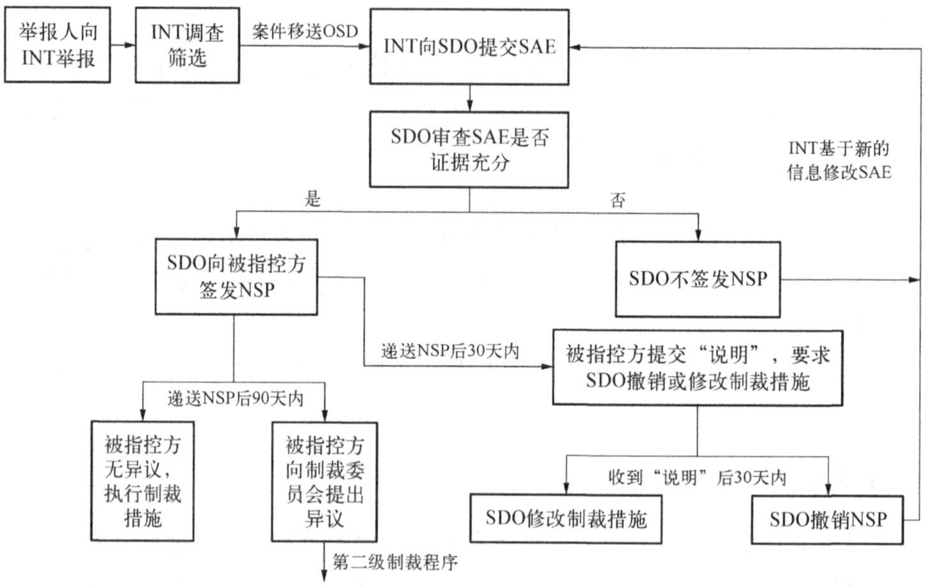

图 3-1　第一级制裁程序

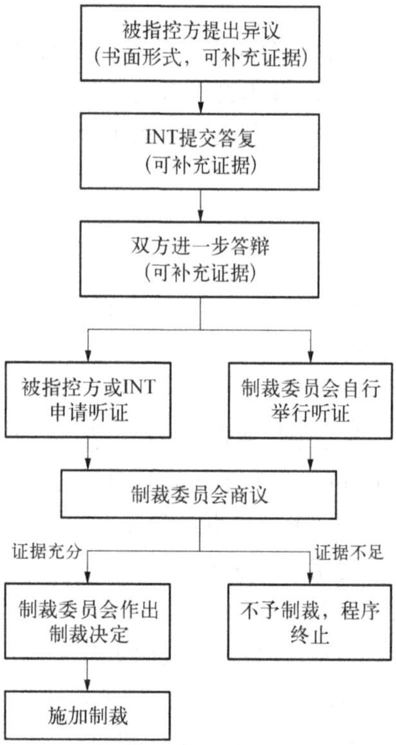

图 3-2　第二级制裁程序

议。被调查人若无异议，NSP 中建议制裁的内容将被执行。被调查人若有异议，需要向世界银行制裁委员会（World Bank Group Sanctions Board）递交“回函”（response letter）。制裁委员会收到回函后将开启二级审查程序。制裁委员会对争议案件的审查是独立的，不受此前 SDO 建议的影响，其裁定的结果也不局限于建议制裁的范围，制裁委员会的裁定具有终局性。① 第二级制裁程序如图 3-2 所示。

3. 证据规则

世界银行制裁程序的证据规则有其自身特点。遵循“更多可能性”（more likely than not）的证据标准，即只要“可能”，世界银行就可据此确认某行为的不当性。SDO 和制裁委员会有权决定证据的相关性、重要性和充分性，并有权依据间接证据推断被调查人的意图和目的。② 这意味着 SDO 和制裁委员会在判断是否存在可制裁行为方面的主观性较强。除制裁程序明确规定外，被调查人无权获取或审查世界银行持有的任何信息或文件。③

① 世界银行官网相关介绍（https://www.worldbank.org/en/about/unit/sanctions-system/sanctions-board）。

② 《世界银行资助项目制裁与和解程序》（Bank Procedures: Sanctions Proceedings and Settlements in Bank Financed Projects）第 7.01 条。

③ 《世界银行资助项目制裁与和解程序》第 7.03 条。

(四) 制裁措施与制裁后果

1. 制裁措施

世界银行通常的制裁措施有以下五种，裁决结果将结合行为人不当行为的严重程度和其态度综合作出。

(1) 谴责信(letter of reprimand)，即向被制裁人发出斥责函或谴责信。

(2) 除名(debarment)，即阶段性或永久性取消参与世界银行项目的资格。

(3) 有条件不除名(conditional non-debarment)，也称为附条件免除制裁，是指若被制裁人遵守世界银行的特别要求，采取措施保证不再发生受制裁行为，或赔偿因其行为所致损害的，被制裁人能够免予制裁。这里的措施包括开展合规体系建设、企业道德培训、承认错误并配合采取纠正措施或者实施整改等。

(4) 有条件恢复资格(debarment with conditional release)，也称为附条件解除的制裁，是指被取消资格的被制裁人满足规定的条件后被解除制裁。通常，此种措施在被制裁人实施诚信合规体系、处分或解雇相关责任人后采用。

(5) 恢复原状及赔偿(restitution)，即向政府或相关受害者退还所有不正当所得并进行损害赔偿，或采取措施纠正其行为造成的损害。

2010 年，世界银行修订了制裁程序，将"附解除条件取消资格三年"(3 year debarment with conditional release)作为基准制裁措施，并在 2011 年发布的《世界银行集团制裁指南》中列举了适用于可制裁行为的加重因素和减轻因素，鼓励并引导被制裁人实施彻底、持续的合规体系，自行纠正不当行为。世界银行加重制裁的考量因素包括"不当行为的严重程度、不正当行为的损害程度、是否干扰调查、是否受过处罚"等四类；减轻制裁的考量因素包括"起次要作用、自愿采取纠正措施、配合调查"等三类。

2. 制裁后果

世界银行制裁措施除适用于实施受制裁行为的当事方，还会连带影响其未参与违规行为的母公司、子公司、关联公司等。任何制裁的实施将适用于制裁对象的承继者和转让者。世界银行还将在其官网公布制裁对象的身份及相关制裁措施。

根据世界银行与多家投资银行签署的《共同实施制裁决议的协议》，相关企业和个人可能会面临"交叉制裁"(cross-debarment)，即受协议内任一银行制裁超过 12 个月的企业，制裁期间不仅无法参与实施制裁的银行项目，也可能被限制或禁止参与其他协议银行(如非洲开发银行、亚洲开发银行、欧洲投资银行、欧洲复兴开发银行、美洲开发银行集团)的项目。①

二、世界银行诚信合规体系

2010 年发布的《诚信合规指南》是世界银行集团合规体系中最为核心的法律文件。

① 张华威. 多边开发银行联合制裁机制研究[J]. 开发性金融研究，2021(2)：66－74.

它是指导被世界银行制裁的企业建立满足世界银行要求的合规体系，争取免除或者解除制裁的重要考量依据。在起草《诚信合规指南》时，世界银行充分借鉴OECD 2009年《反贿赂建议》、美国《联邦组织量刑指南》等国际通行标准，以便指导企业预防、及早发现和纠正腐败、欺诈、胁迫等不当行为，并将依据这些国际公认的企业道德和合规标准建立起来的合规体系作为企业日常运营管理的组成部分。

（一）《诚信合规指南》的主要内容

《诚信合规指南》分11个部分阐释世界银行对诚信合规的要求。企业应从这些方面建立或完善诚信合规体系，落实诚信合规计划。

1. 禁止不当行为

禁止不当行为（prohibition of misconduct）是指企业应在行为准则或类似文件或往来函件中明确禁止任何形式的不当行为。不当行为是指前述可制裁的五种行为。

2. 责任

责任（responsibility）既包含领导层、个人的责任，也涉及合规部门的职责。高级管理层和董事会或类似机构需明确承诺实施诚信合规体系。为此，应支持诚信合规体系的制定和实施，对诚信合规计划的内容和运作有所了解，并为贯彻实施诚信合规体系提供指导、资源支持和合理监督。企业全体员工须知悉遵守诚信合规计划是一项强制性规定，是各层级人员的责任。

3. 合规计划启动、风险评估和审查

在合规计划启动、风险评估和审查（program initiation, risk assessment and reviews）方面，企业应制定合规计划并严格遵守，应对其业务和经营活动可能发生的受制裁行为进行全面风险评估。管理层应当定期审查各项行为的合规性，一旦发现漏洞和不足，必须采取合理措施减免其发生的可能性。

4. 内部政策

企业应当制定详细的内部政策（internal policies），其内容包括对员工的尽职调查、限制前政府官员的参与、礼品/招待/宴请/旅行等合理性支出的规定及审查程序、慈善捐赠和赞助的公开透明、不得支取好处费、记录留存、采取特别措施防止可能的受制裁行为等。

5. 商业伙伴

企业的合规义务须延伸到商业伙伴（business partners），包括对商业伙伴进行尽职调查、向商业合作伙伴告知诚信合规计划、要求商业伙伴遵循诚信合规计划、对合作关系进行适当全面的记录、确保对商业合作伙伴支付合理适当的报酬、对合同的执行进行监督等。

6. 内部控制

企业应加强内部控制（internal controls），包括在财务、合同、决策以及其他业务活动等方面全面建立企业合规体系及保障机制。

7. 员工培训与沟通

企业应采取合理措施对内部各级别人员进行培训与沟通（training & communication），

鼓励他们遵守合规计划的行为，对其不正当行为进行惩戒，并应规定所有人员的报告、建议、举报、定期汇报等义务。

8. 奖惩机制

企业须制定并落实有效的奖惩机制（incentives），以激励员工切实履行诚信合规体系。企业应在招聘、晋升、培训、绩效评估、薪酬等人力资源管理机制中体现对诚信合规计划的承诺；同时，应制定相应制度惩罚企业内各级员工违反诚信合规计划的行为。

9. 举报机制

企业须制定并落实有效的举报机制（reporting），建立顺畅的沟通及举报渠道，使员工对诚信合规体系实施中的任何疑虑能及时获得解答和寻求帮助，或提出改进建议而无需担心遭到报复。企业应为董事、高级职员、员工和业务合作伙伴提供一个安全、匿名和可访问的渠道，确保任何举报或改进诚信合规体系的建议被顺畅上报，并以合适的方式予以解决。

10. 纠正不当行为

企业应通过补救措施纠正不当行为（remediate misconduct），即制定调查和处理不当行为及其他违法违规行为的程序，并应采取合理措施予以纠正，防止类似不当行为的发生。

11. 集体行动

集体行动（collective action）是对企业社会责任的要求。企业应通过与商业组织、行业组织、专业协会和民间社会组织的交流，为提高商业合规标准、透明度和问责制做出积极贡献，从而鼓励和帮助其他企业制定诚信合规体系。①

（二）世界银行诚信合规体系的监督与履行

建立有效的世界银行诚信合规体系并予以落实，是一个需要持续加强和完善的过程。对于已被世界银行制裁的企业来说，建立符合世界银行要求的诚信合规体系是解除制裁的基本保障。

为更好地监督被制裁人履行诚信合规的义务，2010 年 9 月，世界银行增设诚信合规官（integrity compliance officer, ICO）一职。合规官由世界银行廉政局任命，对那些被世界银行实施“附条件免除制裁”或“附条件解除的制裁”的企业执行诚信合规的情况或个人履行行为守则的情况进行监督，以便判断被制裁人是否已经满足取消资格制裁的合规条件。

受制裁人必须与合规官合作，采取相应措施满足所附条件，实现减轻或解除制裁的目的。世界银行诚信合规官将通知被制裁人所附条件的具体内容。这一和解条件通常包含被制裁人对潜在可制裁行为的自查自纠，承认并停止该行为，披露自查结果，根据世界银行要求开展合规整改等。在合规整改期间，被制裁人应定期向诚信合规官报告合规整改

① 《诚信合规指南》(https://www.worldbank.org/content/dam/documents/sanctions/other-documents/sanctions-board/Summary%20of%20Integrity%20Compliance%20Guidelines.pdf)。

执行情况和进展，接受世界银行的持续性监督和评估。

当制裁所附条件满足时，被制裁人可向诚信合规官申请解除制裁。经诚信合规官审核符合条件的，将解除对被制裁人的制裁。若世界银行认为被制裁人未能遵守和解协议的内容，或再次发生其他不合规行为，则和解协议会被终止，世界银行将对被制裁人重新进行处罚并处以更加严厉的制裁。

案例选读与思考

1. 检索并阅读“巴林银行倒闭事件”“日本大和银行亏损事件”和“法国兴业银行亏损事件”等，分析这些银行在内部管理机制方面存在哪些缺陷，政府层面的外部监管机制方面又可以从哪些方面加以完善。

2. 2023 年 3 月 10 日，在提款挤兑和募资失败的重击下，美国硅谷银行（Silicon Valley Bank，SVB）被金融监管机构接管。这是继 2008 年雷曼兄弟公司倒闭后的美国又一大银行倒闭事件。请全面了解案情后，从银行合规风险管理及巴塞尔协议监管等方面分析银行自身以及国际金融监管上存在的主要问题。

3. 结合美国、英国、法国等 OECD 成员国有关制止跨国腐败行为的国内做法，分析《OECD 反行贿公约》及其相关文件对上述国家在立法及执法上产生了哪些影响。

4. 深入学习 ISO 有关合规管理体系建设领域的标准及中国相关推荐性国家标准，思考以下问题：

（1）这些标准对企业提高合规管理体系有效性及提升合规管理水平有何帮助？

（2）ISO 37301 为我们揭示出合规管理体系各要素之间的逻辑关系是怎样的？

（3）结合中国、美国、英国等国家判断企业合规管理体系的有效性标准，分析目前国际社会各类合规管理标准存在哪些问题。

5. 2022 年 4 月 20 日，中国广东省国资委出台《省属企业“合规管理强化年”行动方案》，在全国率先明确提出“力争通过三年努力，全部省属企业通过 ISO 37301 贯标认证”。那么，企业开展合规管理体系贯标认证工作具有哪些价值？

6. 根据最近几年《世界银行制裁体系年度报告》，中国实体（企业和个人）被列入“禁止合作企业和个人名单”（list of ineligible firms and individuals）的数量增长迅猛。检索世界银行制裁中国实体的案例后，分析我国企业遭遇世界银行制裁的主要原因以及可行的应对举措。

7. 结合巴塞尔委员会、OECD、ISO 以及世界银行的相关制度文件，思考并总结企业合规部门的独立性体现在哪些方面。

第四章

合规治理的本土化

引 例

中兴通讯公司美国受制裁案

2012年，中兴通讯公司将一批混有一家美国科技公司的软硬件产品出售给伊朗电信公司（TCI）。此举违反美国2010年对伊朗的出口禁令，引起美国商务部对中兴通讯公司长达4年的调查。不过，中兴通讯公司在调查期间并未停止对伊朗的出口业务。2016年，美国商务部工业与安全局（BIS）认定中兴通讯公司违反美国对伊朗的制裁条例，将中兴通讯公司列入“实体清单”并采取限制出口措施，禁止美国企业在未来7年内向中兴通讯公司出售元器件。这一禁令使中兴通讯公司的主要经营活动受限。经过与美国执法部门的长期沟通，2018年6月，中兴通讯公司与美国商务部工业与安全局达成《替代和解协议》（SSA）。根据该协议，中兴通讯公司作出多项合规承诺，接受合规监管。美国执法部门指派合规审核员，监督、评估和报告中兴通讯公司及其全球子公司和关联公司遵守美国出口管制法律的情况。2022年3月，中兴通讯公司收到美国得克萨斯北区联邦地区法院判决，裁定不撤销缓刑期且不附加任何处罚。合规审核员的任期于美国时间2022年3月22日结束。这意味着中兴通讯公司自2017年被裁决后的5年合规考察期结束。①

中兴通讯公司因违反美国出口管制禁令被制裁，并通过合规整改解除制裁是中国企业合规管理领域的里程碑事件。这一事件折射出经济全球化的时代背景下，中国企业在国际和多国合规监管下不得不面对的挑战。回顾本案将有助于加深企业对合规的重视程度，也有助于理解监管部门倡导企业合规建设的意图和举措。本案涉及以下问题：中国合规治理的起源及本土化探索。

对合规理念和企业合规管理观念的本土化引入是我国改革开放后最近几十年的事情。国际社会越来越严密和一体化的合规监管要求迫使我国越来越多外向型企业不得不

① 张亚军. 中兴通讯遭遇美国两次贸易制裁的原因及提供的重要启示[J]. 对外经贸实务，2018(7)：7－10.

将建设合规管理体系作为企业生存和发展的基础。受西方公司治理理念的影响，我国监管部门不断通过出台合规指引、发布国家标准以及实施各项改革举措将“风险防控、可持续发展及企业社会责任”等较为抽象的公司治理理念具象化。梳理我国合规制度脉络，我国的合规治理制度从萌芽到繁荣发展大致经历了以下三个阶段：合规治理的萌芽与行业探索阶段、合规治理的深化与逐层推进阶段以及合规治理的繁荣和全方位发展阶段。

第一节　合规治理的萌芽与行业探索

引例

海南发展银行关闭事件

海南发展银行成立于1995年8月，曾是海南省唯一具有独立法人地位的股份制商业银行，海南省政府是其最大股东。海南发展银行开业前后，正逢海南省房地产业大规模扩张。海南发展银行与海南其他金融机构一起，采取高息方式吸引存款。房地产泡沫的破灭使海南发展银行出现大量不良资产，而对储户承诺的高利息更加剧了经营困境。1997年年底，海南发展银行在兼并28家有问题的信用社后，经营困难的情况加剧。随后，储户开始集中挤兑。为防止风险蔓延，1998年6月21日，中国人民银行发布公告，宣布关闭海南发展银行，同时宣布至正式解散之日前，由中国工商银行托管海南发展银行的全部资产负债。这是新中国金融史上首次由于支付危机而关闭的一家由政府出资的商业银行。[①]

本案有助于揭示我国实施合规治理的必要性。

不同于欧美国家发端于反腐败、反商业贿赂的合规治理，我国的合规治理最初源于金融监管的需要。2006年10月25日，中国银行业监督管理委员会（以下简称银监会）发布《商业银行合规风险管理指引》。该指引首次定义合规管理的概念，要求商业银行建立合规绩效考核制度、合规问责制度和诚信举报制度等三项基本制度。这标志着“风险为本”的合规治理模式在金融领域的率先推动下，正式落地我国。

一、合规治理的萌芽及其影响

在我国，“合规”一词最早出现在1989年《民政部单位财会工作审计合规标准》（民审发〔1989〕50号）中。不过，该文件是民政部为促进各单位严格财务管理，发挥财会人员监

① 左柏云.金融风险案例剖析[M].广州：广东经济出版社，2001：3-4.

督作用而制定的。它并未定义合规，也非实际意义上的合规管理制度。①

1992 年，审计署与中国人民银行联合发布《对金融机构贷款合规性审计的实施方案》，将“合规”与“内部控制制度”紧密相连。

受全球金融监管环境的影响，我国部分银行逐步开始加强自身建设，将“合规”作为内部控制的重要目标之一。1999 年，中国银行发布《关于发送〈中国银行依法合规经营责任制〉的通知》。该通知定义了“依法合规经营”，并要求各分支机构和业务部门严格履行依法合规经营责任制。② 中国银行的这一规定体现了中国企业对合规义务的初步理解，即其各分支机构和业务部门合规经营所遵循的不仅包含国家法律法规、行业性规范，还包含企业内部规章制度。2001 年 10 月，中国银行(香港)有限公司设立“法律与合规部”，将合规纳入法务部门的工作范围。次年，中国银行总部“法律事务部”也更名为“法律与合规部”(现更名为“内控与法律合规部”)，以增强其合规管理职能。此后，中国建设银行在总行“法律事业部”下设“合规处”(现更名为“内控合规部”)，中国工商银行设立“内部控制合规部”(现更名为“内控合规部”)。这些制度和企业实践充分证明，“合规”已在中国生根发芽。

二、金融业开启合规管理探索

金融不仅关系国计民生的稳定，也对经济社会发展意义重大。金融行业中的高杠杆、高风险业务容易引起内幕交易、财务造假等严重违法、违规行为。由此，国家和社会对金融业提出了更高标准的监管要求。合规是金融业健康发展的基石和保障。为与国际接轨，紧跟国际金融监管步伐，21 世纪初，我国监管部门提出金融企业合规管理要求。随后，金融企业逐步探索合规、内控管理体系建设，金融行业正式迈入合规管理体系建设时代。不过，具体到银行、保险、证券行业，各类企业的合规建设步伐略显差异。

(一) 银行业

2005 年 11 月，中国银行业监督管理委员会上海监管局下发《上海银行业金融机构合规管理风险机制建设的指导意见》，要求上海法人银行和商业银行以及其他银行业金融机构分别于 2005 年、2006 年年底前设立独立的合规部门。这是我国金融监管机构出台的第一份有关合规管理的文件。

2006 年 4 月，银监会印发《国有商业银行公司治理及相关监管指引》(银监发〔2006〕22 号)，要求国有商业银行加强风险管理和合规建设，建立独立的合规部门，将风险管理部门、合规部门和审计部门的监督作为银行内部控制监督体系的重要组成部分。

2006 年 10 月，银监会发布《商业银行合规风险管理指引》，在提出合规概念的同时，

① 《民政部单位财会工作审计合规标准》规定，“六、按照会计制度的规定，账簿设置齐全，正确使用科目，记账依据完备、合规，记账及时，内容简明，字迹清晰，数字准确真实，账账、账据、账表、账款、账物‘五相符’”。

② 该通知第二条提到，“依法合规经营”是指全行所有经营活动均依照国家法律、行政法规和其他各项业务管理的规定，符合总行制定下发的各项内部管理制度规定的总称。

要求商业银行建立合规风险管理体系，合规风险管理职责应涵盖银行各层级和各管理流程。该指引为国内银行组建合规部门、构建合规体系提供了制度依据和行动指南，大大推动了我国银行的合规管理进程。

（二）保险业

与银行业类似，我国保险业的合规也呈现出“实践先行”的特点。2003 年 8 月，中国保险监督管理委员会（以下简称保监会）在对原中国保险监督管理委员会上海办公室的复函中[①]首次使用合规概念。2004 年，中国平安保险（集团）股份有限公司率先成立法律与合规部门，在国内保险业内开启合规实践探索。其后，中国人民保险集团股份有限公司、中国人寿保险股份有限公司、长城人寿保险股份有限公司等也先后设立法律合规部门。

2006 年，保监会发布《关于规范保险公司治理结构的指导意见（试行）》（保监发〔2006〕2 号），首次提出保险公司董事会对“合规”“内控”和“风险”负最终责任，保险公司应设立合规负责人职位、成立合规管理部门，定期对守法遵规情况检查评估。

在总结前期实践的基础上，2007 年，保监会发布《保险公司合规管理指引》（保监发〔2007〕91 号）。该指引明确合规管理是保险公司全面风险管理的一项核心内容，也是实施有效内部控制的基础性工作。保险公司应当按照本指引要求，建立健全合规管理制度，完善合规管理组织架构，明确合规管理责任，构建合规管理体系，有效识别并积极主动防范化解合规风险。该指引有力推动了我国保险公司治理结构、风险管理和内部控制的发展。2008 年 4 月，保监会对该指引发出具体适用通知[②]，进一步明确合规负责人的设立与任职资格、合规管理部门或者合规岗位设置、合规政策与年度合规报告出具等，推动保险行业切实建立合规管理制度。

（三）证券业

证券业的合规始于 2001 年中国证券监督管理委员会（以下简称证监会）发布的《关于代理证券投资基金销售业务的商业银行完善内部合规控制制度和员工行为规范的指导意见》。该意见首次在证券业提出合规概念。随后，证监会在《证券公司管理办法》中要求综合类证券公司应设立独立于业务部门的合规审查机构，设立合规审查岗位，负责公司经营合法合规性的检查监督。

2003 年，证监会发布的《证券公司治理准则（试行）》明确指出，公司应将内部合规检查报告等重大事项及时报监事会，监事会应当就公司合规情况等向股东会年度会议作出专项说明。证监会随后在《证券公司高级管理人员管理办法》中明确了证券公司合规负责人属于高级管理人员，并对其任职资格提出额外要求。

此后，证券行业的合规监管要求不断密集，涉及内容多元。2007 年，证监会下发《关于指导证券公司设立合规总监建立合规管理制度试点工作方案》。2008 年 5 月，中国证

---

① 《关于保险兼业代理机构外设网点合规性等问题的复函》。

② 《关于〈保险公司合规管理指引〉具体适用有关事宜的通知》（保监发〔2008〕29 号）。

券业协会组织了第一次合规管理人员胜任能力测试，行业首批合规总监和合规管理人员诞生。2008 年 6 月，国务院《证券公司监督管理条例》首次以行政法规的形式要求证券公司设立合规负责人。2008 年 7 月，证监会出台《证券公司合规管理试行规定》。该规定不但对合规、合规管理等进行概念界定，还对合规管理的工作要求、合规文化、合规管理制度、合规管理职责、合规总监、违规举报、合规有效性、合规报告以及合规免责和追责等均作出规定。这一指引较为全面地覆盖了合规管理的主要内容，为证券公司合规体系建设提供了重要的参考依据。

第二节　合规治理的深化与逐层推进

引例

医药集团多次涉垄断连遭重罚

2023 年 4 月，上海市市场监督管理局(以下简称上海市监局)对上海旭东海普药业有限公司与天津天药医药科技有限公司(以下简称天药医药)达成并实施“固定或者变更商品的价格”“分割销售市场”的垄断协议行为作出行政处罚，对两公司罚款合计近 5 705.59 万元。上海市监局认为，天药医药在销售氟尿嘧啶注射液时达成并实施“固定或者变更商品价格”协议的行为违反了《中华人民共和国反垄断法》(以下简称《反垄断法》)第十三条第一款第(一)项的规定；达成并实施“分割销售市场”协议的行为违反了《反垄断法》第十三条第一款第(三)项的规定。①

天药医药是上市公司津药药业股份有限公司(以下简称津药药业)的控股子公司。事件发生后，津药药业表示，公司及所属公司高度重视，已责令相关部门立即组织整改，主动调整氟尿嘧啶注射液价格。天药医药也将加强合规体系建设，确保守法合规经营。津药药业公告披露的信息显示，津药药业及其下属公司在近两年另有 2 次因药品形成垄断被处罚：2021 年 4 月，津药药业因醋酸氟轻松原料药垄断被没收和罚款合计 4 402.26 万元；2023 年 3 月，天津市市场监督管理委员会对津药药业的子公司天津金耀药业有限公司处以 2 772.13 万元罚款。上述 3 次没收和罚款合计超过 1 亿元。②

近年来，医药领域因滥用垄断地位被处罚的案例屡见不鲜。这与药品行业市场竞争机制不够完善、部分药企频频破坏市场竞争秩序不无关系。医药行业乱象已引起监管部门的关注，不但密集出台系列措施加强监管，也通过加大处罚力度警示企业放弃侥幸心

① 上海市市场监督管理局官网相关介绍(http://scjgj.sh.gov.cn/056/20230413/2c984ad68775404601877959d40913ce.html)。

② 姚倩，李想. 津药药业两年三次被罚，千万罚单为何难以终止药企垄断行为[EB/OL]. (2023-04-13)[2024-09-01]. https://www.bbtnews.com.cn/2023/0413/472586.shtml.

理，合规经营，共同形成医药行业市场良性发展的营商环境。本案涉及我国深入推进合规治理的意义和实施价值。

随着中国企业的成长壮大和国际化参与程度的加深，对企业合规的要求已不再局限于金融业。央企合规改革和境外投资企业合规建设成为我国合规管理深化阶段的典型特征。这一阶段，各类与合规管理及建设相关的规范性文件频频发布，企业合规管理也从最初的宏观全面构建向专业化、体系化方向发展。

一、不断强化对中央企业的合规管理要求

【案例 4－1】

国家电网风险内控合规一体化运行体系

为落实国家能源安全和“双碳”目标、防范化解重大风险，国家电网有限公司(以下简称国家电网)顺应不断提高的合规风险管理要求，立足央企功能定位和企业实际，厘清不同管理体系的共性要求，构建了一体化管理体制，健全了一体化运行机制，同时建立与业务相融合的一体化管理标准。

在管理体制上，公司立足法人治理结构，建立风险内控合规一体化管理组织架构。董事会层面设立审计与风险管理委员会，指导风险内控合规建设；经营层面设立全面风险管理委员会(包含内部控制委员会、合规管理委员会)，采取“三会合一”方式，统筹协调运营与过程管控。两级委员会上下联动、有效衔接。公司聚焦集团化运作，建立分工明确、相互协同的风险内控合规“三道防线”。横向坚持管业务必须管风险内控合规原则，纵向形成上下贯通一体化运行架构，确保各单位按统一要求，层层分解、逐级传递，细化工作方案和管控措施。

在运行机制上，公司注重年度重大风险全面评估、专项风险深入评估和合法合规性审查以及差异化板块风险监测。公司加强第一道防线内纵向条线管控、横向实行部门主责与跨部门会签工作方式，形成各部门既相互依托又彼此制约的网格化风险防控架构。公司同时强化风险应急处置，已建立完备的应急管理机构，形成以《突发事件总体应急预案》为核心的“1＋26”应急预案体系、应急监测预警机制和应急队伍，确保高效、快速处置各类突发事件。公司还建立重大风险事件业务部门与风控部门双线报告机制，动态跟踪重大风险事件发展，加强风险事件舆情处置，维护企业良好形象。此外，公司开展多层次协同监督评价和问题隐患协同整改治理等，有效激发创新力。

在管理标准上，公司采取以下六大举措：编写《风险管理、内部控制与合规管理操作指南》，通过流程图形象化展示业务管理全过程，明确各业务主要风险、关键

控制点、合规要求、岗位权责、制度依据、控制措施、监督评价要点等内容；构建四大业务板块重大风险分类框架体系，形成企业统一风险信息库；明确业务操作流程，规范行为；建立通用制度，统一管理要求，构建分级授权框架，明晰权责界面；健全评价考核标准，加强闭环管理；依托信息化手段，固化管理标准。

国家电网的风险内控合规一体化运行体系在保障电网安全稳定运行、支撑企业发展、提升经营管理水平和持续增效的同时，也培育了良好的合规文化。①

央企是我国企业实施合规管理的先行者。近些年，随着国内环境和全球趋势的调整变化，国务院国资委将“坚持稳中求进”确立为央企工作的总基调，要求其将“稳增长、防风险”放在各项工作的突出位置。在国务院国资委的制度引导下，我国央企合规管理经历了“全面风险管理”阶段、“强调内控建设”阶段和“强内控、防风险、促合规”的全面合规体系阶段。

(一) 全面风险管理体系阶段

2006 年，国务院国资委下发《中央企业全面风险管理指引》(国资发改革〔2006〕108 号)。该指引提出五种风险类型、三道防线，要求央企主动建立全面风险管理体系，在经营管理各环节嵌入风险管理的基本流程。

这是我国第一个全面风险管理的指导性文件，标志着我国以央企为代表的全面风险管理时代的来临，也为央企合规管理工作奠定了基础。

(二) 内部控制规范阶段

受美国《萨班斯法》的影响，我国一批在美国的上市企业率先开启企业内部控制(internal control，以下简称内控)体系的建设。2009 年，财政部、证监会、审计署、原银监会、原保监会联合发布《企业内部控制基本规范》(财会〔2008〕7 号)，以期通过加大内部控制，提高企业经营管理水平和风险防范能力。该规范和 2010 年《企业内部控制配套指引》的发布，标志着央企进入内控规范阶段。

2019 年 10 月，国务院国资委印发《关于印发〈关于加强中央企业内部控制体系建设与监督工作的实施意见〉的通知》(国资发监督规〔2019〕101 号)，全面启动央企内控建设与监督工作。文件要求央企明确专门职能部门或机构统筹内控体系工作职责，梳理并完善内控、风险和合规管理相关制度及其嵌入；加强重点领域日常管控、突出重大风险防控，加强重要岗位授权管理及权力制衡，提升内控体系信息化水平，全面实施企业内控监督评价、加大责任追究力度。此后三年，国务院国资委接连发布多份文件，充分发挥内部控制的风险导向、系统性、重要性等原则，聚焦风险识别、评价与策略制定，内部控制措施工具

① 崔罡，胡志成，张庆亮，等. 国家电网风险内控合规一体化运行体系的探索与实践[J]. 财务与会计，2021(23)：31－34.

选择，关键业务中重大风险应对，内部控制体系建设、落地及监督评价等方面的工作要求。[①]

（三）全面合规体系阶段

央企合规的制度性文件源于2014年国务院国资委发布的《关于推动落实中央企业法制工作新五年规划有关事项的通知》，该文件要求深化企业法律风险防范机制、法律顾问制度和法律工作体系建设，将"大力加强企业合规管理体系建设"作为重点任务之一。

鉴于合规与全面风险管理、内控之间既有逻辑上的承接性和方法论的共性，又有目标导向下控制要素的一致性与协同性，2015年国务院国资委下发《关于全面推进法治央企建设的意见》。该意见鼓励央企探索建立法律、合规、风险、内控（以下简称四项职能）一体化管理平台。至此，越来越多的央企基于四项职能的共通属性，不断以实现合规为目标、以内控和风险管理为抓手、以法律思维为底层连接，开展"四位一体"全面风险管理体系构建的尝试。金融央企凭借前期合规管理经验，将国际标准"三道防线"管理框架引入保险公司合规建设要求中，加强合规审核及外部监督。[②] 证监会、中国证券业协会也通过立法或合规指引的方式，引导证券公司全面、有效合规。[③]

结合金融企业及其他五家央企开展合规管理试点的经验，国务院国资委于2018年发布《中央企业合规管理指引（试行）》（国资发法规〔2018〕106号），对央企强化合规经营、建设合规管理体系提供全面指导意见。该指引确立了央企合规管理"全面性原则"等基本原则，规定各部门的合规管理职责、合规管理体系的重点、运行方式以及保障机制，要求央企合规建设应本着"全面、系统、务实、严格"的精神覆盖各业务领域、各层级（包括各部门、各级子企业、分支机构和全体员工）以及经营管理全流程。这一"由点及面""从引入合规理念到硬性合规要求"的转变对中国社会合规发展具有里程碑式的意义。

2018年8月，国务院国资委发布《中央企业违规经营投资责任追究实施办法（试行）》（国资委令第37号，以下简称《实施办法》），以"负面清单"的方式，细化了央企合规工作的具体措施，完善其工作职责并加强了工作保障，实现对央企合规管理的呼应、支撑、细化和补充。

上述文件的发布和实施有力推动了央企明确"强内控、防风险、促合规"的管控目标，使央企合规进入深化建设期。央企合规的成功经验对地方国企的合规建设形成强有力的推动，各省（自治区、直辖市）国资委纷纷参照央企合规做法，提出对省属国有企业的合规

---

① 这些文件包括2019年《关于做好2020年中央企业内部控制体系建设与监督工作有关事项的通知》（国资厅发监督〔2019〕44号）、2020年《关于做好2021年中央企业内部控制体系建设与监督工作有关事项的通知》（国资厅监督〔2020〕307号）、2021年《关于做好2022年中央企业内部控制体系建设与监督工作有关事项的通知》（国资厅监督〔2021〕299号）。

② 参见2016年保监会颁布的《保险公司合规管理办法》。

③ 这些规定包括2017年证监会《证券公司和证券投资基金管理公司合规管理办法》（该办法于2020年修订），以此取代《证券公司合规管理试行规定》，还包括中国证券业协会2017年《证券公司合规管理实施指引》及2021年《证券公司合规管理有效性评估指引》。

管理要求。[①] 可以说，国有企业的合规体系建设已成为我国合规管理深入推进的重要生力军。

二、对境外投资企业合规管理引导日益多元

【案例 4－2】

天威新能源跨境收购失利法律服务合同纠纷案

天威新能源控股有限公司（以下简称天威新能源）的子公司与 HOKU 科技公司的全资子公司 HOKU 材料公司于 2008 年 8 月、9 月先后签署两份为期 10 年、总额约 5 亿美元的多晶硅合同。签约期间，HOKU 材料公司的多晶硅工厂正在建设中。之后，天威新能源的子公司依约支付了预付款 7 900 万美元。但受多重因素影响，HOKU 材料公司多晶硅项目建设出现困难，卖方履约无望，且 HOKU 材料公司濒临破产。

为避免 HOKU 材料公司破产导致天威新能源巨大利益损失，同时，为占领多晶硅领域技术制高点，规避长期订单预付货款可能带来的财务损失，天威新能源以债转股方式收购控股 HOKU 科技公司，由其继续建设多晶硅工厂。后因光伏产业环境变化导致多晶硅价格剧烈下跌，多晶硅工厂即使建成投产也会面临巨额亏损。2013 年 7 月，HOKU 材料公司向美国爱达荷州破产法院提交破产申请。2014 年 6 月，中国审计署办公厅发布的《财务收支审计结果》分析上述收购失利的原因：境外新能源投资项目未经董事会审议等法定程序，存在决策不规范问题，又因投资、效益不佳造成严重亏损。

2009 年 8 月，在天威新能源以债转股方式收购控股 HOKU 科技公司前，天威新能源与美国达维律师事务所（Davis Polk & Wardwell LLP，以下简称达维）签订法律服务协议。2009 年 9 月，达维向天威新能源出具《新能源公司投资重组美国 HOKU 科技有限公司境外投资项目法律尽职调查报告》（以下简称《法律尽职调查报告》）。天威新能源与达维的法律服务合同纠纷于 2014 年 11 月立案至北京市高级人民法院。原告请求判令达维赔偿损失共计人民币 5 亿元，并退还已支付的律师费人民币 421 万余元。原告天威新能源认为达维在其《法律尽职调查报告》中的众多结论性意见与事实不符，也未能提示项目收购主要合同中存在的重大法律风险。天威新能源跨国并购完成后才逐渐发现，这些疏漏的重大风险最终引发天威新能源遭受总计 5 亿多美元的直接投资损失。

---

① 以广东省为例，2020 年 3 月，广东省国资委发布《广东省省属企业合规管理指引（试行）》，对省属国有企业要求开展合规管理。2020 年 12 月，广州市国资委发布《广州市市属企业合规管理指引（试行）》。

被告则辩称根据双方约定，达维并不就任何商业领域内的任何事项或任何商业判断提供任何服务。法院最后以原告天威新能源未能举证证明达维未能审慎合理地履行合同义务且存有疏忽为由，驳回原告的诉讼请求。[①] 天威新能源不服判决，上诉至最高人民法院。2022 年 5 月，经最高人民法院审理，作出维持原判的判决。[②]

本案是一起法律服务纠纷案，但却是因跨境收购项目引发。纠纷背后的中国企业跨境投资失利事件仅仅是中国企业境外投资众多失败案例中的一起。显然，本案原告在跨境投资中不仅面临巨大的商业风险和法律风险，也存在重大的合规管控问题。

将合规引入中国，与我国企业海外经营中因风险防范能力薄弱出现大量投资失败案例以及不断遭遇越来越严格的境外合规监管压力密不可分。2009 年以来，受世界银行制裁的中国企业数量一直呈上升趋势。过去十年，美国 FCPA 的执法重点多为中国企业或与中国主体相关。我国多家大型企业的海外运营遭遇美国执法调查。这些事件的爆发及解决，不断提醒企业有必要开展境外合规管理。我国政府部门也对企业境外合规高度重视。

2017 年，中央全面深化改革领导小组第三十五次会议通过《关于规范企业海外经营行为的若干意见》等重要文件。该意见指出，要加强企业海外经营行为合规制度建设。2018 年 8 月发布的《实施办法》对央企境外投资的合规管理提出了三个方面的要求：企业应深入研究投资所在国法律法规及相关国际规则，全面掌握禁止性规定，明确海外投资经营行为的红线、底线；健全海外合规经营的制度、体系、流程，重视项目合规论证和尽职调查；定期梳理排查海外投资业务的风险状况，重点关注重大决策、重大合同、大额资金管控和境外子企业公司治理等方面存在的合规风险，妥善处理、及时报告，防止风险扩大蔓延。《实施办法》从责任追究情形方面对境外经营投资作出禁止性规定[③]，细化了海外投资经营合规要求。

2018 年，国务院国资委又与国家发展改革委等七部委联合发布《企业境外经营合规管理指引》，对开展境外经营的中国企业及其境外分支机构经营中的“合哪些规”“怎么合规”等问题，以及合规管理的基本内容和关键环节等提供原则性操作指引。该指引提出的企业合规管理的“独立性、适用性和全面性”原则以及在企业合规管理目标和原则，合规管理架构，合规管理制度与运作机制，合规风险识别、评估与处置，以及合规文化建设等方面

① 北京市高级人民法院(2014)高民(商)初字第 04917 号。

② 最高人民法院(2019)最高法民终 318 号。

③ 《实施办法》第十六条规定：“境外经营投资方面的责任追究情形：(一) 未按规定建立企业境外投资管理相关制度，导致境外投资管控缺失。(二) 开展列入负面清单禁止类的境外投资项目。(三) 违反规定从事非主业投资或开展列入负面清单特别监管类的境外投资项目。(四) 未按规定进行风险评估并采取有效风险防控措施对外投资或承揽境外项目。(五) 违反规定采取不当经营行为，以及不顾成本和代价进行恶性竞争。(六) 违反本章其他有关规定或存在国家明令禁止的其他境外经营投资行为的。”

的较为具体的规定，为提升企业境外合规管理能力奠定了规范基础。上述两份重要合规指引的密集发布，使 2018 年被称为我国“合规建设元年”。

自此，企业境外投资的合规建设如火如荼地开展。我国政府及各类组织也对“一带一路”企业或其他“走出去”企业持续开展各类合规管理培训，或为它们提供合规风险排查、出具风险评估报告等服务，以提高企业境外投资的合规风险应对能力。

第三节　合规治理的繁荣和全方位发展

引例

中国石化：“五位一体”大合规建设

中国石油化工集团有限公司（以下简称中国石化）是全球第一大炼油公司。2021 年 8 月，该公司全面部署合规管理体系建设，至今已形成“以制度建设为基础、以风险管控为导向、以内控体系为平台、以合规管理为抓手、以法律支撑为保障”的“五位一体”法治工作格局，全方位建设合规管理体系。

制度建设上，中国石化建立简约化合规管理“1＋2＋N”制度体系，将制度执行情况纳入巡视、审计、内控监督检查的范围①；推进专项合规与业务流程相融合，让合规管理要求进内控、进业务、进流程、进岗位、进职责；建立重点领域合规风险清单，与重要岗位合规职责清单、关键业务合规管控清单一并构成业务及职能部门合规手册。

风险管控上，中国石化建立并完善重大风险年度评估、季度监测、预警预告等工作机制，构建“要素识别—危害评估—策略选择—防范控制—监控跟踪—应对处置—改进提升”的合规风险闭环管理模式。同时，公司建立集团董事会决策、非主业投资及国务院国资委投资负面清单项目专项风险评估制度。

内部控制上，中国石化连续多年开展梳理相关法律法规、提升内控制度有效性行动；开展内控诊断，形成公司治理诊断报告、内控信息化诊断报告、内控手册诊断报告等。

合规管理上，中国石化细化职能部门、各事业部及各企业的合规管理责任；在总部组建合规管理员队伍，形成定期会商机制；以信息化手段，建立法治合规数智平台，整合调整共享平台上的制度管理、内控管理、风险控制等功能，为决策提供信息辅助和数据支撑。②

企业合规管理本质上是一种基于风险防控的公司治理方式。然而，若国家机关不从外部建立压力和激励机制，企业会缺乏建立合规管理体系的内生动力。回顾我国合规管

① 中国石化合规管理“1＋2＋N”制度体系具体为《中国石化全面依法依规治企强化管理的意见》＋《中国石化诚信合规管理手册》《中国石化合规管理办法》＋专项工作指引和制度规范。

② 朱腾. 国有企业合规管理案例盘点——央企集团篇[EB/OL].（2023－06－25）[2024－03－01]. https://mp.weixin.qq.com/s/OoCNgf25j6G_ghKa9i3grw.

理的发展历程，我国企业合规管理建设可分为两种模式：一是在外部机构指导、监督下的企业日常合规管理体系建设模式；二是企业在市场竞争环境下自主的合规管理体系建设模式。

上述案例仅为我国众多央企开展合规建设的缩影，有助于加深对我国企业合规建设的了解和认知。近些年，伴随着全社会对企业合规的呼声日益高涨，我国企业在外部机构的督促指导下，广泛开展各类合规建设的创新与实践，取得了丰硕的成果。可以说，当前我国企业的合规管理实践已迈入蓬勃发展的繁荣期，呈现出全方位发展的新态势。

一、社会力量推进下的全方位合规治理

(一) 行政合规相关制度建设

企业合规管理体系的构建和完善，有赖于国家法律的确认和制度引领。缺乏完善的法律法规，企业治理将无“法”可“依”、无“规”可“合”。我国法律制度的逐步完善，是企业加强合规管理建设的条件之一，也是从外部对企业实施合规治理的重要依据。事实上，我国反垄断领域、金融监管领域、医药领域等已有多项行政监管制度体现合规监管制度端倪。

1. 经营者承诺制度

早在2007年，我国《反垄断法》第四十五条中就有关于经营者履行承诺、执法机构中止或终止反垄断调查的制度设计。其规定：“对反垄断执法机构调查的涉嫌垄断行为，被调查的经营者承诺在反垄断执法机构认可的期限内采取具体措施消除该行为后果的，反垄断执法机构可以决定中止调查。中止调查的决定应当载明被调查的经营者承诺的具体内容。反垄断执法机构决定中止调查的，应当对经营者履行承诺的情况进行监督。经营者履行承诺的，反垄断执法机构可以决定终止调查。有下列情形之一的，反垄断执法机构应当恢复调查：(一) 经营者未履行承诺的；(二) 作出中止调查决定所依据的事实发生重大变化的；(三) 中止调查的决定是基于经营者提供的不完整或者不真实的信息作出的。”①从内容上看，该制度已具有合规激励的雏形。2022年该法修订后，在规定行业协会引导本行业的经营者依法竞争的义务后，又增加了“合规经营”的义务性要求。②

2. 金融领域的合规制度

金融领域的合规制度早已被规定在我国的相关法律、法规中，且一直在不断完善。

2008年《证券公司监督管理条例》第十二条将内部控制制度、合规制度作为影响证券公司设立时业务范围的重要考量依据之一。该条例还规定，证券公司内部控制水平、合规建设水平的高低会成为影响监管部门是否批准其业务范围调整申请的重要因素。③

---

① 《反垄断法》于2022年6月24日修订，原第四十五条被原文保留，为修订后的第五十三条。

② 2022年修订后《反垄断法》第十四条。

③ 《证券公司监督管理条例》于2014年7月29日修订，上述条款内容、顺序不变。第十二条规定：“证券公司设立时，其业务范围应当与其财务状况、内部控制制度、合规制度和人力资源状况相适应；证券公司在经营过程中，经其申请，国务院证券监督管理机构可以根据其财务状况、内部控制水平、合规程度、高级管理人员业务管理能力、专业人员数量，对其业务范围进行调整。”

2009年《中华人民共和国保险法》(以下简称《保险法》)第八十五条规定,保险公司应当聘用专业人员,建立精算报告制度和合规报告制度。显然,该条款对保险公司提出了建立合规报告制度的义务性要求。第八十六条第二款则明确规定,保险公司的偿付能力报告、财务会计报告、精算报告、合规报告及其他有关报告、报表、文件和资料必须如实记录保险业务事项,不得有虚假记载、误导性陈述和重大遗漏。该条款对保险人提交的包括合规报告的真实性提出了明确要求。①

2019年11月,国务院办公厅印发《国有金融资本出资人职责暂行规定》(国办发〔2019〕49号),对国有金融资本的出资人规定了强化风险防控的职责。②

2019年12月,修订后的《中华人民共和国证券法》(以下简称《证券法》)分别在第一百三十条、第一百四十条中加强了对证券公司的合规管理要求,合规管理不符合规定且逾期未改正的,监管机构可依法采取监管措施。③ 第一百七十一条则规定了当事人履行承诺终止调查制度。④

随后,国务院于2021年10月发布《证券期货行政执法当事人承诺制度实施办法》,证监会于2022年1月发布《证券期货行政执法当事人承诺制度实施规定》,以完善这一领域的行政执法当事人承诺制度。

3. 化妆品、医疗器械分级分类监管制度

对于化妆品、医疗器械等关系人民生命健康的产品,相关法律法规根据经营者的信用等级和所生产经营产品的风险程度,将生产经营者进行动态区分,通过实施分级分类监管实现监管的精确化、精细化和精致化目标。如2020年国务院颁布的《化妆品监督管理条例》,就建立了化妆品安全风险监测和评价制度。⑤

2020年12月,新修订的《医疗器械监督管理条例》则明确了医疗器械监督管理应当

---

① 《保险法》历经多次修改,于2015年4月24日最新修订。

② 该规定第五条第二款规定:"财政部门应当支持金融机构审慎合规经营、强化风险防控,除履行出资人职责以外,不得干预机构正常经营活动。"

③ 《证券法》第一百三十条前两款规定:"证券公司应当依法审慎经营,勤勉尽责,诚实守信。证券公司的业务活动,应当与其治理结构、内部控制、合规管理、风险管理以及风险控制指标、从业人员构成等情况相适应,符合审慎监管和保护投资者合法权益的要求。"第一百四十条规定:"证券公司的治理结构、合规管理、风险控制指标不符合规定的,国务院证券监督管理机构应当责令其限期改正;逾期未改正,或者其行为严重危及该证券公司的稳健运行、损害客户合法权益的,国务院证券监督管理机构可以区别情形,对其采取下列措施:(一)限制业务活动,责令暂停部分业务,停止核准新业务;(二)限制分配红利,限制向董事、监事、高级管理人员支付报酬、提供福利;(三)限制转让财产或者在财产上设定其他权利;(四)责令更换董事、监事、高级管理人员或者限制其权利;(五)撤销有关业务许可;(六)认定负有责任的董事、监事、高级管理人员为不适当人选;(七)责令负有责任的股东转让股权,限制负有责任的股东行使股东权利。证券公司整改后,应当向国务院证券监督管理机构提交报告。国务院证券监督管理机构经验收,治理结构、合规管理、风险控制指标符合规定的,应当自验收完毕之日起三日内解除对其采取的前款规定的有关限制措施。"

④ 《证券法》第一百七十一条规定:"国务院证券监督管理机构对涉嫌证券违法的单位或者个人进行调查期间,被调查的当事人书面申请,承诺在国务院证券监督管理机构认可的期限内纠正涉嫌违法行为,赔偿有关投资者损失,消除损害或者不良影响的,国务院证券监督管理机构可以决定中止调查。被调查的当事人履行承诺的,国务院证券监督管理机构可以决定终止调查;被调查的当事人未履行承诺或者有国务院规定的其他情形的,应当恢复调查。具体办法由国务院规定。国务院证券监督管理机构决定中止或者终止调查的,应当按照规定公开相关信息。"

⑤ 该条例第五十三条规定:"国家建立化妆品安全风险监测和评价制度,对影响化妆品质量安全的风险因素进行监测和评价,为制定化妆品质量安全风险控制措施和标准、开展化妆品抽样检验提供科学依据。国家化妆品安全风险监测计划由国务院药品监督管理部门制定、发布并组织实施。国家化妆品安全风险监测计划应当明确重点监测的品种、项目和地域等。国务院药品监督管理部门建立化妆品质量安全风险信息交流机制,组织化妆品生产经营者、检验机构、行业协会、消费者协会以及新闻媒体等就化妆品质量安全风险信息进行交流沟通。"

遵循风险管理、全程管控、科学监管、社会共治的原则，并依据风险程度对医疗器械实行分级分类管理。①

（二）国务院国资委对央企合规建设的精进要求

2021年12月，国务院国资委印发《关于开展中央企业合规管理强化年工作的通知》（国资厅发法规〔2022〕1号），确定2022年为“中央企业合规管理强化年”，要求央企应将合规管理提升到战略层面，并提出合规管理的新要求、新举措。

2022年，国务院国资委印发《中央企业合规管理办法》取代此前的《中央企业合规管理指引（试行）》。该办法将央企合规管理的新定位、新思路、新措施以部门规章的形式固定下来，表明对央企的合规要求已从原则性的“建议指引”上升为具有约束力的规范性文件。该办法共八章、四十二条，分别从适用范围与合规管理基本原则、合规管理的组织和职责、合规制度建设与合规体系的运行机制、合规评价与追责、合规文化及信息化建设等方面对央企合规管理体系建设提出要求，明确了央企下一步合规工作的整体方向。

2022年9月，在央企合规管理专题推进会上，国务院国资委提出央企合规管理的“五个关键”和“五个到位”②，力促央企2025年实现“基本建立全面覆盖、有效运行的合规管理体系”的目标。

（三）各类合规指引、合规标准层见叠出

合规指引又称合规指南，通常是由特定组织或机构颁布，对所有企业或者企业某些领域如何开展合规管理提供的指导或者建议。它一般不具有强制约束力，但其指导作用的发挥将有助于推动企业合规建设进程、提升企业合规效能。

借鉴美国《联邦组织量刑指南》、OECD《内部控制、企业道德及合规最佳实践指南》的成功经验，自2006年《商业银行合规风险管理指引》出台以来，我国各类合规指引陆续发布。近年来，我国各级政府、各类组织发布合规指引的速度加快，涉及领域也日益多元。

1. 国家层面的合规指引

近些年国家层面发布多项合规指引，例如，2020年9月，国务院反垄断委员会印发《经营者反垄断合规指南》；2021年11月，市场监管总局印发《企业境外反垄断合规指引》。它们对鼓励经营者建立和加强境内外反垄断合规管理制度、防范反垄断合规风险、培育公平竞争的合规文化、提升经营者反垄断合规管理水平发挥了重要作用。

2. 地方各类合规指引

地方层面的合规指引数量众多并各具特色。比较典型的有地方国资委出台的规范省属企业的各类指引。2022年4月，广东省国资委出台《省属企业“合规管理强化年”行动方案》。该行动方案按照“强化工作体系，形成工作闭环”的整体思路，针对合同管理、投资

---

① 该条例第五条、第六条。

② 即将“首席合规官”作为关键人物，全面参与重大决策，确保管理职责到位；把“合规审查”作为关键环节，加快健全工作机制，确保流程管控到位；聚焦“关键领域”，扎实做好“三张清单”，确保风险防范到位；将“风险排查”作为关键举措，坚持查改并举，确保问题整改到位；把“强化子企业合规”作为关键任务，通过信息化手段加强动态监测，确保要求落实到位。

合规、市场交易三个重点领域，提出专门化合规建设要求；并按照“分类推进，推动试点”方式，重点推进“合规管理强化年”各项工作，提出全部省属企业力争三年通过 ISO 37301 体系认证的目标。

地方层面不同领域的合规指引为企业合规建设提供多样化指引，助力企业建立健全合规制度和机制建设，推动合规管理向纵深方向发展。以 2020 年 12 月重庆市市场监管局出台的《重庆市直销行业合规经营指引》为例，该指引围绕直销行业招募、培训、计酬、宣传、销售、售后等环节，对重庆市直销行业经营活动作出全链条、系统性合规经营指导。与此类似，2022 年 2 月，上海市杨浦区人民检察院发布《企业数据合规指引》，从数据合规管理体系、数据风险识别、数据风险评估与处置、数据合规运行与保障等方面引导企业加强数据合规管理。2022 年 11 月，上海市市场监管局发布了六部反垄断领域的系列指引。[①] 北京市贸促会则通过编制《北京企业国际化经营合规指引(2023)》，从行业特征、发展阶段和国外新规等多个维度着手，为企业应对各国高频合规风险提供建议。

3. 推动合规一体化建设的各类合规标准

企业合规具有很强的专业性和技术性，同时又存在某些共性和规律性内容。合规标准有助于引导企业合规管理体系建设、提升合规管理技能。

除前面提到的 GB/T 35770—2017 和 GB/T 35770—2022 等国家标准外，民间组织也积极努力，关注不同类型企业对合规标准适用的差异化需求。2022 年 5 月，中国中小企业协会发布《中小企业合规管理体系有效性评价》团体标准。该标准为不同规模企业的合规管理体系设置了不同的评价指标，既强调合规管理体系的技术指标，也强调合规文化建设。类似的标准还有 2022 年 10 月中国企业评价协会编制的团体标准《企业合规管理体系有效性评价指引》(T/CEEAS 003—2022)。

(四) 企业合规师出现

合规管理的蓬勃发展使培养企业合规管理人才显得尤为必要和紧迫。2021 年 3 月，“企业合规师”被纳入《中华人民共和国职业分类大典》，其专指从事企业合规建设、管理和监督工作，使企业及员工行为符合法律法规、监管要求、行业规定和道德规范的人员。为规范这一新职业从业人员的工作能力水平和技术技能要求，2022 年 10 月，中国国际贸易促进委员会牵头，会同十余家行业协会及多个领域的代表性企业共同制定《企业合规师通用职业技术技能要求》职业标准，使这一专业人才的培养有标准可循。

回顾三十多年的合规管理及建设历程，可以发现我国的合规治理具有如下特点。

(1) 合规管理的实施主体从大型跨国企业、国有企业逐步扩展至包括中小民营企业在内的所有企业。

(2) 从行业视角分析，我国合规建设大致经历了从金融行业合规向全行业普遍合规

① 系列指引包括《上海市经营者集中申报指引》《配合反垄断调查指引》《横向垄断协议案件宽大制度指引》《经营者集中简易案件申报指引》《经营者集中案件申报名称指引》《金融业经营者集中申报营业额计算指引》。

的转变。

(3) 合规从反腐败、反垄断等专项合规向满足企业需求的全面合规拓展，专项合规治理领域不断扩展。

(4) 企业合规管理建设已从最初企业自主、自发开展逐步向政府有序监管和企业有效合规方向转变。

显然，全社会共同推进下的合规治理对我国企业的合规管理体系建设产生了巨大的影响力。它使政府、社会组织等其他社会主体越来越多地参与到合规建设中来，极大改变了企业以往对合规工作不重视、风险意识淡薄，合规体系建设不完备、流于形式等问题。

二、我国企业合规建设的发展趋势

随着合规监管的全球勃兴以及我国合规相关法律法规的出台和完善，在我国行业主管、国资主管部门以及社会各界的共同推动下，我国企业的合规建设正呈现如下发展趋势。

(一) 企业合规管理的系统化、体系化、信息化建设不断增强

随着我国经济正由高速增长转向高质量增长，企业在发展中面临的风险不断增多。企业构建并实施合规管理体系更多基于其保持长期健康运营的内在需求，而非仅为应付外部监管要求。

随着众多企业的合规管理体系从最初建设阶段逐步迈入深度运行阶段，原有的未经系统化、体系化策划或未与企业业务活动相适应的合规管理体系，已不能满足企业管理需要。“管业务必须管合规”的理念已在众多企业间形成共识。为此，企业合规管理体系必将朝着系统化、体系化方向推进。这意味着企业的合规管理体系将会与仔细盘点、梳理后的合规义务和合规风险相对应；合规管控措施将与风险等级相匹配；进一步明确合规管理领导责任和违反合规管理的后果，不断压紧压实业务部门的主体责任，将合规管理的要求进一步融入日常管理中，而业务部门也将承担更多的合规职责。①

合规的体系化建设也包含着对企业外部供应商和业务伙伴的合规要求。外部合作伙伴规范化、体系化的合规管理有助于减少企业合作和交易环节中的合规风险。同时，合规要求延伸至企业合作伙伴，有助于形成内外部合规压力的传导效应，营造“以点连线”“由线到面”的全社会良好合规氛围，优化营商环境。

当前，管理信息化已成为现代企业管理的重要手段之一。央企早在《关于加强中央企业信息化工作的指导意见》(国资发〔2007〕8 号)的要求下，普遍开展信息化建设。在合规管理领域推进信息化建设，有助于将违规风险点内化为加强合规审查的控制规则，强化合规管理的过程管控。借助信息化手段，企业能较为便利地建立并形成独具本企业特色的

① 以《中央企业违规经营投资责任追究实施办法(试行)》为例，该办法以“负面清单”方式，对央企不履行合规管理职责的后果予以细化。而责任追究的情形涵盖了央企合规管理从“制度制定”“经营决策”到“生产运营”等的全部重点环节。

合规管理法律法规数据库和案例库等，为合规管理工作提供信息支持。同时，将合规管理信息化系统与财务、投资、采购等其他业务信息系统互联互通，有助于打破不同管理职能下的信息壁垒，实现数据共用共享。企业也能依据大数据技术建立合规风险动态监测预警系统，及时化解违规风险，快速处置危机事件。

（二）全面合规与重点领域合规建设齐头并进

在国内外合规管理框架持续完善、监管压力不断增强的大背景下，企业只有实施完备的合规管理体系方能应对各类合规风险。不过，鉴于我国大多数企业尚处于对合规不够重视、合规文化欠缺，不同企业合规体系建设缺乏较为细致而统一的标准，合规管理尚未与企业业务深度融合的阶段，要实现合规建设的全面性目标任重而道远。相比而言，我国国有企业，特别是央企的合规管理体系经过多年建设，已日益显现出“大合规”的特征。具体而言，其就是合规风险的全面覆盖[①]＋所有员工的全面管控[②]＋合规、法律、内控、风险管理全面协同与融合的“三全合规”[③]。

在深化合规改革的进程中，央企的全面合规有向更加精细化的专业合规发展的趋势。特别是事关企业生存的重点领域（如反垄断、反商业贿赂、生态环保、安全生产、劳动用工、财税管理、数据安全等）以及合规风险频发领域，企业构建专项合规管理体系尤为必要。现阶段，我国已经出台众多重点领域与重点行业的合规指引，我国部分法律中也有合规激励制度的陆续出台。[④] 这使企业构建专项合规体系有法可依、有据可引。此外，在合规管理体系的运行及优化阶段，企业可能会受体系优化的时间和合规管理体系建设经验不足等方面的限制，将专项合规管理体系建设作为未来全面合规管理体系的搭建基础，待专项合规管理体系良好运行一段时间后，再构建其他专项合规管理体系，直至最终实现全面合规管理体系的建设目标。

（三）合规管理体系建设更加注重兼容性与管理实效

合规源自西方国家。但在引入各国时，大都经历了本土化改造的过程。放之四海而皆准的合规“国际标准”并不存在。站在企业视角，特别是从事跨国交易的国际企业，面对不同国家法律法规的合规监管差异，企业不但需要吸纳国际普遍性合规管理经验，更需要构建基于不同国家合规监管要求的合规管理体系。从而确保在特定地域内，企业的合规管理体系充分融合该地域的法律规则要求。

随着越来越多企业基本完成合规管理体系的构建，企业通过闭环管理不断完善各项

---

① 合规风险的全面覆盖是指企业把经营管理中可能遇到的各类合规风险，从经营活动、安全生产、产品质量、劳动用工、知识产权等，到信息数据安全、反垄断、出口管制等全面覆盖。

② 所有员工的全面管控是指将企业所有员工（包括企业高管、部门主管、基层员工）的行为都纳入合规管控范围。

③ 合规、法律、内控、风险管理全面协同与融合是指企业尝试将合规与监察、审计、法律、内控、风险管理等相关部门工作有效协同、力求融合。2021 年 10 月，国务院国资委出台的《关于进一步深化法治央企建设的意见》也提出类似要求。

④ 如 2017 年我国修订后的《中华人民共和国反不正当竞争法》首次在第七条第三款中引入严格责任制度，对企业员工的贿赂行为一律视为“经营者”的行为。

合规管理工作机制，提升合规管理工作水平的呼声日益高涨。合规管理如何与企业已有的法务管理、内部控制以及全面风险管理工作统筹协调乃至融合也成为普遍关注和亟待解决的问题。由此，如何将合规管理要求与管控措施嵌入日常管理流程和管理岗位，即如何加强企业合规管理协同机制、提升合规管理有效性将成为企业亟待完善的合规工作内容之一。2022 年，“中央企业合规强化年”行动就是要求央企将不断推进协同机制建设，整合制度、流程等管理要素，实现“强内控、防风险、促合规”的管控目标作为合规强化的实施重点。

（四）企业合规建设深化推动合规的专业化发展

随着全社会合规意识、合规文化的培育和逐渐普及，越来越多的企业、政府机关、研究机构和专业服务机构投入合规研究和企业合规服务中。一些重大合规风险事件及陆续出台的法律制度，不断丰富合规内涵、扩展合规领域和范围。随着合规实践的不断发展和合规学研究的深入，更多力量参与企业合规建设实践和理论研究中，合规服务的专业化趋势和协作需求将日趋明显。

同时，企业外部关系方（如政府或商业合作伙伴）对企业生产经营的规范化管理程度和对优化营商环境贡献度的要求日益提高。企业合规管理水平的高低将成为其市场表率的重要指征之一。建立与国际接轨的合规管理体系也将成为企业核心竞争软实力的基础性特征之一。由此，高质量的合规管理体系建设将成为企业未来合规发展的方向。有关合规文化的培训与宣贯、母子公司合规体系的衔接、“法律、合规、内控”的协同管理、重点领域合规管理以及合规管理体系的有效性评价等将成为企业未来专业化合规建设的重要内容，以最大限度地减少和避免合规“空心化”“纸面化”。

随着国际认证体系 ISO 37301 及我国国家标准 GB/T 35770—2022 的推广，企业申请合规管理体系认证的需求将不断增长，以便更好地促进企业可持续发展，提升企业的声誉和信誉。合规认证证书的取得也能从侧面证实企业切实履行合规风险管控承诺。这对企业增加商业机会和第三方对企业的信任度，降低违规行为所致风险及损失都具有意义。

案例选读与思考

1. 我国中兴通讯公司在遭遇美国出口管制制裁事件中存在哪些合规管理方面的问题？2022 年 3 月该公司成功通过美国法院在合规管理体系建设方面的考察，请分析该公司哪些做法值得企业学习借鉴。

2. 了解“海南发展银行关闭事件”详情，分析该银行关闭的原因，并进一步探讨加强行业合规监管和银行内部合规管理的必要性。

3. 检索并研读“天威新能源诉达维律师事务所法律服务合同纠纷案”和“天威新能源跨境收购案”的相关材料，分析以下问题：

（1）天威新能源和 HOKU 科技公司签署的供货合同存在哪些风险？

（2）天威新能源（含子公司）从最初的国际货物买卖合同中的买方转变为境外收购项

目中的收购方隐含哪些风险?

(3) 天威新能源聘请境外律师事务所进行项目法律风险尽职调查,这一合规管控措施是否存在缺陷? 若是,具体存在哪些缺陷?

(4) 你认为此案对于从事海外投资与贸易活动的我国企业和合规管理人员有何启示?

4. 结合我国央企合规管理建设历程,分析并探讨如何打造央企"法律合规大风控"管理体系,实现企业法务、合规、风险、内控体系的有效融合。

5. 合规指引对于政府合规治理和企业合规建设有何帮助? 你认为现阶段我国各类合规指引是否存在进一步改进的空间?

6. 合规的核心在于"遵规守矩"。遵守规则的思想我国自古就有。《史记·礼书》有云:"人道经纬万端,规矩无所不贯,诱进以仁义,束缚以刑罚。"请思考我国传统文化中的"合规"思想与现代合规理念的联系与区别,探讨如何在合规治理和企业合规管理中融入中国传统文化。

下编

企业合规管理应用

下编以合规义务与合规风险为研究起点，以企业全面合规管理体系的构建和运行为视角，探讨了企业合规管理体系建设的方方面面，并重点聚焦企业合规管理组织体系、企业合规管理制度体系、企业合规风险管理体系以及企业合规运行和保障体系等。

第五章

合规义务与合规风险

引 例

合肥某家居公司、柏某劳动争议再审纠纷

柏某系合肥某家居公司(以下简称家居公司)的员工。因父亲病危需要陪护,柏某按照家居公司规定的方式申请事假。家居公司则以此前已批准柏某5天事假为由要求其返岗,否则视为自动离职。在柏某拒绝返岗后,家居公司不再发放柏某工资。双方就是否解除劳动关系以及是否应予支付经济补偿金事宜发生争执,诉至法院。家居公司因不服安徽省合肥市中级人民法院作出的民事判决,向安徽省高级人民法院申请再审。安徽省高级人民法院认为,家居公司片面强调经营利润,对员工直系亲属病危时的请假申请不予批准,这与社会主义核心价值观的要求不符,有悖于中华民族传统孝文化,既不合情也不合理。由此裁定驳回家居公司的再审申请。[①]

本案反映出社会主义核心价值观对于用人单位病假、事假合规管理的影响。安徽省高级人民法院在此案中不仅适用了我国劳动法律、法规和我国民事诉讼法的相关规定,也充分考虑到此案中社会主义核心价值观的要求和中国传统孝文化的道德要素。企业从事合规管理体系建设需要明确合规管理的对象,确认合规管理应遵守的合规义务。遗漏本该遵守的法律、法规、商业惯例甚至社会道德规范,企业可能遭遇各类合规风险,进而产生合规风险事件。

本章主要涉及以下问题:合规义务的定义、合规要求与合规承诺、风险与合规风险等。

"天下从事者,不可以无法仪;无法仪而其事能成者,无有也。"[②]企业越雷池成为反面典型往往源于没有遵守合规中的"规"字。那么,企业到底应符合哪些规范,或者企业合规的范围是哪些?这就涉及合规义务问题。企业对是否符合或者满足某项合规义务或者要求须有明确的认知。若不遵守,企业也应清楚地知晓不遵守某项合规义务的后果。合规义务是企业合规管理体系建立和实施的基础,也是企业开展其他合

① 安徽省高级人民法院民事裁定书[(2020)皖民申4662号]。
② 出自《墨子·法仪》。

规工作的起点。

那么何谓“合规义务”？在ISO 37301中，合规义务被定义为“组织（合规主体）必须遵守的要求以及自愿选择遵守的要求”。[①] 由此可见，合规义务被ISO 37301细分为两部分：合规要求和合规承诺。该指南同时明确合规主体[②]应将合规义务作为确立、制定、实施、评价、维护和改进其合规管理体系的基础。[③]在ISO 37301第3.24款规定，合规风险是指因不遵守组织（合规主体）的合规义务而发生不合规的可能性及其后果。[④]我国《中央企业合规管理办法》第三条第二款也规定，合规风险是指企业及其员工在经营管理过程中因违规行为引发法律责任、造成经济或者声誉损失以及其他负面影响的可能性。由此可见，合规义务与合规风险之间存在对应关系。合规主体未履行或未能达到合规义务要求或者违反合规义务，合规风险的发生概率也越高。从有利于合规主体（如企业）健康、持续发展的角度出发，其必须明确自身的合规义务并积极履行。

第一节　合规要求

引例

北京同仁堂蜂业有限公司行政处罚案

2019年2月，江苏省盐城市滨海县市场监督管理局和北京市大兴区食品药品监督管理局经调查认定，北京同仁堂股份有限公司的子公司北京同仁堂蜂业有限公司（以下简称同仁堂蜂业）瓶装蜂蜜的受托加工方盐城金蜂食品科技有限公司（以下简称盐城金蜂），存在用回收蜂蜜作为原料生产蜂蜜、标注虚假生产日期的行为。据此对同仁堂蜂业作出没收违法所得、罚款1 400余万元、没收蜂蜜3 000多瓶、吊销食品经营许可证、相关负责人五年内禁入食品行业的行政处罚决定。[⑤]

本案涉及的主要问题是同仁堂蜂业是否应当为其委托合同受托人的违法行为承担责任、同仁堂蜂业的产品委托加工及监管模式有何不当、北京同仁堂股份有限公司是否应当为其子公司同仁堂蜂业的监管不当承担法律责任。本案同时体现合规要求的概念和内涵。

合规要求是源自企业外部、施加于企业的强制性义务。合规管理起初并非企业的

①③④　ISO官网（https://www.iso.org/standard/75080.html）。

②　ISO 37301提及的“合规主体”包括全球任何类型、规模、性质和行业的组织。本书若无特别强调，“合规主体”与“企业”通用。

⑤　北京同仁堂股份有限公司关于子公司北京同仁堂蜂业有限公司受到行政处罚的公告[EB/OL].（2019-02-12）[2024-03-01]. https://www.tongrentang.com/file/upload/pdf/636855089747343750З.pdf.

自觉行为，而是置身于市场经济环境中，企业会受到各类法律、法规、标准、行业惯例的约束，面临政府各部门的行政监管、司法机关的判决或裁决以及行业或者组织的直接或间接影响。这些要求对于企业而言，大多数可能是被动接受，但也不排除双向、互动的可能。企业有时也可能影响其所处的行业或者更大范围的市场环境。企业面临的约束或者影响既可能是明确而具体的要求，也可能源自企业的主观感受抑或基于社会道德或者商业习惯而被视为企业必须遵守的合规义务。相比而言，前者构成了合规要求最重要的内容。

国际标准化组织在其发布的 ISO 19600 和 ISO 37301 两个合规管理体系指南中均明确，合规主体必须遵守的要求，包括但不限于：法律法规，许可、执照或其他形式的授权，监管机构发布的命令、条例或指南，法院判决、指导性案例和司法解释或行政决定，条约、公约和议定书等。[①] 结合我国法律规定和法律适用实践，企业遵循的合规要求大致分为以下几类：法律之“规”、行业之“规”、企业之“规”、道德之“规”。

一、法律之“规”

毫无疑问，企业合规遵守的“规”，以一国之内具有法律效力的法律法规为先，但又不限于一国内的法律制度规范。

（一）法律法规

法律法规主要体现为宪法，法律，行政法规，部门规章，地方性法规、规章，以及其他规范性文件等。从广义上讲，法律法规是由立法部门和法律执行部门制定的规范性法律文件。其他规范性文件是行政机关及被授权组织为实施法律和执行政策，在法定权限内制定的除行政法规或规章以外的决定、命令等具有普遍性行为规则的总称。只要在一国范围内具有法律效力的法律规范，企业均须遵守。站在企业视角，其运营管理的全过程将会涉及多部法律规范的约束，成为企业必须遵守的多项合规要求。

（二）党内法规

在我国，企业遵守的合规义务还可能包含党内法规。党内法规包括党章、准则、条例、规定、办法、规则、细则等。

经过多年持续建设，我国党内法规已形成以“1＋4”为基本框架的内容科学、程序严密、配套完备、运行有效的制度体系。[②] 在“一体双轨”的法治体系格局下[③]，党内法规与我国国内法律法规两套规范体系“并行不悖、相辅相成”，共同保障我国的法治建设和国家治理。

---

① 杨涛，何璇. ISO 19600《合规管理体系——指南》国际标准解读[J]. 大众标准化，2017(5)：43－45.

② 制度体系即党章之下，党的组织法规、领导法规、自身建设法规、监督保障法规四大类内容。马宝成，成为杰. 党内法规制度体系的历史演进、基本经验与未来展望[J]. 中共中央党校(国家行政学院)学报，2022，26(3)：134－140.

③ 欧爱民. 党内法规与国家法律关系论[M]. 北京：社会科学文献出版社，2018：1.

党内法规对于党组织和党员具有强制约束力，但并不适用于全体社会成员。[①] 不过，它对国家机构的影响日益直接，成为一些机构运行的主要准则，并作为裁判依据和裁判理由反映在法院司法判决中。[②]

（三）国际条约

最近几十年，不论是国际公法领域还是国际民商事领域的国际条约均表现出日益庞杂的趋势。国际条约也越来越深入地渗透于各国国内法中，有调整越来越多领域的可能性。[③] 同时，一国缔结或者加入的双边条约或多边条约数量庞大。[④] 基于"条约必须信守"的国际法基本原则，国家必须遵守的条约数量越来越多，条约调整的领域和范围也越来越宽泛。一国境内的当事人除有适用本国已经缔结或者参加的生效条约的义务外，也可能适用本国没有缔结或者参加的国际条约。[⑤] 对于从事进出口贸易、服务的企业以及投资海外的企业，它们所要遵守的法律法规的范围，则不仅包括投资母国与投资东道国国内的法律法规，也包括相关领域的国际条约、协定、议定书等。不过，在全球合规管理理念普遍推行的大背景下，企业单纯关注"股东利益最大化"的目标已扩展至"利益相关方价值最大化"。全球供应链政策也由效率优先向安全与弹性优先转变。[⑥] 身处全球供应链末端的国内企业也必将越来越多地受到国际条约及其他国家国内法的影响。这意味着，一国企业无论是否涉足国际业务、发生涉外法律关系，都可能适用国际条约和国际惯例规则。[⑦]

（四）法院判决及行政机关处罚决定

除普遍适用的法律法规外，法院判决、裁决以及行政机关的处罚决定等对违反特定合规要求的企业而言也构成该企业的合规要求。对其他企业或者社会组织而言，尽管这些判决、裁决或者处罚决定并不具有约束力，但却具有参考价值。特别是最高人民法院、最高人民检察院颁布的指导性案例、司法解释等会成为企业必须遵守的合规要求之一。因为指导性案例可能会成为法院相同或类似案件裁判的依据。而司法解释权是司法权的重要体现。我国的司法解释是在特殊历史和社会背景下逐渐发展而成的独具特色的法律解释形式。它在优化法律程序、阐释法律内涵、细化法律规定、具象法律原则、填补法律漏洞

① 封丽霞．党政联合发文的制度逻辑及其规范化问题[J]．法学研究，2021，43(1)：3－19．

② 这些判决以行政类判决占据绝大多数，其次是民事类和刑事类的判决。从案由来看，各领域纠纷均有涉及，如行政类判决涉及信息公开、行政处罚、行政强制、不履行法定职责等；民事案件主要是合同纠纷、劳动纠纷；刑事案件则多为滥用职权、贪污贿赂类犯罪等。欧爱民，贺丽．中国特色社会主义法概念之重构——以党内法规法属性定位为视角[J]．湘潭大学学报（哲学社会科学版），2021，45(6)：46－52．

③ 奥本海，詹宁斯·瓦茨．奥本海国际法 第1卷 第1分册[M]．王铁崖，陈公绰，汤宗舜，等译．北京：中国大百科全书出版社，1995．

④ 以我国为例，我国缔结或者参加的双边和多边条约的数量可能多达2.5万～2.6万件。万鄂湘，余晓汉．国际条约适用于国内无涉外因素的民事关系探析[J]．中国法学，2018(5)：5－20．

⑤ 徐锦堂．关于国际条约国内适用的几个问题[J]．国际法研究，2014(3)：69－79．

⑥ 陈若鸿．从效率优先到安全优先：美国关键产品全球供应链政策的转变1[J]．国际论坛，2021，23(5)：125－139＋159－160．

⑦ 万鄂湘，余晓汉．国际条约适用于国内无涉外因素的民事关系探析[J]．中国法学，2018(5)：5－20．

等方面发挥了巨大作用。[①] 现行有效的司法解释不仅数量上是我国现行有效法律的三倍多,在内容和形式上也在司法审判和检察活动中发挥着日益重要的作用。它们也因此成为企业合规要求的重要组成部分而被关注。

二、行业之“规”

【案例 5 - 1】

某公司乳品菌落总数不达标案

2021 年 4 月 10 日,广东省市场监督管理局发布了关于 4 批次食品不合格情况的通告(2021 年第 12 期)。××县蓝天贸易有限公司销售的“调制加糖炼乳(原味)”的菌落总数不符合食品安全国家标准。该产品系××省熊猫乳品有限公司(以下简称熊猫乳品)生产。对此,熊猫乳品表示,涉事产品菌落总数超标主要是第三方运输环节导致。熊猫乳品已落实相关责任,并对涉事批次产品全部召回。[②]

本案中涉事两公司违反的合规义务是什么?执法部门的执法依据为何?

行业之“规”,包括各类标准和不成文的商业习惯或伦理等。案例 5 - 1 中所涉食品行业的标准规范就是比较典型的行业之“规”。标准是对某类事物的认识进行设计和提炼的结果,它“产生于合理的、共同的选择,有助于对重复出现的问题达成一致的解决方案”。[③] 2018 年 1 月 1 日起施行的《中华人民共和国标准化法》(以下简称《标准化法》)将标准(含标准样品)定义为“农业、工业、服务业以及社会事业等领域需要统一的技术要求”。[④]

标准具有基准性、公认性、可信性、公益性、知识性、普适性和稳定性。[⑤]

根据其使用属性,标准又可分为强制性标准和推荐性标准等。我国《标准化法》就将国家标准划分为强制性标准、推荐性标准。强制性标准必须执行,而行业标准、地方标准则属于推荐性标准,国家鼓励采用推荐性标准。[⑥]

(一) 强制性标准

强制性标准多源于科学、技术知识和客观经验,并体现某类产品的特性、生产方法及

---

① 任婕. 最高人民检察院司法解释效力研究[D]. 北京:中共中央党校,2019.

② 广东省市场监督管理局关于 4 批次食品不合格情况的通告(2021 年第 12 期)[EB/OL]. (2021 - 04 - 07)[2024 - 03 - 01]. http://amr.gd.gov.cn/zwgk/zdlyxxgk/cjjc/spcj/content/post_3256864.html.

③ Tassey, G. Standardization in technology-based markets [J]. Research Policy, 2000, 29(4): 587 - 602.

④ 《标准化法》第二条。

⑤ 麦绿波. 标准的地位和性质[J]. 标准科学,2013(1): 13 - 16.

⑥ 《标准化法》第二条。

技术规范等，如《电动汽车安全要求》(GB 18384—2020)[①]、《海洋石油天然气开采安全规程 第1部分：总则》(GB 40554.1—2021)[②]。强制性标准的制定目标多为维护公共秩序、保障公共利益。因此，强制性标准往往由政府参与制定，并常与特定领域的法律规定相结合，共同形成某类法律体系中独立、特殊且重要的组成部分。[③]

强制性标准具有强制性[④]，多为一国技术法规重要的表现形式。[⑤] 例如，食品安全国家标准常常是为保障食品安全所制定，形式上不是法律规范，但对生产者和经营者均构成行为上的约束。[⑥] 由此，强制性标准构成企业经营活动中必须遵守的合规要求。不过，强制性标准通常不能作为法院审判的直接依据，它可作为一种法律事实或者证据加以援引。[⑦]

(二) 推荐性标准

推荐性标准多由行政机关或非营利性机构、行业自律组织为规范本行业经营发展活动而制定。它多体现利益相关方的协调意志，单个或不同主体可任意选择适用。

推荐性标准虽然不一定具有国家法律、法规的约束力，但可以通过激励性政策等方式引导实施。行业协会或者商会也可以凭借其影响力，号召本行业内的企业实施，从而加强对其行为的约束及示范引领。推荐性标准又可分为市场竞争标准、自愿组织标准、标准机构标准和政府强制标准。

当前，发达国家基本形成一套成熟、完整、适应国情的标准化管理体制。相关标准以市场为导向，多为自愿性标准，政府对标准化工作提供支持或指导，但往往不加干涉。[⑧] 由此，各国也陆续催生出一批有国际影响力的标准团体，如英国标准化协会(BSI)、德国标准化学会(DIN)、法国标准化协会(AFNOR)等。它们多为公益性组织，代表本国发布标准。由这些国家有影响力的标准化团体发布的国家标准为国际标准的形成奠定了基础。

1. 企业社会责任标准

作为一国的经济组织，企业往往也是国际市场的参与者和竞争者。激烈的国际市场竞争使企业不但要遵守强制性标准，也须关注与企业社会责任(corporate social responsibility, CSR)密切相关的各类标准。

---

① 2020年5月12日，国家市场监督管理总局、国家标准化管理委员会批准发布。该标准与《电动客车安全要求》(GB 38032—2020)和《电动汽车用动力蓄电池安全要求》(GB 30381—2020)等三项强制性国家标准于2021年1月1日起实施。

② 2021年8月10日，国家市场监督管理总局、国家标准化管理委员会发布，2022年3月1日实施。该标准适用于滩海、浅海、海上、陆岸终端，从事海洋石油天然气开采作业活动的安全生产要求。

③ 蔡守秋. 论环境标准与环境法的关系[J]. 环境保护，1995(4)：22－23.

④ 《标准化法》第二条规定，强制性标准必须执行。

⑤ 李冬冬. TBT协定中技术法规和标准"强制性"区分要素——以美国—金枪鱼案(Ⅱ)为例[J]. 中国科技论坛，2016(9)：142－147.

⑥ 曾祥华. 论食品安全企业标准的法律性质和法律效力[J]. 杭州师范大学学报(社会科学版)，2019，41(5)：120－128.

⑦ 何鹰. 强制性标准的法律地位——司法裁判中的表达[J]. 政法论坛，2010，28(2)：179－185.

⑧ 任坤秀. 国家标准的贡献、比较及性质的实证研究——以10国为例[J]. 上海市经济管理干部学院学报，2015，13(1)：1－10.

当前，衡量企业社会责任的各种标准、守则在国际社会不同行业广泛推行。它们由政府间或非政府间国际组织提出，或由各跨国公司制定，成为约束产品供应链企业的行为守则。这类标准在内容上涉及劳工权益、消费者权益、环境保护等，体现企业与人权之间、企业与环境之间、企业与企业之间、企业与国家之间等的权利和义务关系。有别于技术领域的标准，这类标准涉及企业权益维护和保护等问题①，常常成为企业争取国际市场竞争优势的必要手段之一。②

2010 年 ISO 发布了《社会责任指南》（ISO 26000）。该指南为企业履行社会责任、识别和提升利益相关方参与度、提高社会责任报告和声明的可信度提供实用指导，进而使这一行为准则在国际社会形成促进企业社会责任领域的共同术语，扩大全社会对企业社会责任的认知范围。

1998 年国际劳工组织（International Labor Organization，ILO）发布《工作中的基本原则和权利宣言》。该文件规范了包括自由结社和集体谈判权、消除一切形式的强迫劳动、废除和禁止使用童工、消除雇佣和职业方面的歧视行为等方面内容。③ 它既可为成员方和企业的行为提供指南，也可能构成有关劳工标准的国内宪法、劳动法和国际条约立法的基础，或成为 ILO 及其他国际组织据以解释国际条约和法院判决的依据等。④

2. 企业合规管理标准

20 世纪 90 年代以来，国际社会相继发生的重大操作风险事件和财务造假等金融丑闻，令各国监管部门认识到对企业的外部监管不应该也不可能替代企业内部的合规管理。

许多国际组织纷纷制定企业合规管理标准。2005 年，巴塞尔委员会发布《合规与银行内部合规职能》，对金融机构的合规管理职能确立了十大原则。2010 年，OECD 发布《内部控制、企业道德及合规最佳实践指南》，为企业确立反贿赂合规的十二项准则。ISO 19600 则是世界上第一个关于合规管理的国际标准。除此之外，专门性的合规管理标准还包括 ISO 37001、ISO 37301、OECD 2021 年《反贿赂建议》等。

伴随着对合规管理的重视，我国各级行政机关、行业协会发布的与合规管理有关的标准、合规指引日益丰富，影响力也越来越大。这些标准或者规范为企业如何建立合规管理体系、提高合规管理能力、开展有效的合规管理提供了基础框架和基本原则，并可为监管机关和认证机构所参考。它们推动了企业合规管理在全国乃至全球各地的普及和推广。

行业之"规"普遍具有标准明晰、更新速度较快，且更容易被市场接触和理解的特点。它们大多数可能不具有强制力，但却是企业作为"理性经济主体"实现其"善治"的需要，也是满足作为经济组织更好承担其法律责任和义务的要求。企业要想在激烈的国际市场竞争中谋求生存和发展，自愿接受并主动遵守"行业纪律"、共同应对竞争压力，就是其不得

---

①② 李雪平．企业社会责任国际标准的性质和效力——兼议 ISO 26000 制定中的法律问题[J]．环球法律评论，2007(4)：81 - 87．

③ 唐锋，谭晶荣．核心劳工标准对国际贸易的影响——基于包含"多边阻力项"的引力模型[J]．中南财经政法大学学报，2014(6)：102 - 108，115．

④ 孙冬鹤．核心劳工标准的法律性质——从法律角度兼批"社会条款"[J]．黑龙江社会科学，2009(4)：175 - 178．

已而为之的必然选择。①

接受、履行这些规范，虽然在短期内会增加企业经济负担，但长远来看，这部分的投入会成为实现企业经济目标的先行投资。质言之，企业未来经营行为或者经营活动的回报必然源于其先行社会责任的投资。② 因为从行业之“规”（标准）形成的过程来看，一方面，它常常是人们在研究了特定领域的文化后获得的基准性、规则性、知识性、可信性、公益性、普适性与稳定性的标准或者准则，是对特定文化的提炼和固化。另一方面，企业对某个标准或者准则的消化和行动，又可形成对特定企业文化的创建和提升，进而发挥标准或者准则的标杆功能、约束功能、指导功能、组织功能、复制功能、简化功能、引领功能与传播功能等。③ 行业之“规”与企业及企业文化的互动关系如图5-1所示。

图5-1 行业之“规”与企业及企业文化的互动关系

三、企业之“规”

俗话说，“国有国法，家有家规”。企业之“规”，是企业内部制定的规章制度。企业内部管理和控制制度是企业管理意识的充分体现，涉及企业业务管理、财务管理、人员管理等方面，如企业劳动规章管理制度、员工持股方案、员工绩效考核制度等。建立健全企业内部管理和控制制度，是现代企业加强管理、提高效益，保障财务报告真实、可靠和完整，控制企业风险，实现企业战略等各项目标的有效手段和工具。④

加强企业内部控制的法律义务和合规要求最早源于美国。美国早在1933年的《证券法》和1934年的《证券交易法》中就提出了“企业应建立内部控制制度”的规定。2002年，美国通过《萨班斯法》，明确了企业实际控制人有责任确保财务报告的可靠性和信息披露的真实性。这一法律的出台标志着美国对企业内部控制管理迈入实质性监管阶段。⑤

2008年，我国财政部、证监会、审计署、银监会、保监会联合相继发布《企业内部控制基本规范》及其配套指引，标志着我国企业内部控制制度的发展进入新的阶段。之后，《中华人民共和国会计法》（以下简称《会计法》）、《证券法》、《公司法》、《中华人民共和国审计法》（以下简称《审计法》）、《中华人民共和国劳动合同法》（以下简称《劳动合同法》）等从不

---

① 菲利普·科特勒，南希·李. 企业的社会责任——通过公益事业拓展更多的商业机会[M]. 姜文波，译. 北京：机械工业出版社，2006：9-15.

② 李雪平. 企业社会责任国际标准的性质和效力——兼议ISO 26000制定中的法律问题[J]. 环球法律评论，2007(4)：81-87.

③ 王秉. 安全文化标准建设的基础性问题研究[J]. 安全，2021，42(4)：11-16.

④⑤ 黄新銮，梁步腾，姚杰. 中美内部控制法律框架的比较与借鉴[J]. 会计研究，2008(9)：88-91.

同领域对企业内部控制予以规定。①

企业的内部规章并非完全由企业"内部决定"，而是国家治理的微观化体现。② 企业内部管理和控制制度的制定和有效执行离不开国家法律法规的规定和制度保障。否则，企业内部管理制度的制定和实施就会存在盲目性和随意性，内部控制的目标也将难以实现。企业制定内部管理制度时应综合考虑所处的行业特性及其他外部合规环境，满足社会对企业各方面的管控要求。构建完善的内部管理制度体系时，企业也应确保内部管理制度体系与企业的生产经营实际相适应。不同制度条文间紧密衔接、密切配合、协调运行。

企业要保持长久的良性运营，必须实施完善且有效的内部控制。同理，违反企业制定的规章制度也可能成为企业受到法律制裁的理由。本节引例是一起典型的大型企业因内部管理不善引发的合规风险事件。北京同仁堂股份有限公司因对子公司同仁堂蜂业及其供应商盐城金蜂的监管不到位，对控股企业存在的生产经营和质量管理问题失察失责，最终影响到整个公司的声誉和发展。由此可见，企业在组织体系不断扩大、管理链条不断拉长的情况下，企业内部管理制度的全面通贯执行的重要性不言而喻。

四、道德之"规"

【案例 5－2】

酒店婚丧宴同办起纠纷

一家婚宴组织方提前与某酒店签订婚宴服务合同。由于参加婚宴的宾客人数较少，酒店方告知婚宴组织方，将为其提供大厅一半场地用于举办婚宴。不料婚礼当天，婚宴当事方发现大厅的另一半竟然同时在举办丧宴。原来，婚宴当天，有客人临时前往酒店预订大厅。酒店在未询问客人订餐目的的情况下，将大厅剩余场地提供给该临时预定方。这才令婚宴与丧宴同时在同一酒店大厅举行。因酒店疏忽导致的婚丧宴同办的情况令婚宴当事方非常生气，认为婚宴撞丧不符合生活习俗，由此拒绝支付婚宴服务费用。双方遂诉诸法院。③

本案涉及的主要问题是婚宴组织者可否以酒店违反公序良俗、冲击社会公众的道德底线为由主张确认服务合同无效。提供婚宴的酒店是否违反了企业应该恪守的道德

---

① 例如，《会计法》第二十七条规定，各单位应当建立、健全本单位内部会计监督制度。《证券法》第一百一十八条规定，设立证券公司应具备的条件之一是"有完善的风险管理和内部控制制度"。《审计法》第二十九条规定，对于"依法属于审计机关审计监督对象的单位，应当按照国家有关规定建立健全内部审计制度；其内部审计工作应当接受审计机关的业务指导和监督"等。

② 唐大鹏. 国家政策法规制度解构 企业内部控制规范重构——兼论疫情防控常态化机制建设[J]. 财会通讯，2020(14)：3－9.

③ 东亮，严剑漪. 婚宴丧宴同堂起风波[N]. 解放日报，2004－11－16.

规范?

违反公序良俗也是广义上的违法行为。公序良俗是公共秩序和善良风俗的合称。公共秩序是指一般的社会生活秩序，包括国家利益、社会经济秩序和社会公共利益。善良风俗是指社会道德的一般准则，包括社会公德、商业道德和社会良好风尚。它不仅调整民事主体间的伦理和家庭生活，在市场经济领域和财产权利行使过程中也同样发挥着重要作用。不过，何种事项属于违反公共秩序及善良风俗原则，法律难以一一列举。其具体内容会随时代变迁而有不同的内涵。[①]《中华人民共和国民法典》(以下简称《民法典》)第八条规定："民事主体从事民事活动，不得违反法律，不得违背公序良俗。"在第一百四十三条中，将"不违反法律、行政法规的强制性规定，不违背公序良俗"的规定作为认定民事法律行为有效的必备条件之一。第一百五十三条也规定："违反法律、行政法规的强制性规定的民事法律行为无效。但是，该强制性规定不导致该民事法律行为无效的除外。违背公序良俗的民事法律行为无效。"可见，《民法典》规范的"公序良俗"已不再是普通的道德评价标准，而是判定某一民事行为效力的重要法律依据。这种将道德伦理规范引入法律适用的做法能够起到扩充法律渊源、弥补法律漏洞的作用。

公序良俗原则是"文明"这一社会主义核心价值观在《民法典》中的具体表达。它的适用在于抑制过分自由化的泛滥，平衡个人利益与社会公共利益的相互关系。由此，尽管实践中公序良俗的界定存在着诸多不确定性，但这不能成为企业因此选择忽视的理由。2021 年 1 月 19 日，最高人民法院印发了《关于深入推进社会主义核心价值观融入裁判文书释法说理的指导意见》的通知(法〔2021〕21 号)，自 2021 年 3 月 1 日该意见正式施行后已逐步影响到我国法院的审判实践。

本章引例是公序良俗原则在劳动法律关系中的体现。从近些年我国各地法院裁判文书上看，"诚实守信""爱岗敬业""互助合作"等社会主义核心价值观被越来越多地适用于劳动争议案件的审判实践中。[②] 这些案件从不同视角诠释了劳动者敬业、诚实守信，用人单位和劳动者相互信任、互相协作等价值准则。对员工符合中华民族传统人伦道德和善良风俗的行为，用人单位应给予充分的尊重、理解和宽容。劳动者在履行劳动合同的过程中，也应当遵守最基本的社会公德和公民基本行为准则，遵守用人单位的规章制度、劳动纪律和职业道德。不过，道德之"规"因其所具有的不"成文"的特性，在实务中容易导致法律后果的不确定性。为此，企业应当有意识地收集、整理违反公序良俗，违反社会主义核心价值观，违反一般商业道德、社会准则的案例，并将它们内化于自身规章制度、对外合同、合规承诺等合规制度体系中。

---

① 史尚宽. 民法总论[M]. 北京：中国政法大学出版社，2000：31.

② 例如：阳江市粤西公路建设有限公司、吴某某劳动合同纠纷再审民事判决书[(2020)粤民再 368 号]；王某某、玛氏箭牌糖果(中国)有限公司劳动合同纠纷二审民事判决书[(2021)川 15 民终 757 号]；林赛(天津)工业有限公司、马某某劳动争议二审民事判决书[(2021)津 03 民终 3534 号]；萧邦贸易(上海)有限公司北京第二分公司与余某某劳动争议二审民事判决书[(2021)京 02 民终 1884 号]。

市场经济是法治经济，更是诚信经济。企业"合法"与企业"合规"的区别在于，"合法"强调企业应符合法律法规的要求；而"合规"不仅要求企业行为合法，更强调企业应符合法律规定的基本原则，同时企业还应遵守社会道德规范、遵守企业内部规章，甚至要遵守某些国际条约、国际习惯等。简言之，"合规"比"合法"对企业提出了更高义务的要求。同时，因同处于市场经济环境中，不同企业面临的合规要求具有一定的相似性。不过，任何企业的合规要求又都与企业的日常经营、管理活动息息相关。不同国家或者不同区域、不同行业的处于不同发展阶段的企业的合规要求会存在较大差异。这是特定企业所处的合规风险环境不同所致。以石油化工企业为例，除须遵守适用于全体企业的普遍性合规要求外，这类企业在经营中面临的合规要求还包括专门调整能源行业的法律法规、政策，如能源法、环境保护法等；也包括投资运营等方面的法律法规，如上市、并购、重大项目承揽、战略投资引进、反洗钱等的法律法规以及各项准则、操作规程、业务流程等。为此，不同企业对于合规要求应从企业实际情况出发全面系统、持续跟踪识别其各项活动、产品和服务所产生的合规要求，并评估不同合规要求可能对企业产生的各类影响。

第二节　合规承诺

引例

高盛亚洲、高华证券的行政和解协议案

2013 年 10 月至 2015 年 7 月，高盛（亚洲）有限责任公司（以下简称高盛亚洲）自营交易员通过在北京高华证券有限责任公司（以下简称高华证券）开立的高盛经纪业务账户进行交易，同时向高华证券的自营交易员提供了业务指导。双方在 2015 年 5—7 月几个交易日的部分交易时段从事了其他相关股票及股指期货合约交易。中国证监会于 2016 年 7 月对申请人的上述行为进行立案调查。① 2019 年 4 月 23 日，中国证监会发布公告，称证监会依法与高盛亚洲、高华证券以及两公司相关工作人员等 9 名行政和解申请人达成行政和解协议。申请人已履行行政和解协议规定的义务，缴纳行政和解金 1.5 亿元人民币，并采取必要措施加强相关公司的内控管理。证监会依照规定终止对申请人有关行为的调查、审理程序。②

本案开创了国内 A 股市场行政和解的实践先河，也为国务院《证券期货行政执法当事人承诺制度实施办法》的实施提供了参考性案例。那么，此案中行政和解协议对企业具

① 程丹. 证监会与高盛亚洲等 9 名申请人达成行政和解[N]. 证券时报，2019 - 04 - 24.

② 中国证券监督管理委员会第 11 号公告[EB/OL]. (2019 - 04 - 23) [2024 - 03 - 01]. http://www.csrc.gov.cn/csrc/c101950/c1048040/content.shtml.

有哪些意义？

合规承诺（compliance commitments）是企业与任何机构、组织因签署协议而产生的义务，它属于企业的自愿性合规义务。由于市场竞争激烈，企业为获得股东、顾客、供应商等相关方的信赖，对自身生产经营过程和产品品质会作出若干合规承诺。[①] 这种合规承诺往往反映企业自身的价值观诉求，进而影响到外部相关方对本企业的期望。因此，企业合规承诺的水平往往高于合规要求，并对企业具有约束力。

ISO 19600 为合规承诺列明了一些情形，例如，企业与社会团体或非政府组织间签订的各类协议、与公共权力机构或客户签订的协议；企业自我声明、合规承诺书、自愿作出的环境承诺；企业签订的其他各类合同项下所产生的义务等。

相比于大多数“合规要求”的“硬规则”特征，“合规承诺”更像是“软规则”[②]而容易被忽视。不过，这并不意味着企业不受约束。事实上，通过书面、文件形式发布的合规承诺，往往对企业具有拘束力。在企业日常经营中，合规承诺可能发挥着更为重要的作用，由此产生“硬效果”。尽管 ISO 37301 有关“合规承诺”的术语已被删除。但是，企业合规承诺仍然在实践中被广泛应用。

合规承诺可以应企业的外部利益相关方的要求作出，也可能来自企业自我承诺。如某企业在销售产品时对客户作出的高于法律或者行业标准的产品质量承诺等。这类承诺一经发布，就被视为属于企业合规承诺的一部分，企业应严格恪守。合规承诺有时也可能用于约束企业员工[③]，警示他们避免从事舞弊、欺诈、行贿受贿等行为。[④] 如我国目前许多企业在其员工内部推行的《合规倡议书》，就是较为典型的企业约束、教育全体员工的合规承诺。

伴随着合规管理在我国企业间如火如荼地开展，合规承诺越来越体现专业性和程序性要求。按照适用场景和适用领域的不同，合规承诺不仅广泛被企业用于商事领域对外部关系方的诚信保证，也越来越多地出现在合规治理领域，并随实践发展不断展现出勃勃生机。合规承诺既可能以行政执法当事人承诺的形式出现，也可能以企业合规计划的形式出现。

一、行政执法当事人承诺制度

【案例 5-3】

北京小桔科技有限公司（滴滴出行）依法合规经营承诺书

为响应政府进一步规范平台经济秩序的号召，践行诚信经营理念，构建健康市

① 王志乐. 合规：建立有效的合规管理体系[M]. 北京：中国经济出版社，2016：20.
② 王哲. “软规则”合规承诺　实现融入共赢[J]. 国际工程与劳务，2018(9)：36-39.
③ 例如，2020 年前后，国家电力投资集团有限公司组织董事会成员、党组成员和经理层成员签署《管理层合规承诺书》和《员工合规承诺书》。其中，《管理层合规承诺书》要求管理层廉洁自律、依法经营，内容包括管理层应当遵守的合规要求、不发生的不合规行为以及应承担的合规义务和责任等。
④ 李素鹏，叶一珺，李昕原. 合规管理体系标准解读及建设指南[M]. 北京：人民邮电出版社，2021：33.

场环境，本单位承诺如下：

一、严格遵守法律法规，加强合规管理，维护市场经营活动正常秩序。

二、保证公平竞争等市场原则，不滥用市场支配地位，不实施“二选一”经营行为。

三、依法经营，不实施垄断协议，不违法实施经营者集中。

四、杜绝任何不正当竞争行为。

五、依照法律诚信经营，严禁不正当价格行为。

六、规范本单位广告活动，不发布违法广告。

七、促进社会主义文化和科学事业的发展与繁荣，严格履行知识产权保护义务。

八、保护消费者的合法权益，不侵犯消费者的知情权和选择权等。

九、保护公民个人信息，除正常经营行为必须外，不违法收集个人信息和滥用个人信息。

北京小桔科技有限公司

2021 年 4 月 13 日①

近年来随着平台经济的迅速发展，平台企业无序竞争现象突出。上述公司的《依法合规经营承诺书》是在国家市场监管部门采取健全数字规则、完善垄断认定、加强市场规制行动的背景下发布的。此次行动共有 34 家互联网平台企业发布《依法合规经营承诺书》，它们普遍在遵守公平竞争法律法规、落实平台责任、保护知识产权、规范个人信息收集与使用以及强化消费者利益保护等方面作出了合规承诺。此外，我国多地市场监督管理部门也陆续要求各自管辖范围内的企业提交并发布《依法合规经营承诺书》，以约束企业守法经营，开展行业自律。② 那么，企业作出类似的合规经营承诺将会产生怎样的法律效果呢？

合规监督具有灵活性，且能大幅度提高行政执法效率、节约司法资源。基于此，行政合规及其承诺制度在各国司法实践中被广泛应用。行政执法领域的企业会因多种原因作出合规承诺，并产生各自不同的法律效果。执法部门要求企业发布合规承诺可作为其常态化的监管方式之一。它既可以提示企业关注日常经营活动的合法合规，也有助于引领、倡导全社会形成合规经营的良好营商氛围。当行政执法部门在对企业的违法违规行为开展执法调查时，企业作出的合规承诺既可能促使行政执法部门中止执法行动，也可能据此获得减轻行政处罚的结果。

① 市场监管总局. 互联网平台企业向社会公开《依法合规经营承诺》(第二批)[EB/OL]. (2021-04-16)[2024-03-01]. http://www.cac.gov.cn/2021-04/16/c_1620179180102903.htm.

② 广东省市场监督管理局关于公开互联网平台企业《依法合规经营承诺书》的通告[EB/OL]. (2021-07-06)[2024-03-01]. http://amr.gd.gov.cn/zwgk/ygzwpt/zwwgk/glgk/content/post_3339530.html.

案例5－3中北京小桔科技有限公司作出的《依法合规经营承诺书》是我国市场监管、网络监管、税务等部门对互联网平台企业的一次合规整改行政指导要求。与北京小桔科技有限公司同时作出《依法合规经营承诺书》的还有其他一些互联网平台企业。它们均是在全面自检自查的基础上作出依法合规经营的承诺。这既可以被视为互联网平台企业严格遵守相关法律的表态，也可以被理解为一次接受社会各界广泛监督的竞争倡导。[①] 从其发布的合规承诺书中可见，这些平台企业未来的合规体系建设或者合规整改不仅会包含反垄断合规，还会涉及反不正当竞争合规、价格合规、广告宣传合规、个人信息保护和数据安全合规、知识产权合规以及互联网平台管理合规等内容。从行政监管部门视角看，公布企业《依法合规经营承诺》的做法也反映出我国行政执法监管思路的转变。显然，政府部门不再对被监管对象一味实施强制性监管，而是通过对企业施加合规管理压力，敦促企业自我规制、增强自我管理的责任心，并在政府与企业共同治理的合力下，实现对社会的最佳治理效果。

企业在实施行政违法违规行为后作出的合规承诺则可能成为其与行政机关达成和解协议的前提条件。企业建立或者改进合规管理体系的承诺往往是行政和解协议的重要组成部分。企业合规承诺的履行与否，也会成为行政执法部门最终是否对企业作出宽大处理的判断依据之一。

由此可见，行政领域的企业合规承诺是行政机关实施行政监管的一种手段，是行政行为的替代性措施，也是对企业合规建设给予行政激励的重要体现。

（一）我国行政执法当事人承诺制度的渊源

1. 行政和解制度

企业行政领域的合规承诺离不开以行政和解制度为基础的行政合规监管机制的构建和形成。

行政和解是指行政主体一方在履行职责的过程中，以事实为依据，以法律为准绳，在不违背法治原则和法律精神的前提下，与相对人就行政行为达成一种妥协，从而既实现行政管理目的，又能化解与相对人的纠纷的一种救济制度。[②] 以往，我国行政立法和执法领域奉行“行政职权法定”或“行政权力不得自由处分”的理念。不过，在公私合作治理理念下，民众越来越认可“一个成功的政府应该懂得如何使私人利益和谐地融入公共利益”的观念。政府无论在给付、服务等非强制领域，抑或制裁、处罚、许可等传统强制领域，都可以以协商或者其他不同以往的行政手段，使行政相对人感知政府温暖，减少行政执法阻力，增加公私治理合力。[③]

2007年《中华人民共和国行政复议法实施条例》第四十条明确规定，公民、法人或者其他组织对行政机关行使法律、法规规定的自由裁量权作出的具体行政行为不服申请行

① 市场监管总局. 互联网平台企业向社会公开《依法合规经营承诺》(第二批)[EB/OL]. (2021－04－16)[2024－03－01]. http://www.cac.gov.cn/2021-04/16/c_1620179180102903.htm.

② 刘平. 行政执法原理与技巧[M]. 上海：上海人民出版社，2015：111.

③ 江凌，卢申伟. 和谐语境下的权力运作——行政和解制度探析[J]. 行政法学研究，2012(1)：44－50.

政复议，申请人与被申请人在行政复议决定作出前自愿达成和解的，应当向行政复议机构提交书面和解协议；和解内容不损害社会公共利益和他人合法权益的，行政复议机构应当准许。

行政和解的出现源自行政职权的不可处分性与行政调查中事实或法律状态不能查明的现实之间的冲突。[①] 在公共行政改革的大背景下，行政和解作为一种新的管理制度，因其所具有的弱化对抗与冲突、增强行政过程的公众参与、化解执法困难和有效填补损害等优势，迅速在行政复议、行政诉讼和行政执法等领域兴起。虽然我国法律尚未明确规定统一适用的行政和解制度，不过，已有部分行政领域允许行政机关在满足一定条件下与当事人进行协商。

2. 反倾销领域的价格承诺制度

价格承诺（price undertaking）是指在反倾销、反补贴调查期间，出口国（地区）政府提出取消、限制倾销/补贴或者其他有关措施的承诺，或者出口经营者提出修改价格的承诺，以确保承诺能够接受并符合公共利益、不会损害进口国利益。世界贸易组织《反倾销协定》（WTO Anti-dumping Agreement）第 8 条有关于反倾销措施中价格承诺的规定。我国也在 2001 年《中华人民共和国反倾销条例》的第四章反倾销措施中的第二节确立了价格承诺制度。[②] 此外，2002 年 3 月，原对外贸易经济合作部发布的《反倾销价格承诺暂行规则》（第 20 号令）对该制度进一步作出规范。

通过规范进口商作出价格承诺和履行承诺的行为，该制度不但有助于使其避免因可能缴纳高额反倾销税而丧失市场的风险发生，同时也可避免进口国执法部门实施反倾销调查程序，从而使该项措施间接发挥替代征收反倾销税的作用。

3. 反垄断领域的经营者承诺制度

在反垄断法领域，欧盟早在 2002 年受美国反托拉斯法中经营者承诺制度的启发，确立“承诺决定程序”（commitments）[③]。我国也在 2007 年《反垄断法》中首次确立经营者承诺制度。2022 年修订后的《反垄断法》第五十三条规定：“对反垄断执法机构调查的涉嫌垄断行为，被调查的经营者承诺在反垄断执法机构认可的期限内采取具体措施消除该行为后果的，反垄断执法机构可以决定中止调查。中止调查的决定应当载明被调查的经营者承诺的具体内容。反垄断执法机构决定中止调查的，应当对经营者履行承诺的情况进行监督。经营者履行承诺的，反垄断执法机构可以决定终止调查。有下列情形之一的，反垄断执法机构应当恢复调查：（一）经营者未履行承诺的；（二）作出中止调查决定所依据的事实发生重大变化的；（三）中止调查的决定是基于经营者提供的不完整或者不真实的

---

① 江凌，卢申伟. 和谐语境下的权力运作——行政和解制度探析[J]. 行政法学研究，2012(1)：44－50.

② 《中华人民共和国反倾销条例》第三十一至三十六条。

③ 欧共体第 1/2003 号条例第 9 条规定了竞争法执行中的承诺决定程序。该条款规定，如果相关企业在欧共体委员会作出任何制止企业终止竞争侵权行为的决定前承诺满足委员会的初步竞争侵权认定，并承诺予以改正的，委员会可以不再采取任何制裁措施。此时，企业的承诺对该企业具有约束力。但若委员会作出不再制裁决定的事实发生重大改变或者是根据各方所提供的不完整、不正确或误导性的资料作出的，或者企业的经营行为违反其承诺的，委员会有权终止先前作出的不处罚决定或重新启动相关调查程序。参见欧盟部长理事会 2002 年 12 月 16 日通过的《关于实施条约第 81 条和第 82 条制定的竞争规则的(EC)第 1/2003 号理事会条例》[Council Regulation (EC) No. 1/2003]（https://www.wipo.int/wipolex/zh/text/181659）。

信息作出的。”

该制度是在反垄断调查程序启动时，以经营者主动采取措施并承诺消除自己的垄断行为带来的不利影响为条件，执法机构认可该承诺并作出对经营者中止或者终止调查决定的一种行政和解制度。该制度能较好地应对反垄断的执法缺口与执法困境——通过“便利执法”提升效率，通过“模糊执法”应对违法性判断的不确定，通过“温和执法”化解冲突。① 不过，尽管《反垄断法》已对承诺的实施条件、承诺内容和程序、不履行承诺内容的后果等作出规定，但也因承诺制度所涉概念界定模糊、适用范围不明确、程序启动方式单一等问题，使该制度面临实际操作差、社会公众“信任度”较低等方面的挑战。

4. 证券期货领域的行政执法和解协议制度

在证券期货领域，2015 年 3 月，经国务院批准，中国证监会试点行政执法和解协议制度，制定并通过了《行政和解试点实施办法》。根据这一制度，行政相对人涉嫌从事违反证券期货法律、行政法规和相关监管规定的行为的，中国证监会在调查执法过程中，可以根据行政相对人的申请，与其就改正涉嫌违法行为、消除违法行为不良后果、缴纳行政和解金补偿投资者损失等进行协商达成行政和解协议，并据此终止调查执法程序。② 2019 年修订后的《证券法》在第一百七十一条中正式确认了证券监管部门可对证券期货企业实施行政和解制度。③

这是行政和解制度被我国行政法律正式确立的标志性事件。为落实《证券法》的上述规定，国务院于 2021 年 10 月出台《证券期货行政执法当事人承诺制度实施办法》，夯实了这一制度的法律基础。该办法所称行政执法当事人承诺是指国务院证券监督管理机构对涉嫌证券期货违法的单位或者个人进行调查期间，被调查的当事人承诺纠正涉嫌违法行为、赔偿有关投资者损失、消除损害或者不良影响并经国务院证券监督管理机构认可，当事人履行承诺后国务院证券监督管理机构终止案件调查的行政执法方式。④ 紧接着，2022 年 1 月，中国证监会出台《证券期货行政执法当事人承诺制度实施规定》，证监会、财政部联合出台《证券期货行政执法当事人承诺金管理办法》等，进一步细化了我国证券行政执法当事人承诺制度。至此，我国证券行政执法当事人承诺制度基本形成。

以上不同领域的规定虽不能成为严格意义上的行政合规承诺的制度依据，也与典型、完备的行政和解制度存在差异，但已体现行政和解制度的法治精神和理念。尤其是我国反垄断和证券期货执法领域实施的行政执法承诺制度更是一项重大的行政执法改革。

---

① 焦海涛. 反垄断法承诺制度的功能解释——从我国实践案例切入[J]. 财经法学，2016(6)：61 - 74.

② 《行政和解试点实施办法》第二条。

③ 《证券法》第一百七十一条规定，国务院证券监督管理机构对涉嫌证券违法的单位或者个人进行调查期间，被调查的当事人书面申请，承诺在国务院证券监督管理机构认可的期限内纠正涉嫌违法行为，赔偿有关投资者损失，消除损害或者不良影响的，国务院证券监督管理机构可以决定中止调查。被调查的当事人履行承诺的，国务院证券监督管理机构可以决定终止调查；被调查的当事人未履行承诺或者有国务院规定的其他情形的，应当恢复调查。具体办法由国务院规定。国务院证券监督管理机构决定中止或者终止调查的，应当按照规定公开相关信息。

④ 《证券期货行政执法当事人承诺制度实施办法》第二条。

(二) 我国行政执法当事人承诺制度的适用程序和内容

考察现有的我国反垄断执法领域和证券行政执法领域的当事人承诺制度可见，相较于传统的行政执法程序，行政领域的合规承诺属于经营者(企业)申请和与执法机关沟通协商而确立的特别行政执法程序。它与行政执法程序相契合，并体现行政合规监管的目的。

1. 适用行政执法当事人承诺制度的程序

以我国反垄断和证券行政执法当事人承诺制度为例，作为一种特别程序，该制度适用时基本贯穿行政程序的以下各个环节。

(1) 申请及受理。适用行政执法当事人承诺制度要以经营者提出申请为前提。在证券期货执法领域，国务院证券监管机构专门设置与调查部门相互分离的执法承诺工作部门。[①] 该机构在送达案件调查法律文书时要告知当事人有权申请适用执法承诺制度。当事人在收到此法律文书之日起至行政处罚决定之前，都可以提出适用行政执法承诺申请。[②] 对此申请，监管机构应当自收到当事人完整的申请材料之日起 20 个工作日内，作出受理或者不予受理的决定。[③]

(2) 沟通协商与承诺认可协议签署。监管部门受理申请后，将根据当事人涉嫌违法行为造成的损失、损害或者不良影响等情况，与申请人沟通协商。在协商沟通阶段，监管部门并不停止行政调查。若证券监管部门在充分审查案情、认为符合本制度适用条件，同时也认可申请人在纠正涉嫌违法行为、赔偿投资者损失、消除损害或不良影响等方面所采取的具体措施后，方可与当事人签署承诺认可协议。[④]

(3) 中止调查与履行协议。承诺认可协议签署后，监管机构应当中止案件调查，出具中止调查决定书，并予以公告。[⑤] 监管部门通过暂时中止调查并予公告的方式，全面督促当事人履行承诺。当事人只有严格履行承诺，方可终止调查。[⑥] 当事人若因自身原因未履行或者未完全履行承诺的，监管机关应终止适用行政执法当事人承诺制度，当事人也没有再次申请适用承诺制度的权利。

---

① 《证券期货行政执法当事人承诺制度实施办法》第四条。依据《证券期货行政执法当事人承诺制度实施规定》第二条，中国证监会设立行政执法当事人承诺审核委员会，负责组织开展行政执法当事人承诺工作，并就受理行政执法当事人承诺申请、签署承诺认可协议、中止或者终止案件调查等重大事项进行集体决策。委员会下设行政执法当事人承诺审核办公室，负责办理行政执法当事人承诺具体工作。该办公室与中国证监会案件调查部门、中国证监会案件审理部门相互独立。

② 《证券期货行政执法当事人承诺制度实施办法》第五条。

③ 《证券期货行政执法当事人承诺制度实施办法》第八条规定："国务院证券监督管理机构应当自收到当事人完整的申请材料之日起 20 个工作日内，作出受理或者不予受理的决定。决定受理的，发给受理通知书；决定不予受理的，应当书面通知当事人并说明理由。"《证券期货行政执法当事人承诺制度实施规定》第八条规定："决定受理行政执法当事人承诺申请的，应当经委员会集体决策同意并报中国证监会主要负责人或者其授权的其他负责人批准。决定不予受理行政执法当事人承诺申请的，应当经中国证监会主要负责人或者其授权的其他负责人批准。办公室应当自向当事人出具申请材料接收凭证之日起 20 个工作日内向当事人出具受理通知书或者不予受理通知书。不予受理的，应当说明理由。"

④ 《证券期货行政执法当事人承诺制度实施办法》第十条、第十三条。

⑤ 《证券期货行政执法当事人承诺制度实施办法》第十五条、《证券期货行政执法当事人承诺制度实施规定》第十四条。

⑥ 《证券期货行政执法当事人承诺制度实施规定》第十五条。

(4) 终止调查。在双方商定的承诺履行期内，监管机构认为经营者完全履行协议的，出具终止调查决定书，对当事人涉嫌实施的同一个违法行为不再重新调查。

2. 不予受理当事人承诺申请的情形

当然，并非当事人在任何情况下均可申请适用行政执法当事人承诺制度。《证券期货行政执法当事人承诺制度实施办法》第七条明确规定了以下六种情形下，不予受理当事人的承诺申请。

(1) 当事人因证券期货犯罪被判处刑罚，自刑罚执行完毕之日起未逾3年，或者因证券期货违法行为受到行政处罚，自行政处罚执行完毕之日起未逾1年。

(2) 当事人涉嫌证券期货犯罪，依法应当移送司法机关处理。

(3) 当事人涉嫌证券期货违法行为情节严重、社会影响恶劣。

(4) 当事人已提出适用行政执法当事人承诺的申请但未被受理，或者其申请已被受理但其作出的承诺未获得国务院证券监督管理机构认可，没有新事实、新理由，就同一案件再次提出申请。

(5) 当事人因自身原因未履行或者未完全履行经国务院证券监督管理机构认可的承诺，就同一案件再次提出申请。

(6) 国务院证券监督管理机构基于审慎监管原则认为不适用行政执法当事人承诺的其他情形。

此外，对于未经过必要调查的案件，当事人提交行政执法当事人承诺申请材料的，行政执法当事人承诺审核办公室不予接收。①

3. 申请书及承诺认可协议的主要内容

当事人提交的申请书应载明提出申请的主要事实和理由，当事人已采取或者承诺采取的纠正涉嫌违法行为、赔偿有关投资者损失、消除损害或者不良影响的措施等。申请书及其他材料是当事人合规承诺的重要组成部分，应确保真实、准确、完整。②

无论是反垄断执法领域还是证券期货行政执法领域，承诺者的承诺一般都包含以下内容：一是涉嫌违法的主要事实和可能造成的影响；二是承诺采取消除行为后果的具体措施；三是履行承诺的期限及方式；四是承诺人的权利等。可见，承诺者所承诺的无论是消除不法行为的损害后果或不良影响，还是纠正涉嫌违法行为、赔偿投资者损失等措施，多具有补救性和挽损性，这在一定程度上具有预防不法行为再次发生的效果。

从现阶段的法律规定来看，我国行政执法当事人承诺制度采用了当事人无须承认违法的模式，即承诺认可协议中只涉及涉嫌违法行为的主要事实，不对行为的法律性质进行判断和评价。这在本节"引例"中的相关公告上可获得佐证。③ 证券监管机构在当事人严格履行承诺认可协议后终止调查。这也意味着当事人并未受行政处罚或行政监管措施等惩罚性、否定性评价。采用这种模式，一方面有助于推动行政执法当事人承诺与证券民事

---

① 《证券期货行政执法当事人承诺制度实施规定》第三条。

② 《证券期货行政执法当事人承诺制度实施办法》第六条、《证券期货行政执法当事人承诺制度实施规定》第五条。

③ 高振翔. 比较法视野下证券行政执法当事人承诺制度的关键问题研究[J]. 经贸法律评论，2022(2)：22-49.

诉讼的制度衔接，另一方面也具有鼓励当事人积极申请适用行政执法当事人承诺制度、推动其实施的作用。

我国行政执法当事人承诺制度中达成的协议，本质上是一种行政契约。当事人为取得适用承诺制度结案的处理结果须履行承诺的义务。这些义务包括向证券监管机构支付承诺金或罚款、向投资者赔偿损失以及有针对性地采取合规整改举措等。为确保该制度发挥较好的执法效果，现有规定要求当事人依法履行信息披露义务。同时，对当事人商业秘密、个人隐私等信息的保密规定也有助于打消当事人顾虑，更好地推动行政执法当事人承诺制度的执行。为鼓励当事人尽早申请适用行政执法当事人承诺制度，监管机构应结合“签署承诺认可协议时案件所处的执法阶段”考虑承诺金数额，从而体现了提高执法效率、保护投资者、节约社会资源的理念，这种执法激励也将促使潜在违法者向执法机构作出承诺并积极履行。

当事人签署的承诺认可协议必须载明承诺金及缴纳方式。在承诺实施监督机制上，我国法律规定了内设部门与案件调查部门的内部制约机制，全程公告、依法披露信息等社会监督机制，以及回避、集体决策等正当程序机制。对比域外规定和实践，我国证券行政执法当事人承诺制度采用当事人无须承认违法模式。其适用范围及条件也逐步放宽，在承诺认可协议上已涵盖财产罚、投资者补偿、企业合规等基本内容。有关当事人权益保障、受损投资者补偿、信息公开等规定相较于以往立法已有不少改进。① 这种体系化的合规承诺有助于回应社会公众诉求，倒逼证券市场当事人慎独自律；也有助于降低投资者的维权成本，提升我国证券执法效能。

除行政和解制度外，我国政府监管部门还确立了合规抗辩、合规减轻处罚等一系列吸引或者激励企业建立合规管理机制的制度。它们与行政和解制度共同构成了我国行政监管合规机制的框架体系，并逐渐被引入我国行政执法程序之中。② 我国的行政执法也由“行政主体与行政相对人”的单向方式越来越多地向“行政主体与行政相对人”双向互动方式转变。不过，这些制度的实施虽具有降低行政成本和提高执法效率等正面功能，但也可能因放纵行政相对人的违法行为引发腐败、损害公众利益等问题。

二、合规计划

(一) 合规计划的缘起与特征

1. 合规计划的缘起

合规计划（compliance programs）又称合规方案或者合规管理体系建设方案，它是涉刑事责任企业作出合规承诺的重要载体之一。合规计划源于美国联邦量刑委员会 1991 年颁布的《联邦组织量刑指南》，该量刑指南将合规计划作为企业量刑的重要参考因素。随着美国合规监管制度的成功实施，合规计划被越来越广泛地应用于企业合规监管程序。

① 高振翔. 比较法视野下证券行政执法当事人承诺制度的关键问题研究[J]. 经贸法律评论，2022(2)：22－49.
② 陈瑞华. 论企业合规在行政和解中的适用问题[J]. 国家检察官学院学报，2022，30(1)：3－22.

从近些年国际社会的广泛实践来看，合规计划通常是企业为实现自身合规目的、防控合规风险，或为满足第三方监督机构对案涉企业合规建设情况的审查需要，对企业未来合规建设作出的包括合规风险识别和应对、合规制度的制定、合规审查、责任追究以及合规文化培育等各项合规管理活动的计划或者安排。

2. 合规计划的特征

合规计划具有总体性，是企业合规管理工作的总体规划和部署。它不仅包括识别、防范和化解企业合规风险，还包括企业合规制度体系建设、企业合规组织机构及职责分配和合规文化培育等综合、系统性工作安排。

合规计划具有确定性。合规计划书是案涉企业纠正自身违法犯罪行为、谋求自身发展的法律文件，也是企业为满足合规监督所作的对外承诺。通常，合规计划经由案涉企业向监管机关提交后，该合规计划书所记载的内容即具有确定力，非有法定事由、并经法定程序，不得变更合规计划书的内容。

合规计划具有可执行性和可考核性。合规计划书在内容上应体现企业作出的合规管理体系建设或者优化的各项承诺和履行这些承诺的计划与安排。由此，合规计划应具有可操作性和明确的执行内容。案涉企业在合规计划承诺的考察期限内完成各项合规建设任务，其结果将成为监管机构监督考察和评估案涉企业合规管理体系建设和运行成效的重要依据。

（二）企业合规计划的分类

为正确把握和深入理解企业合规计划的内涵和外延，企业合规计划按照不同标准，可作不同类别的分类。

1. 全面合规计划和专项合规计划

按照合规计划覆盖或者规范的范围和内容，可分为全面合规计划和专项合规计划。

全面合规计划是对企业合规工作作出的全方位设计与整体规划。它往往着眼于企业全貌、结合整体情况或者企业发展战略，在明确的合规目标指导下，确定企业合规的具体内容和“人、财、物”等资源配置，并为构建与实施该机制提出阶段安排和结果评价等。全面合规计划的特点在于全面、系统，所涉内容包罗万象，既有企业合规的组织架构和人员职责要求、合规风险的识别与防范、各项合规制度与流程、合规文化建设、合规管理绩效指标及考核评价等，也包含企业合规信息化平台建设等。集团公司的合规计划可能覆盖至公司的各级子公司、关联公司、附属机构等。

由于这类计划覆盖的范围广泛、完成计划的工作量比较大、完成周期长，对企业管理的影响全面，全面合规计划往往是在企业主动开展合规建设的情形下，或在企业专项合规计划实施较为成熟、具备实施全面合规计划的条件时采用。

专项合规计划是企业针对某类合规风险、合规问题或对某个职能部门开展的专门性合规设计或规划。相较于全面合规计划，专项合规计划的针对性强，实施的背景或者动因往往是为解决企业某一阶段的突出问题，或者应对影响企业生存或发展的重大合规风险。

专项合规计划按照不同领域可细分为财税管理合规计划、反商业贿赂合规计划、数据及网络安全合规计划、知识产权合规计划等。在企业面临外部合规监管的场景下，企业受合规管理能力、合规管理的需求和时限所限，专项合规计划常常会成为监管机构合规审查的重点。这种侧重于企业微观和具体领域的合规计划有助于企业分步实施合规管理，由此构建的企业专项合规体系为企业未来实施全面合规计划奠定了基础。

2. 企业自主型合规计划和企业受监管型合规计划

依据企业合规计划提出的背景或者适用目的的不同，可分为企业自主型合规计划和企业受监管型合规计划。

企业自主型合规计划的制定主体是主动构建或实施合规管理体系的企业。这类企业制定的合规计划是为进一步提高企业合规管理水平，减少或者避免企业日常管理工作中存在的合规风险，优化合规管理能力、培育合规文化，从而获得更高的市场竞争力或者满足合作伙伴对企业合规管理方面的要求而作出的合规设计、规划与安排。企业自主型合规计划可能会由从未实施过合规建设的企业发起，也可能作为已实施合规管理体系企业常规合规管理工作的一部分，如企业每年制定年度企业合规计划等。企业自主型合规计划由于是企业主动发起制定，也能从侧面反映企业合规文化与合规管理工作之瑕瑜。

企业受监管型合规计划是企业接受来自行政机关或者司法机关的监管，为减轻或者免除这些机关对企业的处罚，在合规监督审核人员的审查下，制定或者修改的合规计划。不同于企业自主型合规计划，这类合规计划具有明显的被动实施的特征：企业无论在提交合规计划的次数、提交的内容安排、合规管理体系建设所覆盖的范围及承诺完成时限等方面都有可能被明确要求；合规监管机构对案涉企业提交的合规计划的可行性、有效性与全面性将展开全面审查，并据此提出修改完善的意见、建议和对案涉企业的合规考察期限；合规监管机构在合规考察期内实施检查和评估的重点就是确认案涉企业是否履行了合规计划中作出的合规承诺；案涉企业合规计划的完成情况会成为合规监督审核人员作出合规监督考察书面结论的重要依据，甚至可能成为监管机构对企业从事的违法或犯罪行为提出处罚或者量刑建议的重要参考之一。

企业受监管型合规计划是公私治理模式下，企业合规建设情况接受外部机构监督的集中体现。世界各国（如美国、法国、英国）以及国际组织（如世界银行）等都基于合规监管的需要，对企业作出的合规计划在合理性、有效性以及合规内容必须具备的要素等方面提出各方面要求。涉事企业往往不得不按照监管机构的要求制定并严格执行此类合规承诺。当然，企业受监管型合规计划最初对于涉事企业而言，具有被动接受监管和被审核的特点。但是，随着企业合规计划的落实，监管机构更希望企业能够由被动建立企业合规管理体系转变为对合规管理体系及其建设的自觉行为，从而提升企业防范风险的能力、增加企业的核心竞争力。唯有如此，方能促进企业的合规经营，降低政府对企业的监管成本、提高监管效率，并共同形成全社会公平、有序的市场竞争环境。

3. 常规型合规计划和临时合规计划

企业合规计划还可以按照制定是否呈现规律性特征，分为常规型（如年度）合规计划和临时合规计划。

常规型合规计划是已经实施合规管理的企业日常合规管理工作的一部分。此类合规计划可视企业情况和需求，对企业短期、中期的合规管理工作作出安排。这类计划在我国的一些合规指引中也有体现。[①] 随着行业组织对合规工作的重视，企业年度合规计划制度也被许多行业协会从企业自律性方面提出要求。

临时合规计划具有随机性，或者往往是为履行监管部门的要求而发起。如前述企业受监管型合规计划就多为典型的临时合规计划。这类计划通常待合规监管目标的实现而终止。

(三) 合规计划的构成要素

合规计划是企业合规管理体系的重要内容之一。企业设计、实施行之有效的合规计划是成功构建合理、有效的合规运行机制的基础。通常，为成功融入企业治理体系中，合规管理体系作为企业风险防控的管理模式之一，应具备某些必不可少的构成要素。质言之，只有引入具备某些基本合规要素的合规计划，才有助于推进企业合规管理体系的构建和实施，帮助企业从深层次更好地把握企业合规计划的本质，也才能充分发挥合规监督"发现问题、解决问题、预防问题"的功能。不过，不同行业、不同性质和规模的企业，处于不同的管理阶段以及在不同经营情况和治理结构下，出具的合规计划将反映出各自迥异的特征。由此，审查企业合规计划的可行性、有效性、全面性的标准也应有所区别，在评价企业合规计划的"三性"时，应贯彻"差异化合规"标准。

为此，许多学者提出"最低限度的合规计划"审查标准，即在司法机关确立的有限的合规考察期限内，为避免合规整改流于形式，企业的合规计划应满足最基本的合规要素。[②] 以美国《联邦组织量刑指南》修正案为例，企业"合理设计、实施和执行良好的合规计划"应具备以下七个要素。

(1) 建立预防和侦查犯罪行为的标准和流程。

(2) 主管部门了解合规管理的内容和运作，并对合规管理的实施和有效性进行合理监督；指派责任人全面负责合规管理；指派合规经理负责合规管理的运营且该业务负责人应定期向上级报告合规管理运营的有效性；企业应向这些个人提供足够的资源、适当的权力，并使他们能够接触相关部门或最高管理层。

(3) 管理层在理念与道德上和有效合规计划保持一致。

(4) 组织全员合规教育与培训。

(5) 审查、监控与定期评价。

(6) 设置激励与纪律处分机制。

(7) 设置违规应对、预防及合规改进机制。从美国近些年的执法实践来看，监管部门正不断对企业合规计划的基本要素提出更高要求，如不但应符合"设计良好""被认真执行并运行良好"等标准，还需要具备"能有效识别风险，及时自查自纠"等要求。

---

① 《企业境外经营合规管理指引》第十一条有关"合规管理机构"的规定中明确，"企业可结合实际设置专职的合规管理部门，或者由具有合规管理职能的相关部门承担合规管理职责。合规管理部门一般应履行以下合规职责：1. 持续关注我国及业务所涉国家(地区)法律法规、监管要求和国际规则的最新发展，及时提供合规建议。2. 制定企业的合规管理制度和年度合规管理计划，并推动其贯彻落实……"

② 陈瑞华. 企业有效合规整改的基本思路[J]. 政法论坛，2022，40(1)：87-103.

总结近些年国际社会的实践，合规计划的审查标准主要体现在以下几个方面。

1. 涉事企业是否明确认知违法涉罪行为的性质及原因

合规计划应当成为体现认罪态度和认罚行为的重要载体。它往往应对犯罪或从事某类违法或不法行为的原因等作出全面、具体分析，既要“一针见血”，又要“药石可医”，不能泛泛而谈。同时，合规计划还应包含退赃、赔偿损失、补缴税款、修复环境等损失弥补方案。在对合规计划进行审查时，审查人员应遵循证据审查的一般标准，明确企业行为的违法性和有责性，并注重合规承诺与案件事实之间的关联性。

2. 合规承诺方案是否“问题与措施相称、计划与实施可行”

合规承诺及其实施方案是合规计划的核心内容，是合规监督审查的重点，也是判断企业未来合规体系能否有效运行的关键之一。为此，企业提出的合规整改方案应确保实现以下两个方面的目标。

一是问题与措施相称，即企业要对存在的问题做到“心中有数”，要在全面梳理和科学审视企业面临的问题的基础上，围绕解决某类或者某项合规问题提出有针对性地专项合规建设计划，理性规划合规目标、制定标准和程序。

二是合规计划与实施可行。这方面具体又可分解为合规工作目标清晰、合规内容系统完整、合规责任分工明确、实施计划切实有效等几方面。清晰的合规目标有助于引导企业全体员工认真遵守和践行合规计划。由此，合规目标既可以通过修改企业章程，确立企业具有最高效力的合规准则；①也可以具象化为招聘合规专业人员的数量、开展合规培训的数量和内容、制定合规制度与流程、合规自查的方式和周期等事项。② 合规计划书在内容上应满足系统和完整性要求，其各部分内容、各要素之间是一个有机整体，共同聚焦于解决和防控企业存在的各类风险问题。

由此，企业合规计划应包含风险事前预防机制、合规问题事中处置机制以及事后漏洞弥补机制。企业合规具有全员性要求。为此，合规计划无论是在制定环节还是实施环节均应明确责任人员、完成时间以及完成标准。明确的责任分工是合规计划可操作性的重要保障，否则，可能因此导致合规实施中的随意、盲目和拖沓，最终影响企业合规体系运行的有效性。合规计划应结合案涉企业的实际情况（包含企业的规模、性质、经营活动以及经济实力等方面），具有可行性，即合规计划内容的执行必须是案涉企业经济能力所能承受的范围；合规计划所述事项没有超越现有的技术发展水平；合规计划不违反法律法规的强制性规定，不侵害国家利益、社会公共利益和他人的合法权益；此外，企业的合规承诺在规定的考察期限可执行完毕，并能接受第三方监管人的考察评估。

3. 是否能够培育企业的合规文化

合规计划还承载着企业合规文化建设的重任。良好的合规文化能够指引和规范企业的行为，具有导向、约束、凝聚、激励及辐射作用。合规计划的功能和作用不仅体现于企业获得免于或暂缓刑事追诉、减免罚金等刑事激励，其更重要的功能体现在预防企业犯罪方

---

① 陈瑞华. 大型企业的有效合规计划[J]. 民主与法制，2022(7)：55－57.

② 安妮·米尔斯，彼得·海恩斯. 金融合规要义——如何成为卓越的合规官[M]. 高洋，冯乾，朱昌松，等译. 2版. 北京：中国金融出版社，2019：152.

面。通过开展和实施合规计划，企业逐步构建和完善现代企业管理制度，为预测、检查并遏制任何潜在的犯罪活动，降低企业犯罪风险提供可能。同时，系统的合规培训安排有助于培养企业及其人员对法律和规则的敬畏、忠诚与信赖心理。当合规观念和意识逐步渗透企业员工的日常行为时，合规经营和管理将成为每个部门、每个员工自觉遵守的行为习惯，由此促进企业合规文化的培育和发展，推动全体员工对合规理念的认同和执行。企业自身依法合规的行为也将推动其承担更多社会责任，促使整个社会秩序良性发展。为实现此目标，合规计划应当覆盖企业全体员工。这不仅需要强调企业高管的底线思维、规则思维、理性思维和契约思维，也要确保落实“业务谁主管、合规谁负责”。企业每名员工均应认真遵守企业合规计划的各项要求和标准，真正做到“合规计划面前无特权”。

4. 企业是否提供合规计划的实施保障

保障措施是确保企业合规计划有序执行、取得预期实效的重要基石。通常，外部合规监管机构对企业合规保障的审查主要侧重于以下两个方面。

一是企业的保障措施是否能够确保合规计划的有效执行。这类保障措施包含对合规组织机构及人员和职责分工、制度机制建设、合规经费拨付、合规管理所需软硬件条件（如合规管理信息系统、数据集中系统和合规风险监测系统）等的考察。从事合规管理体系的保障措施还可能包括企业是否建立合规审查、检查和报告制度，是否构建全流程监管程序，以及是否建立合规考核和奖惩制度，实现激励合规和约束违规的效果等。这些都是保障合规计划落实的必不可少的要件，提出这些要求也是为了防止企业的合规计划沦为“被动合规、纸面合规”。

二是企业是否为合规监管人员的监督考察合规计划的执行效果提供了必备条件。这方面的要求主要是便于合规监管审核人员履行监督考察职责的考虑。案涉企业对合规监督审核人员监督考察所持的态度以及提供必要的工作便利条件，是确保合规监督考察工作顺利开展、保障考察评估结果客观和公正的重要体现。

合规计划的有效性是推进企业合规建设、倡导合规文化的动力，也是合规计划实施的价值所在。合规计划的有效性一方面体现在合规整改措施是否与合规监督所涉违法或犯罪因素有关，是否可以弥补或减轻企业违法或犯罪行为产生的损害，并能够防范和排查相关风险；另一方面体现在执行合规计划是否可取得可量化的效益或者结果。当然，企业管理层及员工普遍重视合规，将合规制度融入日常管理、合规监管流程嵌入企业常规业务流程，合规风险定期识别和评估成为企业工作的一部分等这些企业管理方面和合规文化方面的变化都是合规工作卓有成效的证明。

鉴于合规建设的动态和不断发展需要，企业合规计划应考虑能够适度变通、持续建设，考虑合规计划实施中应根据合规风险环境等因素的变化对合规计划做适时调整，以应对各种不确定因素带来的合规挑战。世界银行《诚信合规指南》第 3 条就有提到，“高管人员应采用系统方法监督合规计划，定期检查合规计划在预防、发现、调查和应对各种不当行为方面的适用性、充分性和有效性；同时应考虑合规领域的变化以及国际和行业标准的演变”。这很好地诠释了对企业合规计划执行的动态化要求。

第三节　风险与合规风险

引例

巴雷罗·蒙蒂若中心医院受处罚案

2018年7月，葡萄牙数据监管机构（The Portuguese Supervisory Authority，CNPD）认定巴雷罗·蒙蒂若中心医院（Centro Hospitalar Barreiro Montijo，以下简称医院）违反欧盟《通用数据保护条例》（General Data Protection Regulation，GDPR），[①]对其处罚40万欧元。CNPD认为，医院未将临床数据的访问权限分开，以致医生可以不受限制地访问所有患者档案。另外，它的个人资料管理系统存在缺陷，只有296名医生的医院却存在985个具备访问功能的账户。这违反了GDPR的“完整性”（integrity）、“保密性”（confidentiality）和“数据最小化”（data minimization）等原则。[②]

GDPR不仅适用于欧盟境内处理个人数据的组织，也适用于欧盟境外但数据处理活动涉及欧盟境内数据主体提供的商品或服务以及监视数据主体的组织。[③] 这意味着，只要存储任何欧盟消费者的信息，GDPR都可能是适用的。“引例”是GDPR生效不久、人们并未意识到其“威力”的背景下的一起案件。随着数据在社会生活中发挥着越来越重要的作用，以及各国对数据监管的加强，企业对数据风险的防范与管理刻不容缓。这一点，若放在几十年前甚至十几年前，是企业无法预见和想象的。由此可见，认识风险、管理风险是人们从容应对风险挑战的客观必然选择。合规风险作为企业面临的风险类型之一，因其可能产生的损害性后果，成为企业无法逃避和必须积极应对的一类风险。对风险及合规风险的认识及管理不是任意的，它会受特定的价值观、物质资源以及管理思维等的影响，并产生不同的结果。

一、风险

“风险”一词起初仅指自然风险，[④]强调因自然灾害或者事件造成的客观危险。科学

---

① GDPR于2018年5月25日生效，是覆盖面最广、最严格的全球性数据隐私保护法规。违反规定的企业将面临最高2 000万欧元或其全球年营业额的4%（两者取其高）的巨额罚款（https://eur-lex.europa.eu/legal-content/EN/TXT/? qid=1532348683434&uri=CELEX: 02016R0679-20160504）。

② Anna Oberschelp de Meneses, Kristof Van Quathem. Portuguese hospital receives and contests 400,000 € fine for GDPR infringement [EB/OL]. (2018-10-26) [2024-09-20]. https://www.insideprivacy.com/data-privacy/portuguese-hospital-receives-and-contests-400000-e-fine-for-gdpr-infringement/.

③ GDPR官网相关介绍（https://gdpr-info.eu/）。

④ 蒋云贵. 法律风险理论与法学、风险学范式及其实证研究[M]. 北京：中国政法大学出版社，2015：4.

技术的进步和现代化使人类的决策和行为对社会生活和自然环境干预的范围和力度大大加深，使得人类几乎成了风险的主要制造者和现代风险的主要来源。与自然风险不同，这些被“制造”出来的风险(如技术风险、制度风险、决策风险等)不仅范围甚广、领域众多，在影响范围、程度和损害性后果上也日益表现出难以预测和控制的特点，不断威胁着人类的生存和发展。①

(一) 不同学科的“风险”理解

“风险”和“风险应对”已成为现代社会的焦点问题之一。不过，统一的风险概念和内涵几乎不存在。人们多从不同领域或学科出发，对风险作出不同的解读。

工程学、经济学、医学等学科强调风险是客观存在的损失的不确定性。因此，风险被认为是可以预测的，即可以通过客观概率的方法预测风险发生的可能性，并可用量(价值)来衡量各种结果。在此情境下，风险(R)＝伤害的程度(H)×发生的可能性(P)。② 如医学上的健康风险就是个体未来发生某种特定疾病或致死的可能性。体检就成为医学知识和现代科学检查手段的结合，并采用健康风险识别和评估方法对健康风险的有无及类别进行甄别。③

风险有其存在的客观依据，但仍须通过主观认识而被感知。风险常作为心理认知的结果之一，在不同文化背景中有着不同的解释话语。④ 哲学、社会学、法学等学科更倾向于将“风险”理解为主体对危险发生的频率、损害后果等的认识结果。由于对未来不确定性的认识与估计同个人的知识、经验和心理状态等主观因素相关，不同的人对同样情境下的事物(风险)会作出不同的判断。同时，任何风险事件的产生与否及其后果均可能与人及其行为发生极为复杂的互动关系。并且只在时机、条件成熟时才会引发特定“风险事件”，对目标主体产生影响。由此，人类的认知和行为会成为导致风险事件发生的重要原因之一。目标主体可通过积极的干预活动影响“风险结果”及其走向。

关于风险的“好坏”，不同学科的认知和理解也有不同。财务风险管理者往往认为“风险是预期结果的不确定性”。这种不确定性既蕴含负面“危害”，也包含正效应的“机会”。⑤ 它不仅可能引起超出预期的损失，也可能带来超出预期的收益。古典经济学家奈特(Knight)在研究企业利润的形成原因时，将利润甚至归结为企业承担风险的报酬。⑥ 不过，随着人类趋利避害能力的提高，“风险”越来越多地被强调是“遇到破坏或损失的可能性”。这使“风险”一词常与“影响目标实现的威胁”相关联，即“风险”是一种未来可能发生的不确定性事件对目标产生的不利影响。影响程度越大，风险就越大，反之风险就越小。管理经济学中的“风险”就常常是指决策带来的结果与期望的结果之间变动性的大小。

---

①② 张广利. 当代西方风险社会理论研究[M]. 上海：华东理工大学出版社，2019：2.

③ 李玮，袁振才，张雪锋，等. 健康风险评估精要[M]. 西安：陕西科学技术出版社，2018：3.

④ 张广利. 当代西方风险社会理论研究[M]. 上海：华东理工大学出版社，2019：12.

⑤ 程岩，吴霞. 风险管理实训[M]. 成都：西南交通大学出版社，2019：1.

⑥ 弗兰克·H. 奈特. 风险、不确定性和利润[M]. 安佳，译. 北京：商务印书馆，2017：21－50.

（二）风险管理标准下的“风险”定义

对风险进行管理是社会生产力与科学技术水平发展到一定阶段的产物。20世纪70年代后，现代意义的风险管理从传统的以保险为核心的风险管理中独立出来。风险管理的标准化是风险管理学形成的显著标志之一。许多国家和国际组织通过规范化、标准化的风险管理手段来加强在医疗器械、航天系统、软件、项目管理等诸多领域的风险管理绩效。不过，这些国家及国际组织对风险的理解各有不同，并且不同时期的风险管理标准对“风险”的界定也有所区别。

2004年，美国COSO颁布《企业风险管理——整合框架》（以下简称ERM 2004框架），将风险定义为“事项发生并对目标的实现产生负面影响的可能性，它会妨碍价值创造或者破坏现有价值”。[①] 可见，ERM 2004框架把风险看作是应该被应对或者管理的负面可能性。

2009年，ISO发布的《ISO 31000：2009风险管理原则和通用指南》（以下简称ISO 31000：2009）[②]对风险的态度发生了改变。它将“风险”定义为不确定性对目标的影响(effect of uncertainty on objectives)。这种“影响”仅指偏离预期目标，可以是正面和/或负面的偏离，涉及财务、健康、安全与环境等不同方面和不同层面的目标（如战略、组织、项目、产品和过程等）。

2017年，COSO发布《企业风险管理——与战略和绩效的整合》（以下简称ERM 2017框架）重新定义了风险。它强调风险对风险主体产生影响的双向可能性，即既存在未能防范或降低负面影响引发的价值破坏，又强调通过主动识别和管理手段维系或创造新价值的可能性。[③]

（三）风险的特征与属性

如前所述，风险的存在具有客观性，不以人的意志为转移。这一特性使人们可在一定范围内通过改变风险形成和发展的条件，降低风险事件发生概率、减少损失。同时，风险具有普遍性，它无处不在、无时不有。这为保险及风险管理的产生和发展提供了现实必要性。不过，尽管如此，某一风险损害事件的发生却具有偶然性，这迫使人们不得不加强风险防范意识，并在认识和了解风险的基础上归纳同质风险发生的规律，运用概率论和大数

① COSO. Enterprise risk management—integrated framework [EB/OL]. [2024-09-01]. https://www.coso.org/_files/ugd/3059fc_ae81f45d98474c9188045cbacbd510bf.pdf.

② ISO 31000：2009是ISO发布的一项关于风险管理的国际标准，可适用于指导任何类型组织的全生命周期的管理风险的活动，以帮助它们通过管理风险、做出决策，制定并完成目标，提升业绩来创造、实现、保护和提升价值(https://www.iso.org/standard/43170.html)。2018年2月，ISO发布新版《31000：2018风险管理——指南》(31000：2018 Risk Management-Guidelines)，取代2009版的ISO 31000。新标准更加简洁，其定义和术语部分的内容被大幅缩减，其风险管理原则由11项减为8项，更加聚焦组织的价值创造、维护和实现；新标准强调了风险管理对于决策支持的重要性。同时，新标准更加注重对风险管理的整合，使组织更便于理解和运用。新标准也强调高层领导者在风险管理中的角色和职责。

③ 2017年，COSO发布的ERM 2017框架是对ERM 2004框架的修订和完善。新框架采用五要素20项原则模式，强调企业战略和愿景与价值创造的紧密关联，并更加强调和业务活动的融合，明确风险管理对于战略计划和嵌入整个组织的重要性(https://www.coso.org/_files/ugd/3059fc_61ea5985b03c4293960642fdce408eaa.pdf)。

法则，对总体风险事件的发生和损害后果统计分析后，使风险事件的发生具有一定的可预测性，进而提出风险应对策略，为决策提供依据。

除上述特征外，风险还具有如下内在属性。

首先，风险是影响主体实现特定目标的不确定性因素。而获取更多、更充分的风险信息将会在一定程度上降低风险预测结果的不确定性，为管理风险提供可能。任何目标的实现会受多种潜在风险因素的影响，进而一个风险事件又会影响主体的多个目标的实现。① 由此，风险管理需要管理那些可能影响主体实现目标的多项风险。这一活动将提高风险主体对风险事件的可能性、原因和后果等的认知。

其次，风险对目标的影响具有两重性、多样性及延伸性。风险既可能造成对主体实现目标的负面影响，也可能为主体创造价值、产生有利的正面影响。这就为主体的风险管理指明了方向，即在面对风险时，风险主体应创造改变风险性质的条件，变不利于目标实现的“危险”为有利于目标实现的“机会”。从这一点上看，主体的风险管理能力就是其抓住机会、增加创造价值的能力。

最后，风险的特性决定了一定条件下的风险及其形成是可以被认知和改变的。而主体主观能动性的发挥成为风险管理成功的关键。例如，随着航海技术的发展和人类对海洋的认知水平的提高，航海已不再是“冒险”的代名词。这一认知态度的改变就是人类对航海风险应对水平和风险管理能力提升的显著证明。当然，不是所有的风险都能通过人类的努力而改变，但充分发挥人的主观能动性至少能够减少或者避免风险事件的发生。

二、合规风险

“合规风险”是与“合规义务”紧密关联的概念。ISO 37301 第 3.24 款规定，合规风险是“因未遵守组织（合规主体）合规义务而发生不合规的可能性及其后果”。因此，明确合规主体的合规义务是识别其合规风险的基础性工作。通常，合规主体对合规义务的态度及反应就如同事物的两面：遵从合规义务，合规主体就实现了合规目标；而不遵从合规义务，就会导致不合规的结果。合规管理是围绕着合规风险展开的一系列活动。因此，企业合规管理要加强合规义务向合规风险转化的认知和理解。在经营活动中，企业应遵循合规义务，若违反合规义务，就有发生风险事件的可能性，即产生合规风险。

合规风险的概念源自金融业，但这一概念目前已延伸至所有行业。《中央企业合规管理办法》第三条第二款规定，合规风险是指企业及其员工在经营管理过程中因违规行为引发法律责任、造成经济或者声誉损失以及其他负面影响的可能性。由此可见，合规风险是企业未遵守合规要求和违背合规承诺而招致的损害性结果的可能性。这种损害性结果可能包括法律、法规规定的各类惩罚性后果、财务或声誉损失等。

企业的合规风险与其是否履行合规义务关系密切。企业会因其所处行业、市场竞争地位的不同，以及企业规模、类型、运营方式的差异，组织架构的复杂程度、生产经营管理

① 周玮，苏妍. 企业风险管理：从资本经营到获取利润[M]. 北京：机械工业出版社，2020：3.

水平的高低等具有各自不同的合规义务。通常，企业承担的合规义务越多，未履行或者违反合规义务所致合规风险也会越多。同时，若合规义务的标准越高，未能达到合规义务要求而导致的合规风险发生概率也越高。[①] 合规义务的有无和大小往往是企业商业价值观的体现。合规风险管理不能一味以减少合规义务来降低合规风险。优秀的企业常常以更高标准的合规承诺来赢得市场以及监管机构、利益相关方的信任和肯定。所以，合规义务若理解为企业面临的风险环境的话，那么合规风险就是合规义务的“过滤物”，是企业明确其合规义务后，对自身情况识别评估后的结果。对合规风险的理解，离不开对其风险要素、特征和分类的认识和了解。

(一) 合规风险要素

合规风险由四个要素组成，即合规风险源、风险事件、合规目标、合规风险影响。企业对合规风险要素的分析将有助于丰富合规风险清单内容、准确描述合规风险点、分析合规风险成因、评估合规风险影响，为制定合规管理计划和管理措施提供基础。

合规风险源(也称合规风险因素)是导致合规风险产生的可能性或扩大其损失的缘由。它是促成合规风险发生的条件和合规风险事故发生的潜在原因，又可分为自然风险因素、道德风险因素和心理风险因素等不同类型。合规风险和合规风险因素之间存在内在因果关系。通常，合规风险是合规风险因素的结果，是违规行为人行事时所追求的目标。然而，两者并不总是一致的，因为不同的合规风险因素可能会指向同一个合规风险。由此，同一合规风险因素可能导致不同合规风险的发生；相反，同一类型的合规风险可能存在多个合规风险因素。对合规风险因素的场景和成因分析有助于更好地认识风险，理解违规者的行为动因，进而有的放矢地实施各项合规风险管控措施。同时，对合规风险和合规风险因素的准确判断也对合规风险管理的各环节，即识别、评估和应对合规风险等产生积极影响。

风险事件也称风险事故，是指某一情形的发生或变化。风险一般是一种潜在危险，而风险事故的发生是潜在危险转变为现实的损失。这种损失可以是由一个或多个原因产生的一个或多个情形。

合规目标是企业在经营中明示或默认“遵纪守法”的愿望。不同企业因合规义务的不同而面临不同的合规风险，进而制定不同于其他企业的合规目标。这一目标具有相对明确性，构成企业开展合规风险管理的基础和各项合规管理活动的依据之一。

合规风险影响是指实际产生或预计发生不合规事件可能带来的影响。它包含合规风险损害后果程度和发生可能性两方面。企业合规风险通常是其实施违法违规行为后被国家行政机关，或者司法部门追究法律责任的危险。该种危险常常会经历一段潜伏期，而非在行为实施后就立即转化为法律责任的追究。企业对合规风险影响的分析有助于评估合规风险，进而为合规风险管理的优先级排序提供可能。当企业内部人员举报或者国家查处违法违规的技术手段升级或者合规环境发生变化时，合规风险会加速转化为承担法律

① 王志乐. 合规：建立有效的合规管理体系[M]. 北京：中国经济出版社，2016：26.

后果的风险事件。

（二）合规风险特征

作为企业风险的一种类型，合规风险除具有风险的一般特征外，还有其自身发展规律和显著特征。合规风险的特征主要体现在以下几个方面。

1. 合规风险具有较强的可预见性和可控性

合规风险的产生、变化与消灭总是与各类法律规范有关。这意味着，这些由意外事件或者行为构成的合规风险源将产生法律规范预设的后果，从而令合规风险具有较强的结果可预见性。可预见性是社会进步对风险相对可控的交易或生活环境的客观要求。为满足社会交往的现实需要，可预见性已逐渐渗透到各国法律理念和相关制度体系中。[①] 合规风险的可预见性特性使人们可以通过对法律规则的分析，来预测企业合规风险事件发生的边界以及企业遭致损失性后果的临界值。

合规风险的可控性也可被称为可识别性、可管控性。合规风险尽管不能被完全消灭，但可能被有效控制。企业可将各类已识别的合规风险，通过制度建设、合规培训、合规风险预警及危机处置等一系列措施和方法，控制在一定范围内或将其消灭在萌芽状态，实现对合规风险的管控。

2. 合规风险的结果常具损害性和扩散性，且具有强制实施性

为追求经济利益的最大化，企业常常会实施某些有限理性的行为。市场信息的非对称性又会促使企业在缺乏全面性和科学性判断的基础上作出决策，进而演变为损害企业生存及发展的合规风险。企业往往会因一个合规风险点或者风险源牵连其他风险源，引发企业系统性或者全面性合规危机。一家企业的合规危机也可能扩及其他社会群体，引起更大规模的重大合规危机。本书第三章案例 3－2 就是这样一起典型案例。雷曼兄弟公司的轰然倒塌最终燃爆全世界，造成全球金融市场的剧烈动荡。

合规风险区别于其他企业风险的本质特征是，它通常是因违反法律规定、商业道德等义务或者不履行企业基于合同或自我声明等的合规承诺而产生。而企业无论因违反法律法规抑或违反承诺造成对他人合法权益的侵害结果，最终都将承担民事、行政甚至刑事法律责任。鉴于法律责任的承担具有强制性，合规风险事件的强制性后果不可任意加以选择，企业只能被动承受。

合规风险的损害性、扩散性及其后果的强制性决定了企业合规管理应树立系统思维，客观、全面地审视企业合规风险。企业不仅应重视对某一合规风险细节的排查与处置，更应关注不同合规风险间的内在联系，以一套系统的合规闭合管理体系应对企业各项合规风险。

3. 合规风险具有动态性

合规风险的动态性是合规风险的另一显著特征。企业总是在不断变化的合规环境下

---

① 可预见性规则早在 16 世纪就被法国著名学者杜摩兰解读罗马法违约责任限制规则时提及。受法律全球化的影响，该规则不仅广泛被用于各国国内合同法中，也被《联合国国际货物销售合同公约》(CISG)、《欧洲合同法原则》(PECL)等国际条约所接受。刘勇. 可预见性规则之重释[J]. 暨南学报(哲学社会科学版)，2021，43(7)：47－60.

开展各项经营活动,这一变化的合规环境不仅来自企业外部环境,同时源于企业自身经营管理及业务活动等。为适应不断变化的合规环境,企业应对合规风险开展动态监测活动,并伴随合规风险的变化,不断调整、优化合规管理体系,确保合规管理有效实施。

(三) 合规风险分类

面对不同的合规义务,企业就会面临不同形态、不同种类的合规风险。置身于合规环境下,企业管控风险的同时也会不断产生新的风险。企业对影响生存和发展的合规风险加以分类,有助于更好地认识合规风险,进而从不同视角开展合规管理活动。

1. 外部合规风险和企业内部合规风险

从合规风险来源来看,合规风险可大致分为外部合规风险和企业内部合规风险。外部合规风险,又称为外因性合规风险,多指源于企业外部各种因素作用下产生的合规风险。如企业所处行业、经济形势、市场竞争状况、宗教文化等外部因素引起的企业合规风险等。企业内部合规风险,又称为内生性合规风险,这类合规风险与企业的性质、资金及企业拥有资源的状况、产品和服务类型等直接相关。企业不同部门的合规风险也可细分为外部与内部合规风险。以采购部门为例,采购部门是连接企业内部需求与外部供应商的窗口和桥梁,也是企业经营管理的重要环节之一。采购外部合规风险包括市场风险、合同风险、商业贿赂风险以及知识产权风险等;其内部合规风险则涉及管理风险、员工(责任与廉洁)风险等。企业的合规义务和合规风险是企业内外部环境因素综合作用的结果。

企业内外部合规风险分类的意义在于:针对企业外部合规风险,企业往往需要被动接受、积极履行;而针对企业内部合规风险,企业管理与应对的主动性大大增强,通过及时查明合规风险源,企业往往可以采取措施消灭或者减少这类合规风险的产生原因或者要素,实现主动治理合规风险的管理效果。

2. 因政治、社会、技术、法律等原因导致的合规风险

从合规风险发生原因来看,企业合规风险可因自然、社会、政治、技术以及法律等原因产生合规风险。

企业可能因政治原因面临各类政治风险。这在企业从事国际贸易或者国际投资活动中经常可能遭遇,如制裁风险等。

社会原因可能导致企业面临社会风险。它往往牵扯人数众多,波及人身安全、社会关系、社会秩序、社会规范等,并具有较为鲜明的地域色彩。社会风险的风险因素更加多样,企业所有类型的风险都有可能演变为社会风险。严重的社会风险的后果是社会恐慌、社会骚乱等。企业在国际化经营中不能忽略各类社会风险。特别是在投资东道国民众的价值观、文化传统与投资母国差异较大时,关于此类风险及其损害性后果的认知与判断将对企业提出更高的要求。

因技术的迭代更新引发的新型风险层出不穷。例如,数据风险就是在网络、信息化背景下出现的企业无法回避的一类风险。再如,互联网时代下催生出消费模式的变化,企业传统的销售模式可能不得不面临转型或者调整,由此不断出现新的合规风险。当然,企业也可能因技术跟不上时代发展的需要,面临重大战略调整,或为实现高质量发展催生出其

他新型合规风险。

3. 高风险、中风险和低风险

从合规风险的损害性后果来看，企业合规风险也可以进行高风险、中风险和低风险的分类。高合规风险往往存在于企业初创期或者高速发展期。如企业为追求市场占有率实施不正当竞争行为，导致企业或其员工的行为涉嫌违法犯罪等风险事件。中合规风险往往存在于企业重要转型期或者过渡期。这类合规风险常常涉及企业重点岗位、重点人员和关键管理流程，企业或其员工行为可能涉嫌轻度违法、违规。低合规风险常常贯穿企业发展的各阶段，是企业经常发生、危害较小的合规风险。企业在管理制度及管理机制比较健全、合规风险文化氛围良好的情况下，依然可能存在低合规风险。

合规风险的这一分类有助于引导企业合规管理成本及措施的投入重点及方向。通过建立较为完善的合规风险预警机制，企业能够较为科学、有效地评估各类合规风险的安全指数，适时、适度地采取各项合规风险应对措施。

合规风险的分类并没有固定模式。企业合规风险也可以按照企业所处的行业或者根据企业内不同部门或者不同领域、不同类别的特点对合规风险进行分类。按照企业所处行业区分合规风险有助于明确企业合规管控的目标，并在短期内显现合规管控效果。如食品类企业可加强对食品安全的合规风险管理，建筑施工企业可侧重于生产安全、环境保护风险的管理，医药企业应强调反商业贿赂、虚假广告等的风险管理，IT 企业不应忽略对信息安全、知识产权等风险的关注。根据企业部门或者岗位进行合规风险的分类，有助于区分部门或岗位职责，建立分部门或者分岗位的合规风险识别评估管理体系。企业也可以基于合规风险领域的不同，将合规风险分为财税合规风险、劳动用工合规风险、产品质量合规风险、合同合规风险、知识产权合规风险、安全生产合规风险、数据安全合规风险、环境保护合规风险、反商业贿赂合规风险等。

企业在不同发展阶段基于合规管控需求的差异性，可能对合规风险的分类作出调整。同时，企业在运营过程中的决策、执行、监督等不同阶段，也会遭遇性质不同的合规风险，故而可从企业事权体系入手，将合规风险进行决策阶段、执行阶段、监督阶段等的分类。当然，不同合规风险类别下，企业还可以不断细化它们的分类，为合规风险管控体系的精细化发展奠定基础。

案例选读与思考

1. 有人说，“合规义务是合规工作的起源，它决定了合规管理的边界”。你是否同意，请说明理由。

2. 现阶段，企业面临着来自方方面面、源源不断的外部监管机构的法律法规、标准等的约束，那么企业是否还有必要自行作出各类合规承诺呢？请说明理由。

3. 思考合规要求和合规承诺的区别，进而分析在不同合规义务下，企业合规管理体系建设是否不同。

4. 中小企业的合规管理和合规监督是否应和大型企业采用同样的审核标准？若不

是，你认为什么样的标准可适用于中小型企业，使其符合“最低限度标准”？

5. 合规风险是否等同于法律风险？你认为两者的关系是怎样的？

6. 有人说，“合规风险是与企业相伴而生的，不可能被完全消灭。所以，企业合规管理的意义不大”。请结合风险属性及合规风险的特征谈谈你的看法。

第六章

企业合规管理概述

引 例

中国船舶集团的合规管理体系

中国船舶集团有限公司(以下简称中国船舶集团)是全球最大的造船集团,也是一家产业链条长,市场化、国际化程度较高的企业。在合规建设方面,中国船舶集团提出"筑牢工作基础,总部以上率下,推动先行先试、逐步全面展开"的总体建设思路,深入开展以下工作。① 形成"顶层推动、系统谋划,专业分工、协同配合"的合规管理组织体系。成立由董事长担任主任,总法律顾问、业务部门负责人在内的合规管理委员会,每年召开法治合规委员会专题会议,部署集团内合规管理重大事项。中国船舶集团总部同时成立兼职合规管理员队伍,成员单位建立合规管理领导机构、配备法律合规专业工作人员。② 推进以《公司章程》为统领,基本制度、专项制度、具体制度三个层级的制度体系建设。结合实际,中国船舶集团将"外规要求"内化为集团制度,筑牢合规管理前提和基础。③ 建立"一单一表一月报一台账"工作落实机制,强化计划性推进、规范式管理;强化"第一道防线"职责落实,发挥"第二道防线"把关作用和"第三道防线"震慑效应。①

合规是一套规则准则及话语体系。企业通过自身合规管理活动实现合规经营,不仅能满足政府监管要求和社会公众期望,也是其参与市场竞争、获得良好生存和发展环境的不二选择。企业构建合规管理体系是一项专门的、系统的活动。它以"风险的系统性、社会责任影响度和国际化的监管趋势"等为基础,构建并实施符合企业生存和发展所需的管理系统,并不断在运行中实现调适与优化。本章主要探讨企业合规建设的价值和优势、合规管理体系框架及内容、合规管理体系与其他管理体系的关系。在合规体系建设中,企业不能忽视其发展现状和特定需求。专项、专门合规管理体系往往也是企业基于现实需要的客观选择,它们同样是企业合规管理体系的重要组成部分。

① 中国船舶集团有限公司. 中国船舶贯彻落实合规管理强化年工作实践[EB/OL]. (2022-05-16) [2024-03-01]. http://www.sasac.gov.cn/n4470048/n16518962/n20648677/n20648712/c24575744/content.html.

第一节 企业推进合规建设的意义和价值

引例

中江国际：科学化、制度化、标准化合规管理体系

中国江苏国际经济技术合作集团有限公司(以下简称中江国际)是全国最早一批综合性国有企业，以国内外工程、国际贸易和城镇投资为主业。由于其海外业务数量庞大，如何在不同国家和地区遵守当地法律规定、规避经营风险，是其必须加以解决的关键问题。为此，中江国际从健全管理机制、强化制度支持、培育合规文化入手，探索出一套合规管理与经营业务深度融合、相关部门协作联动、合规与内控和风险管理一体发力，兼顾国内国际风险环境的合规管理体系。

2016 年，中江国际总部设立合规委员会、合规联络员和首席合规官，分支机构设置合规管理部门和合规官，董事会下设风险与合规管理委员会，建立合规联席会议机制，构筑形成上下全覆盖的合规管理组织体系。在管理机制上，中江国际实施内控、风险管理、诚信合规“三位一体”管理，并将其与组织机构、过程识别、风险评估、程序文件、职责和监督等管理要求融合。中江国际的合规管理制度体系由合规管理基本制度、专项合规管理制度、合规管理办法和合规管理流程四部分组成。通过印发《合规管理履职评价实施办法》，中江国际在所属二级企业领导班子和领导人员考核工作中全面实施合规考核与评价。参照世界银行《诚信合规指南》的合规管理 11 项要素要求，中江国际发布《诚信合规手册》和《廉政协议》。中江国际总部各部门和所属企业根据《合规风险评估流程》排查合规风险、研判风险等级、研究防控措施，形成《合规风险清单》和《合规风险评估报告》。在合规管理体系实施中，中江国际将 2022 年合规管理目标分解为 4 项目标和 32 项合规绩效参数，明确指标值、统计周期和责任部门，强化责任落实。按照“国际标准中江化、中江合规国际化”的思路，中江国际合规管理体系通过 ISO 37301 合规管理体系认证，并于 2020 年被江苏省国资委确定为合规管理试点企业。①

企业是合规管理体系构建与实施的重要主体。中江国际在合规管理体系建设方面的探索和实践为我国企业国际化发展过程中主动合规树立了良好示范。企业推进合规建设不仅有来自国内外执法部门的外部监管压力，也有企业自身健康稳固、高质量发展的内生需求。

① 中江国际. 以科学化制度化标准化为抓手 奋力开创合规管理工作新局面[EB/OL]. (2023-01-01) [2023-04-01]. http://m.zjgj.com/news/4162.html.

一、合规是企业顺应国际国内监管环境、履行社会责任的重要方式

经济全球化要求规则的全球化，也带动了追责的全球化和合规的全球化。在合规共治理念影响下，越来越多国家和国际组织倡导企业加强合规管理。作为国家治理与社会治理体系中的微观载体，企业是推进全社会治理体系与治理能力现代化的重要主体。一方面，传统的行政监管方式难以满足日益扩充的行政监管需求和防控企业违法犯罪的需求，政府通过要求企业自建合规管理体系，将传统的外部监管和外部治理方式转变为企业自主管理方式，不仅可以实现企业对违法犯罪行为的自我防范、预警监控与自主整改，也能够缓解政府治理社会的压力，节省公共治理资源。另一方面，依据"水漾效应"，惩罚一家企业不仅可能导致企业生产经营停滞、营业执照被吊销、商业伙伴流失，还会损害企业的客户、员工以及养老金领取者等无辜第三人的利益，造成社会失序与经济动荡等严重危害社会利益和公共利益的灾难性后果。[①] 由此，各国执法机关对企业的执法行动持越来越审慎的态度。其不断尝试通过实施合规监管、改变企业行为模式，进而更广泛地影响企业的合规认知。

借鉴国际的良好实践，我国在推进全面依法治国的大背景下，对企业尤其是国有企业全面推进依法治企、提升合规管理能力提出新任务、新要求。2022 年《中央企业合规管理办法》为我国央企全面推进合规管理体系建设提供了依据。2023 年 12 月 29 日全国人民代表大会常务委员会修订通过、2024 年 7 月 1 日起施行的《公司法》明确规定，国家出资公司应当依法建立健全内部监督管理和风险控制制度，加强内部合规管理。[②] 这一规定将我国国家出资的有限责任公司、股份有限公司纳入必须构建与实施企业合规管理体系的范畴。[③] 显然，国家在宏观政策和基本制度层面已将企业合规管理的重要性提升至前所未有的高度。合规管理也从企业治理层面上升至落实国家顶层设计和社会治理的重要举措之一。

伴随着服务业、金融业、互联网的飞速发展，各种创新市场模式大量涌现。我国政府的监管体制和监管模式也在不断推陈出新。在"失信联合惩戒""沙盒（sandbox）监管"等新型监管机制下，政府监管更加突出主动性、针对性和综合性，监管手段呈现常态化、规范化和联动化，这对企业经营的合规性提出更高要求。企业可能因"一处违法、违规"，面临"处处受限"的窘境。由此，推进合规管理体系建设成为企业主动适应"大监管时代"的必然选择。[④] 企业也必将在运行合规管理体系时，将"诚信""反商业贿赂""环境保护"等诸

① 以美国联邦检察官和司法部对安达信公司的执法为例。该公司曾在全球 85 个国家和地区设有 390 个分支机构，员工 85 000 人，全球营业额曾达到 93 亿美元。安达信公司被判有罪后，几乎失去了所有客户，造成美国 28 000 名员工失业，给安达信公司、美国社会乃至美国经济带来灾难性后果。陈瑞华. 安然和安达信事件[J]. 中国律师，2020(4)：87－89.

② 2024 年新《公司法》第一百七十七条。

③ 2024 年新《公司法》第一百六十八条第二款规定，本法所称国家出资公司，是指国家出资的国有独资公司、国有资本控股公司，包括国家出资的有限责任公司、股份有限公司。

④ 杨斌. 新形势下国有企业合规管理体系建设研究[J]. 江西师范大学学报（哲学社会科学版），2020，53(4)：96－102.

多社会价值理念融入企业经营活动中，形成依法依规的文化氛围，并将这样的合规文化推广、影响更多商业伙伴，产生合规文化传递效应，最终促成全社会形成公开透明、公平竞争的社会环境。

二、合规管理是企业实现稳步经营和高质量发展的内生需求

合规管理能否帮助企业实现其生命周期不同阶段的内在发展需求，是决定企业合规策略选择的根本因素。[①] 在当今社会变革剧烈、转型与创新发展不断深入的大背景下，企业推动并加强合规管理、控制合规风险更具紧迫性、现实性和必要性。

（一）合规管理是企业控制风险、满足阶段发展的“要件”

外部风险环境的复杂性、经济发展的不确定性以及市场竞争的残酷性深刻影响着企业的经营管理行为。企业因违规经营引发的经营风险、遭遇重大经济损失和监管处罚的案例屡见不鲜。主动建立一套有效的合规管理体系，可使企业获益良多，至少体现在以下几个方面。

首先，企业可以凭借合规风险管控体系，及时收集其在投资、环保、金融、市场交易、数据等领域的最新监管要求，识别并评估可能存在的合规风险，进而动态调整合规风险管理措施，保障企业健康、可持续发展。

其次，健全的合规管理体系为企业高管、员工与第三方划定了行为边界，有效切割与分离各方责任，最大限度地降低因员工个人不合规行为导致企业责任风险事件的发生概率和损害程度，保护企业利益。

再次，一个有效的合规管理体系有助于企业在违法违规行为发生后，及时启动应急响应机制，解除社会疑虑、降低关注度，从而避免造成企业声誉度的进一步损害或者负面影响的扩大。即使企业责任无法免除，合规管理体系仍可以作为企业减轻处罚的情节之一。

最后，有效的合规管理体系本身就能达到避免企业声誉受损的效果。企业合规管理体系有助于提高市场竞争力，为企业赢得更多交易机会。这是因为企业构建并实施合规管理体系的过程就是塑造卓越品牌形象、增强企业文化软实力的过程。当然，企业合规管理能力的强弱也是衡量其管理运营能力的重要指标。相反，在激烈的市场竞争中缺乏合规管理能力的企业，可能会逐渐丧失市场竞争力与影响力。在我国，缺乏有效的合规管理体系还可能影响企业上市。我国不少企业首次公开募股（IPO）被否的重要原因之一，就是缺乏对不当行为的合规管控机制，或因不完善的合规管理体系导致未能有效防止违规行为的发生。

（二）合规管理体系是国际化经营企业的“标配”

企业在“走出去”的过程中需要遵守东道国法律制度、适应国际社会商业规则并满足

---

① 赵艳蛟，伍琳，陈永法. 国外企业合规管理促进机制分析及对我国医药行业的启示[J]. 中国医药工业杂志，2021，52(7)：964-970.

道德规范要求。同时，企业可能面临层出不穷的政治风险、国家安全审查、商业贿赂、重大投资损失、社会风险等的考验。合规治理正从某单一国家向全球合规执法联动转变。①一方面，有效的合规管理体系是企业国际化经营中预防、减轻，甚至免于海外监管机构处罚的有效举措之一。可以说，建立健全有效的合规管理体系已成为企业扬帆出海、稳健经营的前提和保障。② 另一方面，随着全球化的发展和国际竞争的加剧，企业间的竞争日趋呈现全球供应链、价值链的竞争。在各国政府合规监管强化和国际组织的积极推动下，越来越多的跨国公司将"是否拥有健全的合规管理体系"作为选择其合作伙伴的重要评价标准。也有企业会拒绝与违法、违规企业开展合作。显然，企业是否建立合规体系已成为其赢得商业伙伴信任、参与国际竞争的先决条件；而未建立健全合规管理体系，可能会被排除在市场竞争范围之外。企业是否规范经营甚至有时还会成为员工选择雇主的重要考虑因素之一。

在全球商业环境中，交往礼节在不同文化背景下的理解会存在较大差异。例如，中华文化推崇的"礼尚往来"，在西方社会的竞争规则视野下，可能会被认定为属于违反公平竞争原则的商业贿赂。部分企业"重营销轻管理""重规模轻效益""重发展轻内控"的观念可能会影响企业合规管理体系的构建及有效运行。"合规是生产力，不是负担"的理念仍需在企业推进国际化的经营中不断被强化。

三、企业推进合规建设的优势

企业合规管理建设与完善尽管同政府对企业违规行为的监管处罚、对合规管理的激励和引导等外部促进因素密切相关，但外部促进作用的发挥仍须以企业合规管理的内驱力为基础。与"要我合规"相比，企业主动推进合规，实现"我要合规"具有多项显著优势。

首先，与政府机关或其他外部监督机构相比，企业基于对所处行业的认知和自身业务特征的了解，具有对自身经营风险和其他合规风险的认知和识别敏感度，进而能更准确、及时地研判相关风险及其发生规律，采取相应规避风险的措施，并加以预防。

其次，企业可在运行自身合规管理体系的过程中，加强对商业伙伴合规经营的承诺约束，也可以通过对企业开展的尽职调查，发现附属企业或者其他商业伙伴的不合规行为，进而为国家监管机关提供查证线索，减少全社会犯罪或违规行为的发生概率，共同推动更大范围内的企业开展合规建设，推广全社会对合规文化的理解和认同。

最后，从事国际经营的企业借助其全球运营网络，可以传播全球合规理念和世界各国的合规监管要求，将"外规内化"；并结合不同国家法律制度和合规监管要求，影响带动企业合规管理体系的全面国际化。

总之，企业主动合规可以正向促进稳健发展，提升品牌价值；反向缩减合规风险，降低违

① 以世界银行制裁措施为例，被制裁方的制裁措施可能同时及于其关联公司和其承继者和受让人。同时，因世界银行与其他国际金融机构联合实施的交叉制裁，可能会严重影响企业的声誉和市场竞争力。而预防、减轻或者免除制裁的有效措施就是建立并实施符合世界银行《诚信合规指南》的合规管理体系。

② 江必新，袁浙皓. 企业合规管理基本问题研究[J]. 法律适用，2023(6)：11－23.

法违规行为的发生概率，减少因此给国家和社会造成的损失。同时，企业主动开展合规建设也可以节省公共资源，更利于共同营造良好的营商环境。[①] 这一点，从美国等西方国家近些年的合规执法的成功实践就可得到充分例证。[②] 西方国家执法部门利用“胡萝卜加大棒”型的合规审核监督及激励机制，敦促企业主动合规，并通过开展企业内部调查、主动自我检举和持续性合规管理改进工作，使本应由政府承担的违规调查取证成本转归企业承担，不但节省了执法成本，也提高了社会治理效能。显然，合规监管威慑有助于催生企业的合规管理需求，但这一震慑作用的有效发挥有赖于执法机构对违法行为的有力查处。而政府部门提供的提升企业合规管理能力的各项支持举措，为企业探索系统化的合规管理体系建设提供了持续动力及规范化发展的可能。[③] 同时，外部激励机制有助于将企业合规管理的建设成本转化为潜在的合规价值，平衡实施合规管理体系的投入，激发企业不断深入推进合规管理体系建设。

第二节　企业合规管理体系概述

引例

中兴通讯公司出口管制合规体系

2018 年 6 月，中兴通讯公司与美国商务部工业与安全局达成《替代和解协议》。中兴通讯公司作出多项合规承诺，包括基于行业最佳实践，制定一流出口管制合规计划；就出口合规项目做出多项改进；加强内部和外部合规培训；发布产品的出口管制分类编码；增加出口合规指引和流程。中兴通讯公司为此在重建合规体系方面做出以下一系列努力。

首先，重建出口管制合规组织体系。中兴通讯公司设立合规管理委员会，负责制定和执行出口管制政策与流程，任何与受控产品或技术有关的交易、出口及其他业务都要经过合规管理委员会审核。在其领导下，各业务单位、合规专业部门与合规稽查部各司其职、协调配合，形成合规风险管理的三道防线。中兴通讯公司设立首席出口管制合规官(CECO)、数名区域出口管制合规总监(任职于中国、欧洲、美洲和中东地区)，全面负责出口管制合规政策和流程的执行与实施；设立法律与合规管理部，对研发、销售、物流、工程、服务等各业务环节进行合规管控。同时，中兴通讯公司聘请外部律师和顾问团队提供支持与指导。合规部门的工作具有独立性，合规管理委员会对是否执行具体业务活动拥有一票否决权。此外，中兴通讯公司的出口管制合规手册要求各单位按照中兴通讯公司商业行为准则、出口管制合规计划、进出口管理措施和材料库存操作准则进行商业活动，并将出口管制法律法规与合规手册的要求嵌入公司各业务流程中，对业务活动所涉产品进行合规审查，实现核心业务环节信息化、自动化的合规管控。

---

① 方拯.企业合规管理实战入门[M].北京：人民邮电出版社，2022：8－9.

② 尹云霞，李晓霞.中国企业合规的动力及实现路径[J].中国法律评论，2020(3)：159－166.

③ 赵艳蛟，伍琳，陈永法.国外企业合规管理促进机制分析及对我国医药行业的启示[J].中国医药工业杂志，2021，52(7)：964－970.

其次，发布并持续改进出口管制合规政策。中兴通讯公司承诺“遵守其开展业务所处国家可适用的法律法规，包括经济制裁和出口管制法律法规的各项限制”，承诺“基于出口合规风险评估采取措施，以确保代表中兴通讯的任何人(含代理商、经销商和分销商)进行的交易符合可适用的出口管制及制裁法律法规”。具体而言，该出口合规政策分为五部分：所有员工都要遵守合规承诺、遵守法律法规和接受合规培训；公司不得与受限地区和受限方开展任何业务；需要开展适当的尽职调查，并遵守为降低风险所建立的合规流程；所有员工不得在未获得事先批准的情况下，在任何通信平台上公开评论《替代和解协议》以及与出口管制合规相关事项；所有员工都对任何潜在的出口合规问题或违规行为负有报告责任。鉴于违反相关出口管制法律法规可能导致的严重后果，中兴通讯公司对违反该政策的员工予以纪律处分或者解雇。

再次，确立出口管制合规风险防范和监控机制。中兴通讯公司积极使用受限方清单扫描工具，定期对业务合作伙伴自动扫描，及时发现受限地区公司及受限方实体或者个人。同时，凭借与合作伙伴的沟通机制，中兴通讯公司持续收集出口管制分类编码(export control classification numbers，ECCN)及相关分类信息，确保公司供应链和分销渠道符合出口要求。中兴通讯公司也将PDCA模式引入合规工作，创设业务和管理双循环模式，使中兴通讯公司的合规管理可被追踪、执行、落地和改进。

最后，在推动合规文化的普及与合规意识的增强方面，中兴通讯公司确立出口管制合规管理体系的基本理念，强调该体系对中兴通讯公司至关重要。出口合规是“每个人的责任”，合规不仅“可以创造价值，还可以保护价值”。该公司发布的《商业行为准则》，确立了诚信和遵守道德标准的基本准则，对公司、员工、客户、商业伙伴和投资者提出遵守法律法规的要求，将“以合乎道德的方式代表公司从事业务”确立为每一位员工的义务。为确保合规政策和合规理念的传播，从2018年起，中兴通讯公司向所有合作伙伴发出“出口合规函”，强调公司的出口合规政策和流程，并定期发出“季度通讯稿”，通报公司合规计划的执行情况。中兴通讯公司也向全体董事、员工发出“关于出口管制合规的管理层承诺声明”，传达合规创造价值的理念，告知公司出口合规计划的更新和进展；发出多份“就禁止向限制地区转移受EAR管控之物品致董事、管理人员、员工、合同工、供应商以及业务合作伙伴的公开信及通知”，重申遵守美国出口管制法规是中兴通讯公司及其国际运营业务的基本要求。在合规培训方面，中兴通讯公司推行全员培训、业务培训与重点岗位人员培训相结合的培训方式，并推进“子公司合规提升计划”(SCEP)，加强对子公司出口管理合规管理体系建设，对其管理人员进行针对性合规培训。

在重建出口管制合规体系的过程中，中兴通讯公司大幅度增加合规预算，投入大量合规资源，并与美国政府委派的特别合规协调员团队和监察官团队全面合作。在数年监控期结束后，中兴通讯公司的出口管制合规体系最终被美国政府确认为切实有效，并解除贸易制裁。①

---

① 温丹阳.企业合规典型案例：中兴通讯出口管制合规体系[EB/OL].(2020-07-17)[2024-03-01].http://www.senior-rm.com/detail.aspx?id=31521&nid=165&pid=0&tid=0.

中兴通讯公司重建出口管制合规体系的努力和成效，为我们提供了专项合规管理体系的优秀样本。《中央企业合规管理办法》第三条第三款规定，本办法所称合规管理是指企业以有效防控合规风险为目的，以提升依法合规经营管理水平为导向，以企业经营管理行为和员工履职行为为对象，开展的包括建立合规制度、完善运行机制、培育合规文化、强化监督问责等有组织、有计划的管理活动。由此可见，企业合规管理是一项系统工程，需要遵循构建这一管理体系的基本原则和基础架构，并有一系列有组织、有计划的活动内容，同时还须兼顾企业其他管理体系，实现有效防控合规风险之目的。

企业合规无法一蹴而就，而是苦练内功的管理过程。在构建和实施中，企业合规管理体系应以实现“人人合规、事事合规、时时合规”为目标。同时，结合企业实际情况和需求，遵循建设企业合规管理体系的原则和基本架构，区分主次、循序渐进，逐步形成“横向到边、纵向到底”的合规管理体系。合规管理应与企业所处阶段和发展需求相匹配。从合规管理的底层逻辑来看，企业实施全面合规管理体系抑或专项合规管理体系属于“一体两面”的选择，实质上的区别在于企业合“规”的范围和对象差异。

一、企业合规管理体系的构建原则

建立与完善合规管理体系应遵循全面原则和比例原则。

（一）全面原则

全面原则是指合规管理体系从合规义务的范围、合规义务遵从主体、合规管理对象以及合规管理活动等方面实现全面覆盖。

企业合规管理需要遵从的合规义务具有广泛性和多样性，既涵盖强制性的法律法规、行业标准、商业道德、公序良俗等，也包含自愿性的企业合规承诺、内部规章制度等。从事国际化经营的企业还须将域内、域外法律规定及其差异纳入企业合规义务范围，并须关注当前多国实行“个案审查和穿透监管”原则下所致法律约束力预期减弱的趋势及合规义务的动态变化。在进行合规管理时，企业应对不同来源、不同层级的合规义务进行归类、梳理和排列，形成企业合规义务库。

合规义务遵从的主体应及于企业、其子企业、各级部门、附属机构和全体员工。企业及其全体员工是合规义务遵从的当然主体。此外，合规的传导特性使企业合规义务的遵从已经不限于此，企业各级子公司、商业合作伙伴及企业股东等都在合规管理体系中具有一定的遵从义务。这一点在许多国家的执法实践中已有体现，并逐步形成共识。

合规管理是企业全面、全流程的管理过程。对于实施全面合规管理体系的企业，合规管理应涉及企业运营管理的方方面面，包括但不限于企业治理、生产、安全、采购、销售、劳动人事、财务、审计、知识产权管理、反不正当竞争、环境保护、数据管理等全部业务板块与管理条线。随着企业的发展，这些板块将不断被延伸、扩展。然而，短期内要求企业打造“大而全”的合规管理体系是不现实的。相比而言，企业在专项合规管理体系下实施有重点的“全面”合规则是必要和可行的选择。合规管理应当贯穿企业从决策、执行到监督的全过程，体现"事前防范—事中监测—事后弥补"的合规闭环管理思维。

全面原则不是对合规管理体系的简单拼接，而是紧密嵌套于企业管理体系的完整系统。这一原则同样是对企业各项合规管理活动全过程、常态化和制度化方面的要求。以合规风险识别活动为例，企业不但应识别合规风险本身，还应观察合规风险之外其他事件对某特定风险的影响。通过持续动态跟踪来揭示该合规风险的内在发展规律。当然，常态化的合规风险识别离不开企业规章制度的制定与严格执行。只有这样，才能使合规风险识别的范围从空间维度到时间维度上均符合合规管理的全面原则。

（二）比例原则

比例原则又称"相称性原则""适度原则"，是企业合规管理体系所要遵循的又一基本准则，也是企业建立有效合规管理体系的重要保障。它要求企业建立的合规管理体系应与其所要实现的合规管理目标相一致。为此，企业应将合规管理体系的构建与实施控制在达到有效合规管理目标的限度之内。一方面，企业必须投入较为充足的合规资源，方能实现有效合规目标；另一方面，企业又不能过度投入资源、超出自身承受的限度。

企业需要遵守的合规义务很多。但要遵从所有合规义务，对企业不仅是困难的，也是不现实的。企业开展合规管理的目的不是确保百分之百地合规，而是如何减少或避免发生合规风险事件给企业带来的重大损失。因此，企业合规管理应适度但不过度，应根据企业战略、业务发展程度及产生的影响来确定不同管理层级的授权内容和范围，使权力与责任相匹配。同时，不同合规义务对企业产生的影响不同。ISO 37301 在合规义务识别上提出"帕累托原则"(pareto principle)，[①]建议企业合规管理应关注 20%的合规义务引发大多数合规风险的客观现实。以此提醒企业关注合规义务中的"关键少数"，即首先识别出与企业经营密切关联的最重要的合规义务，然后关注其他合规义务。从成本和资源角度来看，企业不可能把所有资源都用于合规管理上，而应将合规管理的投入与企业面临的风险程度或等级相匹配。合规管理体系强调识别、分析和评价合规义务给企业带来的合规风险及其影响的程度，以此确定合规管控的强度。对合规风险高的部门或者环节加强合规管控，对合规风险较低环节适当减少风险监控。过度实施合规管理势必导致企业管理体系的繁复冗赘，不但会令机构臃肿、僵化，也会遏制企业的创造力、降低管理效率。

合规管理应与企业所处阶段和发展需求相匹配。企业开展合规管理的动力在于其能否给企业的生存和发展带来价值。不同发展阶段企业的合规管理体系在外在表现及价值诉求上各有不同。初创企业的基础要求是在市场上立足。追求利益最大化以求生存发展

---

① "帕累托原则"是用意大利经济学家维尔弗雷多·帕累托(Vilfredo Pareto)的名字命名，用以纪念 1906 年帕累托提出的关于意大利社会财富分配的著名论断。该原则也被称为 80/20 法则、关键少数法则、八二法则等。帕累托最初在研究财富分配不平等时观察到一个现象，即 20%的人口掌握了 80%的社会财富。这一结论适用于大多数国家的社会财富分配情况。之后，质量管理的先驱、罗马尼亚管理学家约瑟夫·朱兰(Joseph Juran)将帕累托原则引入质量管理，使该原则广泛应用于商业和生产过程中。该原则同样适用于企业合规管理，即 20%的合规义务引发企业约 80%的合规风险。

的基本需要是其合规策略的核心驱动。由此，外部强制性规范应促使企业的合规策略由内生自律转向外生被动服从。而成长期企业更关注提升管理效率和获取竞争优势。为争取进一步的发展壮大，企业往往会转变管理思路，由“要我合规”转变为“我要合规”。此时，企业开展专业化、专门化的合规管理不仅可以提高预防和处理合规风险的效率，也有助于增强其竞争优势，奠定企业发展壮大的根基。由此可见，成长期的企业合规管理已从被动服从外部规制向主动实施合规管理转变。迈入成熟期的企业，在回应外部强制性规制要求的过程中，企业合规管理要求内嵌于日常经营管理活动中。为获得持续发展，企业合规管理已不再拘泥于以防范风险为核心目的，而是追求对企业合规管理体系的创新。此时，企业将拓展合规管理的范围、探求合规管理新规范以突破自身发展瓶颈。创新发展的企业合规模式将成为政府强制性规制的有效补充，引领全社会企业合规管理的未来。

二、企业合规管理体系的基本架构

缺乏体系的合规管理不仅是不科学的，而且可能会令企业管理产生重大纰漏。为更好地实现合规管理目标、贯彻企业合规管理 PDCA 理念，合规管理体系通常应由以下几个方面构成。

(一) 合规管理组织体系

为建立并持续完善合规管理工作机制，企业须确立合规领导机构、设立或完善合规管理部门或合规管理岗位，并明确各部门岗位职责。

合规管理的领导机构包括合规管理的决策部门和合规管理的管理部门，统领企业合规管理全局。最高管理层应要求企业各部门、各岗位人员履行合规责任，并关注管理人员、重要风险岗位人员的合规风险意识，保证企业内部全面覆盖合规管理。

合规管理的执行部门一般由业务部门、合规部门和监督部门共同组成，负责落实合规管理的领导机构所确立的合规管理方针、目标和决策等。合规部门是企业合规管理的牵头部门、主责部门，在合规管理工作中发挥统筹协调、组织推动、督促落实作用。业务部门作为一线部门，直接面对风险，是企业日常运营的主要群体和防范风险的首要关口。合规管理监督部门包含企业内部审计和纪检监督部门，主要承担合规审计和全面监督企业合规管理等职责。

(二) 合规管理制度体系

制度约束行为。企业合规管理首先需要“外规内化”，即将外部法律、法规、规范以企业内部规章制度的形式加以吸收转化，实现场景化指引。唯有如此，企业合规管理才能有“规”可依。

企业合规管理制度体系建设的重点在于通过梳理经营中已经或者可能出现的合规风险，明确合规管理义务，进而建立合规制度和流程体系作为全体员工遵循合规义务的基础。为保障制度的落实，合规管理组织制度、合规风险管理制度、合规审查与评估制度、合规文化建设制度、合规报告制度、违规举报制度以及合规审计制度等必不可少。同时，为确保合规管理制度体系的有效运转，合规管理制度需要结合法律法规的变化和企业内部情况及发展变化动态更新，不断改进和优化。

（三）合规风险管理体系

企业合规管理体系的核心是风险管理。完善的合规风险管理体系应当包含合规风险识别与评估、合规风险预警与监测、合规风险管理决策、危机管理等机制。合规风险管理体系的运行须覆盖企业业务及日常经营的全流程，配合合规管理组织运行框架，将事前风险识别及评估、事中风险监测及预警、风险事件及时报告、监督检查、整改落实、定期警示教育等环节串联起来，突破传统企业单一的“点—线”管理局限，构筑合规风险全流程闭环管理体系。

（四）合规运行与保障体系

有效的合规支持保障是合规管理体系长期持续有效运行的必要前提。通常，合规运行与保障体系包含以下方面。

（1）合规资源保障。合规资源保障为合规管理体系的建立、实施、维护和持续改进提供包括财务、人力、技术资源，获得外部咨询和专业技能的机会，人才职业发展空间以及合规管理文献资料等各项保障。

（2）合规文化培育后的合规意识与合规管理能力。合规意识是员工对合规义务的理解和反映。企业可通过培育合规文化使员工逐步具备符合企业合规管理体系要求的，以及所在岗位合规义务要求的合规意识。合规管理能力包括与合规有关的知识、经验和技能等。因企业内不同部门的职责和权限的差异，合规管理所需具备的能力各不相同。必要时，企业可借助外部资源和服务等方式获得必要的合规管理能力（如聘请外部合规顾问等）。为提高员工的合规意识和合规管理能力，企业可向员工发放合规手册、提供必要的合规培训、建立违规举报与调查问责机制、加强合规管理考核评价等。[①]

（3）合规信息沟通。合规信息沟通是通过多种沟通方式确保合规信息明确、清楚地传达至企业全体员工。合规信息沟通包括内部沟通和外部沟通；可以是语言交流（如合规培训、合规例会、合规咨询热线），也可以是文字沟通（如企业网站宣传、邮件告知、合规承诺书等）。企业合规管理也需通过信息化、数字化和智能化来提升管理效率和效能。建立合规管理信息系统并与企业业务系统和其他管理系统实现互联互通，不仅能够方便员工实时了解企业合规要求，也有助于合规管理部门掌握企业合规风险及合规管理情况，动态、持续地实施合规管理。

企业合规管理体系的基本架构如图6-1所示。

① 陈瑞华．企业合规整改中的专项合规计划[J]．政法论坛，2023，41(1)：28-44.

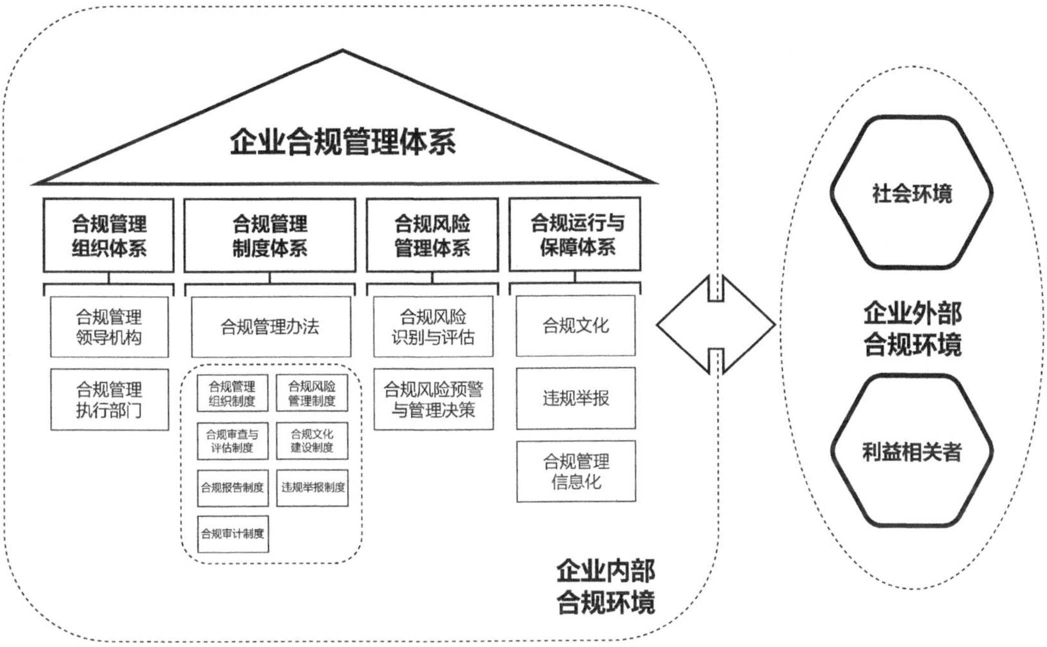

图 6 - 1　企业合规管理体系的基本架构

三、专项合规管理体系

企业合规建设领域存在着"全面合规管理体系论"与"专项合规管理体系论"的讨论。

全面合规管理体系以管理为导向，强调"企业依法依规经营"理念，并通过识别企业合规义务、评估合规风险，建立"全面覆盖"的综合性合规管理体系。国务院国资委在《中央企业合规管理办法》中，就对央企合规提出构建全面合规管理体系的要求。通常，一个企业的全面合规管理体系可包含众多专项合规管理的内容，如反商业贿赂合规体系、反洗钱合规体系、知识产权合规体系、数据合规体系等，由此需要投入大量合规资源。这类体系往往在企业主动合规的背景下构建与实施，属于企业常规性的管理活动，注重管理环节的全面性、管理过程的全面性、管理人员的全面性以及管理机制的全面性。

专项合规管理体系多以某一领域、企业某一阶段，抑或某个项目作为建构合规管理体系的基础。由于专项合规聚焦重点领域内的具体问题，专项合规管理体系多关注企业行为是否符合某一领域"规"的要求，以及企业在该领域出现风险后是否有相应的应对或解决方案。它以特定合规风险为导向，强调基于企业所处行业、规模、业务特点、违法违规（风险）事件等因素，识别并评估企业某一领域或者某个项目合规风险发生概率及其可能的影响，据此构建专门化的合规管理体系。在合规资源有限或为争取尽快上市或为获取市场准入资格的情况下，企业可选择建构专项合规管理体系。专项合规体系的建立也往往是企业在某一风险事件发生后，就违法违规事件所采取的危机应对措施。此种专项合规体系常常具有"事后补救型"合规管理体系的特征。

企业建构专项合规体系必须包含合规管理的基础性要素和专门性要素。前者系企业开展合规管理所必需的基础性合规管理要素。它在整个合规管理体系中具有全局性和基础性的地位，[①]如合规管理组织、合规管理基础制度、合规风险管理和合规文化建设等。基础性要素的适当建构可以为企业建立系列专项合规管理体系奠定制度基础和运行平台，引导企业合规管理的方向。后者则包含为预防或应对某领域风险或者防范某类犯罪的发生设置的专门性合规要素，在合规管理体系中居于核心和保障地位，如反商业贿赂合规体系中有关预防商业贿赂的行为规范、管理制度和流程等。此种合规要素的引入应遵循"针对性""补救性"等原则，确保合规各项举措针对企业那些存在重大风险的业务环节和管理流程，弥补原有管理漏洞和制度隐患。专项合规管理体系的有效实施有赖于两类合规要素的有机衔接和深度融合，以使该专项合规管理体系既能达到预防某类合规风险发生或再次发生的目的，也能为企业未来建构其他类型的专项合规管理体系创造条件，并逐步实现全面合规管理体系的建设目标。[②]

与全面合规管理体系相比，企业专项合规管理体系的目标往往具有短期性和可考核的特点。如在合规管理体系外部监督的情境下，企业专项合规管理体系建设或者完善的目标通常须包含为避免与案涉犯罪，或者违法行为密切相关的合规风险事件的再次发生，建立预防案涉犯罪行为的制度、流程体系以及开展相关合规培训等内容。为实现这些目标，企业识别合规义务的范围被缩减，通常为特定领域的法律法规。由此大幅度降低了企业甄别合规风险的难度和工作量。那些具体的、现实的和迫在眉睫的合规风险将成为这类专项合规管理体系的关注重点。

专项合规管理体系强调体系建构满足"相称性原则"，即企业不必建立整齐划一"大而全"的合规管理体系，而应视企业所处行业、规模、业务特点、发展战略及合规风险状况，引入特定差异化的合规管理要素。由此既可避免合规资源投入的短缺和不足，又可防止合规资源过度投入，减轻企业管理成本。[③]

全面合规管理体系与专项合规管理体系在本质上是相通的。无论是全面合规管理体系抑或专项合规管理体系，两者均是对一定范围内的法律法规(监管规定)、行业规范、企业规章制度、国际条约惯例等合规义务识别合规风险，进而开展有序的合规管理活动。虽然全面合规管理体系通常还包含领导责任、组织体系、制度体系、运行和保障机制、合规责任落实、合规文化、体系认证等系列因素在内的一整套管理体系。但判断企业经营管理活动是否合规，往往还是从专项合规管理体系的视角出发。由此，为确保专项合规管理体系能够发挥实效，与专项合规管理体系运行有关的组织体系、制度体系、运行及监督问责体系也必不可少。显然，企业在合规管理体系发展方向上是从"专项(重点)合规"向"全面合

---

① 季美君. 论通用合规[J]. 民主与法制，2022(19)：47-49.

② 例如，中兴通讯公司在美国司法部门的监督下，最初被迫建立出口管制合规体系。后来，该公司又在此基础上，扩展了专项合规管理体系的领域，即反商业贿赂合规管理体系和数据合规管理体系。温丹阳. 企业合规典型案例：中兴通讯出口管制合规体系[EB/OL]. (2020-07-17) [2024-03-01]. http://www.senior-rm.com/detail.aspx?id=31521&nid=165&pid=0&tid=0.

③ 本节"专项合规管理体系建设"部分参阅陈瑞华. 企业合规整改中的专项合规计划[J]. 政法论坛，2023，41(1)：28-44.

规”转化，还是从“全面合规”的“有形”向重点领域合规管理的“有效”提升取决于企业的客观需要。

第三节　合规管理体系与其他管理体系的关系

引例

京城机电风险一体化管理体系

北京京城机电控股有限责任公司（以下简称京城机电）是北京一家从事大型装备制造与服务的国有企业。2007 年 8 月，京城机电制定《法律事务管理制度》，成立法律事务中心，逐步建立法律风险防范体系。2015 年，京城机电完成内控体系建设。2017 年 9 月，京城机电制定《经营风险防控体系建设方案（试行）》《风险信息库》，初步建立经营风险防范体系。2018 年起，京城机电启动合规管理体系建设。在上述体系的建设和实施中，法律合规工作由法律事务部门负责，风险管理由运营管理部门负责，内控体系由财务部门负责。京城机电所属下级单位的法律、合规、风险、内控管理也由相应部门分别负责。在工作推进中，京城机电发现各体系存在职能交叉、工作重复、合力不足、效率不高、效果不显著等问题。

为解决上述问题，京城机电决定组建法律风险控制中心作为前述四个体系的归口管理部门，成立风险一体化管理平台，以风险管理为导向，将内部控制和合规管理纳入风险管理基本流程，为法律事务管理提供专业支持和保障，构建平台统一、信息共享、流程整合、功能强化、协调运转的“法律、合规、风险、内控一体化管理体系”（以下简称风险一体化管理体系）。京城机电建立“1＋N”制度体系，“1”是《法律、合规、风险、内控一体化管理制度》，对职能融合、体系融合、组织机构及职责、基本管理模式、基本管理流程等予以明确。“N”是对具体事项的细化规定，如合同管理办法、法律纠纷管理办法、内控合规手册、内控合规评价手册等。京城机电从风险评估、风险控制、报告与监控、宣传培训、监督与改进、考核与责任追究等六方面，对风险一体化工作实施闭环管理，不断优化风险一体化管理体系。①

京城机电风险一体化管理体系的实践是我国国有企业大风控体系融合的典型案例之一。对大多数中国本土企业而言，相对于“内部控制管理”（以下简称内控管理）、“全面风险管理”（integrated enterprise risk management，ERM，以下简称风控管理）和“法律事务管理”（以下简称法务管理）而言，“合规管理”是一个相对陌生的外来词汇。“合规管理”与

① 王军，王新文，黄碧波，等. 大型国企法律、合规、风险、内控一体化管理体系[J]. 国企管理，2021，(16)：32－39.

上述几种管理体系都源于企业长期的经营管理实践，内容交叉重叠、关联融通，但彼此又因内涵和外延以及侧重点、管控方法的不同而各具特色。由于不同体系的设立源于不同的规范性文件，实践中，很多国有企业进行合规管理体系建设时业已存在其他三个体系下的制度文件及流程，不同体系下的制度文件可能归属于不同部门管理，也可能合并于同一部门管理。在国务院国资委“强内控、防风险、促合规”的政策号召下，越来越多的国有企业在体系融合方面积极探索，形成了一批各具特色的“多位一体”的大风控体系。

一、不同管理体系的差异性

企业的法务管理是为适应企业外部法治环境的变化及企业内部治理的需要，通过建立健全法律风险管控体系，对企业内外部法律风险进行有效管理的活动。传统法务管理的核心职能包括法律危机管理、合同管理、知识产权管理、纠纷管理等。[①] 内部控制，是企业董事会、监事会、经理层和全体员工实施的、旨在实现控制目标的过程。企业实施内部控制的目标是保证企业经营管理合法合规、资产安全、财务报告及相关信息真实完整，提高经营效率和效果，促进企业实现发展战略。[②] 风险管理体系则是企业围绕总体经营目标，通过在企业管理的各个环节和经营过程中执行风险管理的基本流程，培育良好的风险管理文化，建立健全全面风险管理体系，包括风险管理策略、风险理财措施、风险管理的组织职能体系、风险管理信息系统和内部控制系统，从而为实现风险管理的总体目标提供合理保证的过程和方法。[③] 企业的法务管理、内部控制、全面风险管理及合规管理体系因在不同历史时期和不同部门的推行下，各自呈现不同的发展脉络并各具特色。

（一）管理目标和内容

依据《中央企业全面风险管理指引》，实施风险管理体系的企业应从实际出发，以对重大风险、重大事件的管理和重要流程的内部控制为重点，积极开展全面风险管理工作。在工作内容上，企业要以风险管理为核心，包含收集风险管理初始信息、进行风险评估、制定风险管理策略、提出和实施风险管理解决方案以及进行风险管理的监督与改进等基本流程。

内控体系涉及企业业务的全过程，通过对内部资金流、物流以及人力资源流的控制，实现对企业政策、经营、财务和战略的风险管理，促使企业以合理的成本实现内部管理的稳健性、科学性与有效性。内控体系多由企业财务部门主导，对企业全面预算、资金营运、资产管理、财务报告、销售业务的销售收款、采购业务的购买付款等关键环节的信息流实施控制。这些控制多以企业内部财务和会计控制为侧重点，对控制结果的客观性要求较高，却较少体现非财务信息。从管理内容来看，内控体系与合规管理体系均基本涵盖企业

① 卞传山. 企业法务与合规管理实务[M]. 上海：上海交通大学出版社，2021：6.
② 2008 年《企业内部控制基本规范》第三条。
③ 2006 年《中央企业全面风险管理指引》第四条。

所有业务和管理层面，均须满足合法、有效、合理等审查和控制标准。不过，它们在管理内容的侧重点上存在明显差异：大多数企业的内控体系侧重于对企业会计账表信息、财务预算、经营风险以及内部控制效果的检查和评价。由此，内部会计控制的有效实施就是保证企业各项活动实时受控，实现合规管理的目标。

从管理目标上讲，内控体系致力于防止财务欺诈、会计舞弊。合规管理则致力于防控企业因违法违规而遭受声誉受损、高额赔偿、行政处罚乃至刑事处罚。企业风险管理体系所管控的对象包含违规风险，因此易使人们误认为风险管理包含合规管理。不过，企业的风险管理是以承认风险客观存在为前提，以将风险控制在企业能够承受的范围，即风险偏好的范围内为风险管理的目标。换言之，企业风险管理力求有效控制风险而非尽数消除风险。相比而言，在合规管理的过程中，企业必须遵循对合规风险"零容忍"的态度。否则，企业基于成本效益分析或基于合规管理效率所作出的对违规行为的任何容忍，均会激怒公众，引发监管者的密切关注。由此可见，企业风险管理与合规管理在管理理念、管理逻辑和管理内容上都存在较大区别。

合规管理体系应强调对企业各类（或某类）行为的合规遵从性要求，强调对违反法律法规、行业标准、商业道德等情形的审查与监控。其所涉及的企业管理行为的范围可能不及内控体系和全面风险管理体系的范围广，但通过合规部门对企业违规次数、监管处罚统计、内部举报等内容的统计分析，能更显著反映企业全面风险情况和经营状况等。与前述体系相比，合规管理体系更关注企业各项经营和管理活动中风险及潜在风险的识别、预测、分析和评估，通过员工培训等合规文化培育等方式，实现企业对社会责任的承担。①

（二）风险类别和来源

企业的风险类别具有多样性，包含战略风险、财务风险、市场风险、运营风险和法律风险。对于实施全面风险管理体系的企业，只要与其生存和发展相关的风险和风险来源均应纳入该企业风险管理体系的范围内，而不区分是否来自国内外抑或企业内外。企业的职能部门和业务单位应按照职责分工的不同，广泛、持续地收集风险信息，而后进行筛选、提炼、对比、分类、组合，以便进行风险评估。

相比而言，企业内控体系关注的风险多源于我国会计法、审计法、税法、公司法、上市公司信息披露等法律、法规及企业内部规范。而合规管理体系的风险类别和来源更多取决于企业实施的是全面合规管理体系还是专项合规管理体系。前者的风险类别和来源具有广泛性；后者则可能视企业合规管理目标的差异，局限于某一领域的法律、法规及企业内部规章制度。

（三）风险控制方式和实施手段

内控体系的风险识别活动多通过内部审计工作来确定风险产生的部门或环节，各部

① 郑雅方. 论政府介入企业合规管理的风险及其防范[J]. 法商研究，2021，38(3)：80－91.

门往往根据部门职责和工作流程处理风险。全面风险管理体系和合规管理体系则通过对风险的主动识别，及时发现企业舞弊或违规行为，进而积极采取风险应对策略和处理措施，提前对风险作出预判并制定控制措施，从而减少损失。合规管理体系则强调企业违规情节的应对与处理，注重将“外规(外部规范)”转化为“内规(企业内部制度)”，从而实现对照法律法规、行业规范等规范员工行为之目的。

在风险管理策略方面，全面风险管理体系更注重从全局视角，围绕企业发展战略，确定风险偏好、风险承受度、风险管理有效性标准，选择多种风险控制方式，如风险自担、风险规避、风险转移与转换、风险控制等。内控体系则包含内部环境、风险评估、控制活动、监督评价以及信息沟通等方式。而合规管理体系还会包含合规风险预防与控制机制、合规培训、举报及处理等。[①]

(四) 体系运行不力的后果

企业的风险管理体系若运行不畅，可能存在不能及时识别潜在风险或不能正确评估风险所致损失或采取风险防御措施不当等问题。由此导致的后果，要视风险损害性影响的大小来判定。

企业内控管理失灵将会导致企业相关制度不能发挥其应有的作用，进而引发内部管理混乱。相关职能部门，如财务部门、人力资源部门、资产管理部门等的作用发挥有限。若及时调整，企业内控体系失控的后果能够得到修正。

合规管理失控的后果一般比较严重。合规管理体系的失控往往意味着企业违规经营，可能面临被行政机关处罚、项目关停甚至受到刑事处罚等较为严重的后果。同时，员工个人的违规行为不仅导致其本人会面临国家法律的制裁，也可能会造成企业遭受各类制裁或者损失等。

二、不同管理体系的共通性

企业管理，某种意义上就是对内外部各项风险的管理。风险管理包含了内部控制，内部控制的首要目标就是合规，合规管理则涵盖了内外部各项规则的要求。因此，不同管理体系以诚信为原则、以规则为纽带，在实现企业合规经营的目标下，遵循系统与动态运行的体系运行要求，共同成为满足企业治理需要的内生机制。

(一) 企业内部治理的衍生机制

内控体系最初是为了防止企业内部财务舞弊、加强财务监督与管理而形成的制衡机制，以实现其会计信息准确、资产运转安全高效。之后，为符合企业管理目标变化之需，内控体系从会计控制发展到综合控制，从“差错防弊”延伸到对企业内部一切活动的管理与控制。

---

① 林君寿.对企业合规管理与内部控制建设整合的思考[J].中外企业家，2020(17)：47.

合规管理则是外部监管要求与企业内部遵从契合度的差异产生的合规风险的评估与应对。它是企业内设立的对员工行为的监管和控制体系。因国际社会合规治理要求的变化，企业合规管理已从最早诞生于金融保险类企业，逐步推广至建筑工程、医疗卫生、航空航天等行业企业，现已成为各类企业都需遵循的内部治理体系。企业合规管理的内容也从单纯应对监管，逐步发展到企业为实现管理目标，而对职务舞弊、腐败、贿赂、数据违规使用等各种不合规行为的内生控制机制。

（二）实现目标的一致性

根据 COSO 对内部控制的定义，其三大主要目标是经营目标、财务目标及合规目标，以确保企业经营信息和财务报告的可靠性、资产安全及运营管理效果的实现。内控体系的合规目标与合规管理的目标一致，企业都须遵循法律和法规。合规管理的基本目标是应对企业运行中的各项合规风险，降低企业发展中的各种威胁，采取应对措施有效预防和处理管理者与员工的违规行为，确保企业治理效果的实现，更好地帮助企业实现内部控制的目标，进而有利于实现企业经营管理的总体目标。

（三）系统性与动态性

所有系统都需要经过体系设计、制度执行和效果评价等阶段；在采取的措施上，通常均经历事前控制、事中控制和事后控制等措施。

企业实现会计控制和管理控制目标时，须针对企业一系列活动展开，涉及企业组织机构、授权审批、会计记录、预算、风险和人员等多方面的控制。企业经内部审计后，须根据审计结果与各部门完成信息沟通，督促问题整改并评价其改正情况，从而形成动态、闭环管理过程。

合规管理的主要职能是为企业规避或减少风险，提供合法合规性行动指针。由于企业外部的合规监管环境的变化，企业须随之调整并适应这一变化。由此，企业合规管理体系须定期比对企业活动与外部监管环境的相符性，结合合规风险的识别、评估结果，持续修订企业内部管理制度和流程，形成动态往复的运行体系。

因此，内部控制和合规管理都会随着环境的改变而改变其控制活动，是合规管理的基础性工作。企业风险可随着投资人或股东、管理相关者、战略目标、主营业务等方面的变化发生重大变化。规避或减少企业风险需要合规管理部门根据风险等级、风险偏好、管理目标等，对应风险控制措施进行动态性调整。

三、多体系的协同与融合

自 2015 年 12 月国务院国资委《关于全面推进法治央企建设的意见》提出“探索建立法律、合规、风险、内控一体化管理平台”以来，关于“合规体系与内控体系、风险管理体系等的融合”就一直是一个焦点话题。此后，国务院国资委又先后提出“实现强内控、防风险、促合规的管控目标”，建立以内控体系建设与监督制度为统领，各项具体操作规范为支撑的“$1+N$”内控制度体系；[①]“构建全面、全员、全过程、全体系的风险防控机制”；[②]“探索构建法律、合规、内控、风险管理协同运作机制，加强统筹协调，提高管理效能”。[③] 2023年，国务院国资委再次对央企内控体系建设与监督工作提出细化要求，包括加强组织领导与管理体制机制、强化内控制度建设、深入开展内控专项整治、强化重大风险防控、增强境外资产风险管控和提升内控监督评价质量等。[④] 可见，深化全面风险管理、内部控制、合规管理，形成融合统一的合规管理体系已成为新时代企业（特别是国有企业）的重要工作之一。

尽管法律、风险、内控、合规等不同管理体系各具特点，但将割裂的、散落于不同职能的管理风险要素进行整合沟通是企业内部治理体系发展到一定阶段的必然选择。为此，企业建设与完善合规管理体系时，应尽可能将合规管理体系深度融合于企业内部管理组织体系与流程体系中，加强不同管理体系的协同与相互融通，降低企业内部管理信息的不对称性，优化流程、减少管理环节、提高工作效率和效果，增强企业整体风险管理能力。[⑤]在稳步推进合规管理体系与其他管理体系的协同与融合中，企业应遵循以下基本原则与实施路径。

（一）以合规义务与合规风险为导向

合规管理体系与法律、内控、风险管理等其他体系协同运作的基础，均与企业面临的合规义务和合规风险相关。它们均着眼于对企业某类风险进行预防、监控与应对。由此，不同体系可能会对同类风险开展风险识别和评估活动，进而相关工作可能存在交叉和重合。不过，鉴于风险的来源、性质和类别的差异性以及不同管理体系的专业性、管理目标及流程的差异化要求，完全将它们进行“合并”不具有现实基础。

（二）以制度和流程为关键手段

合规管理体系与企业其他管理体系存在的意义和价值一样，均应服务企业，提升企业的竞争力。由此，合规管理体系与企业其他管理体系在构建与实施时，均应遵循将合规义务以企业内部规章制度和管理流程的形式内嵌于企业各项经营活动中，助力企业各项活动稳定、持续开展。同时，鉴于上述各项管理体系所具有的监督、管控属性，它们在融合于企业经营的过程中，也应遵循独立性原则，以发挥体系的作用与价值。

（三）以措施的实施与执行为保障

合规管理体系与企业其他管理体系均以企业各项风险的防范为导向，以防范各类风

① 2019年10月国务院国资委《关于加强中央企业内部控制体系建设与监督工作的实施意见》（国资发监督规〔2019〕101号）。

② 2020年6月国务院国资委《关于开展对标世界一流管理提升行动的通知》（国资发改革〔2020〕39号）。

③ 2021年11月国务院国资委《关于进一步深化法治央企建设的意见》（国资发法规规〔2021〕80号）。

④ 2023年2月国务院国资委《关于做好2023年中央企业内部控制体系建设与监督工作有关事项的通知》（国资厅监督〔2023〕8号）。

⑤ 王雨辰，李琦. 企业合规指南与风险防控[M]. 北京：中国法制出版社，2022：18-19.

险事件的发生作为主要的实施目标。由此，“防患于未然”是上述各类管理体系的工作特点。而风险事件的产生具有较大的不确定性，若风险管控措施没有被企业员工执行到位，则上述各类管理体系可能形同虚设，无法发挥应有的效果。

尽管合规管理体系与企业其他管理体系具有协同与融合的可能性，但是，它们毕竟在功能定位、实施手段、实现目标方面存在着明显区别。由此，企业在推进体系协同或者融合的进程中，须避免“合而不融”和“融而不合”的误区，尊重企业内不同管理体系由不同部门或岗位人员实施，履行不同职责的现实情况。

案例选读与思考

1. 阅读以下几则我国传统典故，思考并回答问题。

(1) 无商不“奸”还是无商不“尖”?

“无商不尖”的典故来自古时米商。古时候普通百姓买米是以“升”或者“斗”作为量器，其形状是上宽下窄的一个梯形。卖家把斗装满，然后用竹片把隆起的米抹平，让米与斗一样平，一斗刚好就是一升。后来有贩米的商人，在竹片抹平斗中的米后，会另外再给买家加一小撮米，形成一个“尖”，称作“添头”。这种让利的做法使商家赢得了好口碑，生意越做越大。可见，无尖不商、无商不尖的“尖”是“冒尖”的“尖”。久而久之，这一做法在其他行业也有体现，如布庄卖布有“足尺放三”“加三放尺”的做法；拷油拷酒，商人会最后再给客人多舀一点“添头”等。这些做法就是“无商不尖”的来源。“无尖不商”反映了中国传统商道精神的传承，也是中国传统哲学思想“利缘义取，财自道生”。而“无商不奸”则用于形容那些为了利益不择手段的狡诈商人，也用于讽刺“没有商人是不奸诈”的社会现象。从古时的“无商不尖”讹传至“无商不奸”，意思截然相反，反映出人们对违背商道精神的批判。企业经营管理上若以次充好、欺人诈人，把“尖”变成了“奸”，用虚张声势营造企业的知名度，最终只会自砸招牌。①

(2)“半斤八两”的由来

成语“半斤对八两”源于旧制，一斤为十六两，八两即半斤，半斤、八两轻重相等，比喻彼此不相上下，实力相当。关于确定十六两为一斤有两种传说。

传说一：秦始皇统一六国时，因为度量衡不一致，严重影响各地经济往来和社会秩序。据说李斯在确定重量单位时，不知定多少作为一斤合适，遂将此事上奏秦始皇。秦始皇就在奏折上用小篆批复“天下公平”四个大字。因“天下公平”的笔画共计十六画，于是李斯就将一斤定为十六两。这一说法是否属实已不可考，但却能够反映出重量对于当时的人意味着一种公平。秦朝之后的 2 000 多年时间里，“十六两为一斤”的算法一直未变。②

传说二：十六两秤即“十六两为一斤”系商人祖师爷、春秋时期楚国人范蠡所定。传

① 葛基中，刘伟华. 夹缝中生存：打造利润之舟[M]. 上海：百家出版社，2008：191.

② 1959 年 6 月，国务院《关于统一计量制度的命令》将一斤等于十六两改为十进制的十两一斤。中医处方用药，则可继续使用原有的计量单位。

说范蠡把秤根据天上的北斗七星和南斗六星的星象，加上福禄寿三星，在杆秤上组成十六两的秤星，以星花的位置来定重量，十六颗星即为十六两为一斤，这种秤也被称为“十六金星秤”。这一说法同样饱含对商贩的警告，即买卖人要诚实信用、不欺不瞒；否则，缺斤短两要受到惩罚。短一两无福，少二两少禄，缺三两折寿。[①]

(3)“千金散尽还复来”

李白诗曰：“天生我材必有用，千金散尽还复来。”讲的是春秋末期范蠡的故事。范蠡不仅提出大量经济治国的宝贵思想，更重要的是他具有超然物外的“富好行其德”的品质。范蠡仁心济世，三致千金，又三次尽散其财。[②]

思考下列问题：我国古代“无商不尖”的让利行为，“半斤八两”的诚信告诫，“君子爱财，取之有道”的说法对于现代企业合规管理有何启示？

2. 阅读西门子公司(Siemens)合规整改材料，思考并回答问题。

2006年11月，西门子公司因涉嫌商业贿赂受到德国慕尼黑检察机关的调查。2008年年底，美国司法部以违反FCPA会计条款对西门子公司提起刑事诉讼，同时美国证监会以该公司违反会计法和反贿赂条款提起民事诉讼。美国政府认为，西门子公司及其子公司多年向多个外国政府官员行贿14亿美元以获取业务，母公司没有执行内部反腐败监控制度，参与伪造公司账簿和记录。

为避免更坏结果的发生，西门子公司与美国、德国的执法部门达成和解协议，缴纳巨额罚款，开展合规整改。它聘请美国律师进行两年的内部独立调查，并重建了一套庞大、完善的合规管理体系。西门子公司对管理团队作出大幅调整，并重新组建合规团队，同时聘请外部独立合规监察官持续监督公司合规改进情况，聘请会计师事务所和律师事务所开展对公司的独立调查。由此，西门子公司也建立了独立而权威的合规管理体系。

深入了解西门子公司的合规管理体系，思考合规体系如何影响或者促进企业的可持续发展。

3. 很多企业都设有内部控制部门、法律事务管理部门，以专门负责企业内部控制或者法务管理工作。在推进合规体系建设中，一些企业将合规等同于风险防控或者内部控制工作，或者将合规部门设置在内控部门之内。你认为企业内部控制部门或者法务部门能否直接成为合规管理部门履行合规管理体系运行的职责？

4. 企业在构建合规管理体系时，应构建全面合规管理体系还是专项合规管理体系？请列举相关理由。

5. 企业构建合规管理体系的动力体现在哪些方面？

6. 一个完善的合规管理体系应具备哪些特征？并起到怎样的效果？

7. 企业合规管理体系如何达到外部监管部门的有效性标准？不同规模、不同类型企业的合规管理体系的有效性标准是否会有所不同？

8. 不同领域专项合规管理体系的有效性标准需要考虑哪些要素？

---

① 骆英，蓝兰. 说说“半斤八两”[J]. 中国计量，2022(9)：65-66，105.

② 刘俊生. 从两度奇相到东方商圣：范蠡传[M]. 武汉：华中科学技术大学出版社，2021：266-267.

第七章

合规管理组织体系与制度体系

引 例

保乐力加集团“双向互动”合规管理模式

保乐力加集团(Pernod Ricard)(以下简称保乐力加)成立于1975年,是世界第二大葡萄酒和烈酒集团公司,管理总部位于法国巴黎①。保乐力加秉持“集团整体战略,并尊重世界各下属公司运营自主权的去中心化”的管理理念。这一理念下的合规管理体系呈现“双向互动”和“模块化推进”的特点。

保乐力加确立统一的合规原则,厘清集团道德底线,并就反洗钱、反商业贿赂、反垄断、利益冲突、数据合规、内幕交易等作出原则性声明,全体员工都必须遵守。考虑到下属公司合规环境的差异,保乐力加允许各下属公司可视自身情况制定确保这些原则得以实施和遵守的制度、流程和措施。这一“双向互动”的合规管理模式确保了集团合规管理体系的一体化运行和集团与其下属公司体系运行上的持续配合与互动。在风险管理方面,为预防可能存在的合规风险,保乐力加搭建了一套消费品行业通行的合规风险识别与评估框架,力求覆盖集团全业务周期、各管理条线和各管理环节;以此框架为指引,下属公司可结合各国法律及合规环境开展本地化合规风险识别和评估工作,完成合规风险识别报告,制定各自合规制度和管理流程。“双向互动”还体现在易于标准化的合规管理环节上。保乐力加配备尽调平台 Partner Up②、举报平台 Speak Up③ 等数字化合规管理工具。各下属公司可结合自身特点和需要,自主决定使用或选择本地其他合规管理工具,提高管理效率。

为满足各业务单元的合规管理需求,保乐力加合规管理团队在与业务部门紧密合作下,采用“模块化推进”方式,逐步在礼品、招待与赞助,第三方合作伙伴签约前尽职调查,员工利益冲突申报与处置,内部举报与合规调查,应收账款反洗钱审核,广告传播及消费者个人信息保护与出境等方面完成合规风险的识别、监测,制定合规计划,推出合

---

① 2021至2022财年,该公司净销售额超10.7亿欧元,在全球73个国家和地区拥有18 500名员工(https://www.pernod-ricard.com/)。

② 全球咨询网络公司(Global Advice Network)建立的第三方尽职调查平台(https://ganintegrity.com/about/)。

③ 总部位于美国俄勒冈州波特兰市的风险与合规管理软件和服务供应商 NAVEX 运营的举报热线平台。NAVEX也是世界上第一个通过 EthicsPoint® 热线和事件管理软件为举报人提供热线帮助的组织(https://www.navex.com/en-us/company/)。

规管理制度与流程以配置合规责任、落实合规考核整改和警示教育等。上述合规管理制度与流程全面渗透于企业领导层、管理层、各业务部门和岗位中，有效发挥了合规管理体系的各项功能。①

搭建合规管理体系是对企业现有管理体系的重大调整，也是企业管理的新要求和新的工作任务。企业需要建立强有力的合规管理组织架构，完成从决策层、管理层到普通员工合规职责的授权及分配。合规管理体系是一种管控型管理体系，必须依赖企业内部规章制度方能落地实施。合规管理制度体系是合规管理体系中最为关键的子体系，也是合规管理工作“有形化”的体现。合规管理组织体系和制度体系的建设，有助于为企业搭建起责任明确、层次清晰、管控严密、上下联动的一体化合规管理体系。本章主要探讨企业合规管理组织体系和合规管理制度体系的建设、原则、主要内容和工作机制等。

第一节　合规管理组织体系

引例

北京汽车集团的合规管理组织体系

2014 年，北京汽车集团有限公司（以下简称北汽集团）启动合规管理体系建设。2017 年，北汽集团成立集团合规委员会，任命首席合规官，将法律事务部更名为法律与合规部，设置合规管理中心，明确上述机构和人员的职责。北汽集团对下属公司实行“直接管理和派出管理为主，报备管理为辅”的合规管理模式，以 3 项基本制度、20 余项流程表单和信息化工具为支撑，对 12 个领域进行合规闭环管控。经过多年合规管理实践，北汽集团开启合规管理体系的升级改造：积极推动合规管理与法务、内控、审计、纪检监察等工作的统筹、衔接；将合规管理全面嵌入企业规章制度、工作标准及业务流程中。在原有合规管理组织架构下，北汽集团不断完善党委会、董事会、监事会及经营层的合规职责，明晰合规管理综合部门、合规专项部门以及合规参与部门的职责及其协同联动。为确保合规管理工作的独立性，北汽集团确立重大合规事务合规负责人（首席合规官或法律与合规机构负责人）直接向董事会（或执行董事）、监事会（或不设监事会的监事）、董事长、总经理（或总裁）汇报机制；下属公司合规负责人就重大合规事务也能直接向集团首席合规官、集团合规管理中心汇报。②

---

① 以上内容由保乐力加（中国）贸易有限公司法律合规部周洁琼提供。

② 孙彦臣. 北汽集团合规管理体系实践[EB/OL]．(2022-09-05)[2024-03-01]．https://www.toutiao.com/article/7139908441958564367/?app=news_article&timestamp=1679350107.

合规组织体系是合规管理体系有效运转必不可少的结构性要件。良好的合规管理组织体系应遵循高层承诺、相称性与独立性等原则，厘清相关主体职责，确保合规管理工作有条不紊地进行。合规管理组织机构是企业开展合规建设、推动企业内部合规治理的重要力量。高级管理层应根据企业规模、业务特点、组织架构、经营状况和发展战略等，明确企业合规管理治理结构，设置合规管理机构与职责，健全完善的合规管理工作机制，以确保企业合规管理体系正常运转。缺乏有效运行的合规管理组织体系，企业难于从纸面“静态合规”走向实际运行的“动态合规”，[①]更遑论发挥预防犯罪的作用。

一、合规管理组织的设立原则

（一）高层承诺原则

高层承诺原则（principle of top level commitment）是企业具有决策权、监督权和经营管理权的机构及主管人员，如董事会、监事会、高级管理人员等，对企业通过合规管理实现有效预防违法违规行为的目标作出正式承诺，并为此在合规组织机构建设、合规管理资源投入、合规准则与合规政策的遵守、合规文化的传达、惩戒措施的落实以及合规与业务冲突时的解决等方面承担责任。孔子云：“先行其言而后从之。”[②]企业合规若要实现预期效果，企业高层须“自上而下”地重视与支持。唯有如此，合规管理部门的权威性方能确立，进而调动企业内部资源执行合规管理各项计划；督促企业各部门落实合规管理工作，如合规风险的识别与监测、合规制度的制定与执行、违规事件的处理与应对等。[③]

高层承诺原则早已被美国、英国、法国等实施合规监管的国家所认可。一些国际公约或国际规范文件也将该原则作为判定合规管理有效性的重要标准之一。2005 年，巴塞尔委员会《合规与银行内部合规部门》在引言第 2 条就强调，合规应从高层做起，唯有董事会和高级管理层做出表率，合规管理体系才能发挥作用。该文件同时明确董事会、高级管理层在合规风险管理及合规文化的贯彻、执行等方面的责任。[④] ISO 37301 也强调最高管理者在推进企业合规管理方面的重要性，并强调在作出合规承诺、制定合规方针与目标以及分配合规职责和权限等方面，最高管理者均应发挥合规建设的领导作用。我国《中央企业合规管理办法》在第二章明确央企党委（党组）把方向、管大局、促落实的领导作用；董事会发挥定战略、作决策、防风险作用；经理层发挥谋经营、抓落实、强管理作用；企业主要负责人应当切实履行依法合规经营管理重要组织者、推动者和实践者的职责，积极推进合规管理各项工作。[⑤] 由此可见，企业搭建合规管理组织体系时应遵循高层承诺原则。

企业最高层应在以下方面履行承诺：一是在合规管理组织体系的搭建，合规方针、合规目标的制定，推动合规管理体系的制定和有效运行方面；二是在企业合规价值的传达、企业合规文化的传播及合规管理各项制度的率先垂范方面；三是在合规管理体系有效运

① 张阳. 企业合规组织体系有效性标准的检视与完善[J]. 中国刑警学院学报，2024，(1)：25－36.
② 《论语·为政》。
③ 陈瑞华. 合规整改中的高层承诺原则[J]. 法律科学(西北政法大学学报)，2023，41(3)：76－88.
④ 巴塞尔委员会官网相关介绍(https://www.bis.org/publ/bcbs113.pdf)。
⑤ 《中央企业合规管理办法》第七至十一条。

行的维护职责方面，如对合规管理资源的投入以及合规管理与业务管理工作的协调等。[①]企业的高级管理层应对企业内部合规治理作出承诺和高度关注，领导、监督和推进企业合规管理各项工作有条不紊地进行。

(二) 相称性原则

相称性原则又称比例原则，是指为达到有效防控合规风险的目标，不同规模、不同类型、不同行业特点的企业应建立与其合规管理体系相适应、满足企业合规管理需求的合规组织体系。而不考虑企业规模、治理结构、经营情况、业务类型、行业特点和合规风险特征等因素，动辄追求“大而全”或“标准化”的合规管理组织体系的做法，容易令企业合规管理体系陷入“纸面化”的陷阱中。这不但会浪费企业合规资源，也容易导致合规管理机构过多，流程繁杂、冗长，降低管理效率。

相称性原则可理解为“必要性原则”，即企业在达到有效防控合规风险的前提下，尽量选择更小体量的管理架构、制度安排和运行机制，避免管理架构过于繁复导致额外的经营成本。同时，相称性原则也可理解为“比例原则”，它意味着企业合规组织架构与人员安排完成企业合规内部治理所需即可。在企业规模扩大、业务领域扩宽、涉足新的行业或者领域以及面临的合规风险有所增加的情境下，合规管理组织架构应适时调整。[②] 例如，全球化经营的企业，在业务可能面临国际制裁或贸易出口管制时，应当考虑设置制裁清单审查岗位；规模较大、合规风险较为复杂的企业，在构建全面完整的合规管理组织体系时，应在重点领域设立专职合规管理岗位或者合规联络人员。

相称性原则目前已经被许多国家法律视为有效合规管理体系的基本评价准则之一。美国评价企业合规管理体系有效性时，会根据企业规模、结构和风险情况，来判断企业是否投入了足够的合规人员和资源。[③] 我国相关监管部门在进行企业合规监督时，也会将“相称性原则”普遍用于评价中小微民营企业的合规管理组织建设，认为这类企业既可以专设合规管理机构和合规管理人员，也可以只设置兼职合规管理人员。相反，央企因其管理层级多、经营区域广布、生产经营种类丰富、合规风险点繁复、职能分工精细以及内部管理的专业化程度较高，国务院国资委要求其设置全面而完整的合规管理职能机构，不仅包括合规管理委员会、专门的合规管理部门。同时，为适应央企全面合规管理体系的运行需要，国务院国资委还对业务部门和合规相关部门提出了较高的管理协助要求。

(三) 独立性原则

独立性原则是指合规管理部门在企业内部有权独立自主地开展合规管理工作，不受业务部门或其他管理部门的干预或限制。保持合规管理部门工作的独立性是确保合规管理体系有效运行的组织保障。它不但意味着合规组织机构在设置上的独立性，合规管理部门领导拥有独立地位，还意味着合规管理部门的合规管理活动不受企业其他部门的干

---

① 陈瑞华. 合规整改中的高层承诺原则[J]. 法律科学(西北政法大学学报)，2023，41(3)：76－88.
② 陈瑞华. 有效合规管理的基本原则[J]. 上海政法学院学报(法治论丛)，2024，39(1)：14－31.
③ 陈瑞华. 有效合规的中国经验[M]. 北京：北京大学出版社，2023：290－297.

涉。巴塞尔委员会在阐述合规部门的独立性原则时，强调设立独立的合规部门是银行或金融机构最为优先考虑的稳健做法。为此，合规部门在银行内部应拥有独立地位，并能独立行使职权；应获得足够的资源支持，且应避免合规管理职责与其他职责间存在利益冲突。① 我国《境外合规指引》也强调企业的合规管理应从机构设置、岗位安排及汇报路径等方面保证独立性。合规管理机构及人员承担的其他职责不应与合规职责产生利益冲突。②

合规管理部门独立履职的重要保障之一是企业应确立合规部门的权威性。为此，企业合规管理部门的领导（首席合规官）应为企业高级管理人员，对企业主要负责人负责。首席合规官全面负责推动合规管理工作有机融入公司治理体系，并对企业合规管理的整体成效承担领导责任。企业最高管理者对首席合规官身份独立性和工作独立性的持续评价和监督，是保障其独立履职的有效机制。企业可以规定合规管理部门履职可获取任何记录或档案材料，可以设置"合规巡视机制"，实现母公司合规部门对附属公司（子公司、分公司或派出机构）在合规管理上的"上令下从关系"，也应设置下级合规管理部门向上级合规管理部门、合规管理部门向合规管理委员会、合规管理委员会向董事会垂直上报的"合规独立报告路径"，或可就合规调查中的情况直接向企业最高管理层（董事会）报告，不受其他部门的辖制。

合规管理部门独立履职的另一重要保障是企业应确立"合规优先"和"合规与业务分离"原则。这意味着合规管理部门应从政策制定、流程执行到合规调查、执纪问责及整改等方面具有充分的"管人管事"权；合规管理部门应在企业业务和管理决策中发挥重要的影响力，任何重大决策均应经合规管理部门的合规审查。同时，合规管理部门的负责人和其他合规管理人员不应承担与合规管理职责存在潜在利益冲突的其他工作。

合规是控制风险的重要环节，容易被误认为是阻碍企业业务发展创新的因素。一方面，低估合规部门的价值将会使合规管理部门缺乏必要的资源支持，导致其职能的弱化或被侵蚀。这将不仅丧失合规创造价值的能力，也易产生合规风险不受控制的弊端。另一方面，鉴于合规管理工作的专业性及合规外延的不断放大，对合规从业人员在资质、经验、专业水准和个人素质等方面均有较高要求。这对企业培养和配置相关人员提出了更高挑战。同时，现代化合规管理工作也需要企业采用先进的信息化手段和工具，为合规管理部门及其履职优先投入必要的人力、物力和资金支持。③ 为此，企业应为合规管理部门提供充足和适当的资源，为合规人员提高专业技能提供必要的教育培训机会。④

二、合规管理的组织架构

合规管理组织系统是企业实施合规管理和建设合规管理体系的组织载体。建立独

---

① 巴塞尔委员会官网相关介绍(https://www.bis.org/publ/bcbs113.pdf)。

② 《企业境外经营合规管理指引》第五条第一项。

③ 李杨.重读巴塞尔委员会文件看银行业内部合规部独立性[EB/OL].(2019-03-20)[2024-03-01].https://mp.weixin.qq.com/s/N3bDWb7A8UtS91QVrzCC3w.

④ 陈瑞华.企业合规基本理论[M].2版.北京:法律出版社,2021:451-452.

立、高效、协调合作的合规管理组织系统是企业合规管理体系的重要组成部分。有效的合规管理组织架构有助于企业的治理机构和最高管理者确立职责分工明确、权限划分清晰、运行与监督机制分明的合规管理组织体系，确保各项合规要求和合规承诺落实到企业各层级和业务活动的各个环节。有效的合规管理组织架构同时能帮助企业各层级负责人和全体员工充分理解企业合规管理方针和目标、合规管理行为准则与自身工作的关系，确保员工自觉履行合规义务。

我国《中央企业合规管理办法》《境外合规指引》以及 GB/T 35770—2022 等均对企业合规管理组织架构作出规定。其中，《中央企业合规管理办法》按照法人治理结构，规定了央企党委(党组)、董事会、经理层、首席合规官等的合规管理职责，明确业务及职能部门、合规管理部门和监督部门形成合规风险管理的“三道防线”。《境外合规指引》则将境外投资企业的合规管理架构从合规治理结构、合规管理机构和合规管理协调三个方面，强调合规管理的决策层、管理层、执行层等各自不同的合规管理职责。GB/T 35770—2022 则从企业决策的分析框架入手，将合规管理组织分为治理机构和最高管理者、合规团队、管理层和人员，并赋予各自不同的合规管理职责。由此可见，合规管理组织架构应从“企业治理结构”和“防控风险”角度出发，形成纵向“三个层级”加横向“三道防线”的组织架构体系。

(一) 合规管理的决策部门

企业合规管理的决策部门通常包含董事会、监事会、合规管理委员会。它们是企业合规文化的引领者、合规政策的制定者和合规管理制度落实的监督人。它们对合规管理的重视程度直接影响着企业合规管理的质量和效果。为此，合规管理决策部门应以保证企业合规经营为目标，确立合规方针、合规目标，解决合规管理工作中的权力配置问题。不过，董事会、监事会、合规管理委员会在合规管理决策层的职责和作用有所区别。

董事会作为企业股东会的执行机关，是企业合规管理的最高主管机构。董事会在合规管理中的主要作用体现在战略制定、人事任免和重大决策等方面，以确保企业以合法、合规的方式运营。其所承担的合规职能包括但不限于：审议并批准企业合规管理基本制度；审阅并批准合规管理体系建设方案和合规管理年度报告；研究决定合规管理重大事项；推动完善合规管理体系并对其有效性进行评价；决定合规管理负责人的任免、合规部门的设置及其职责等。董事长是推进合规管理的首要责任人。

结合我国《公司法》《中央企业合规管理办法》等规定，监事会的合规管理职能主要是监督董事会和高级管理层是否履行合规管理职责。监事会的合规管理职能具体表现在：监督董事会的决策与流程是否合规并及时向股东会报告；监督董事和高级管理人员的合规管理履职情况；当董事、高级管理人员的行为损害公司利益时，要求董事、高级管理人员予以纠正；对违规行为提出调查的建议；对引发重大合规风险负有主要责任的董事、高级管理人员提出解任的建议；向董事会提出撤换企业合规管理负责人的建议等。

合规管理委员会通常由董事会设立或在董事长或总经理牵头下设立，由董事会成员和主要业务部门负责人组成。合规管理委员会承担合规管理的组织领导和统筹协调工作。它的合规管理职能具体表现在：承担构建合规管理体系的整体布局职责；负责组建合规管理部门；确认企业合规管理战略、明确合规管理目标；分配足够和适当的资源，建立、开发、实施、维护、评估和改进合规管理系统；评价合规管理体系构建及运行情况；审批合规管理制度、程序和重大合规风险处置方案；听取合规管理工作汇报，指导、监督、评价企业合规管理工作。

未设置董事会的中小型企业，可以考虑仅设置合规领导小组，由企业最高负责人或实际控制人作为成员，由一名不享有最高决策权的高管担任合规领导小组的负责人。合规领导小组应拥有对企业合规管理的最高决策权、监督权。

（二）合规管理的管理部门

合规管理的管理部门包括企业高级管理团队和合规负责人（首席合规官）。企业应任命最高管理层中的一员为合规管理部门的负责人。合规管理部门负责落实合规管理决策层作出的重大合规事项决策，具体职责包括：组织制定合规管理战略规划；参与企业重大决策并提出合规意见；贯彻执行合规管理决策层对合规管理工作的各项要求；领导合规管理牵头部门（合规部门）开展工作；根据合规管理决策层的决定，建立健全合规管理组织架构；组织起草合规管理年度报告；组织制定合规管理具体制度或规定；批准合规管理日常计划，采取措施确保合规制度得到有效执行；监督合规管理的执行情况；及时解决合规管理中出现的重大问题；领导合规管理部门，加强合规管理队伍建设，做好合规人员选聘培养，监督合规部门认真有效地开展工作；协调合规管理与各业务部门之间的关系等。

（三）合规管理的执行部门

合规管理的执行部门包括业务部门、合规部门和纪检监察、审计等部门。为有效管控合规风险，“三道防线”的横向合规管理组织形式被普遍应用于企业的合规管理组织架构中。它能够充分发挥企业既有的组织架构优势，结合各部门的特点和职能，明确差异化的合规管理职责，并将合规管理职能嵌入各部门、各管理条线和生产经营中，推进合规管理融入企业日常经营管理活动中，较好地解决与业务发展不相融的问题。同时，它也有利于提升合规管理的效能，彰显合规管理的价值。为此，合规管理的执行部门应明确工作职责到部门，细化工作措施到个人，形成“三位一体”的组织体系，共同促进企业合规管理工作的落实。

业务部门是企业合规管理的“第一道防线”。业务部门的首要任务是盈利，类似于赛场上的球员，进球多少关键看球员表现。不过，正所谓“离火越近，防火等级越高，防火能力越强”。考虑业绩多于风险的业务部门往往是接触合规风险的“前沿阵地”，也是引发企业合规风险或实施违规行为的主要部门。业务部门对合规负有首要责任，应发挥合规管理“第一道防线”的作用。它们防控风险是企业实施的成本最小、最划算的风险管控措施。为此，业务部门应遵从“管业务必须管合规”的原则，其合规职责包括但不限于：建立并持续完善本部门风控制度和流程；收集合规风险信息；识别合规风险；开展合规风险预警以及风险事件配合调查、处置与整改等。

合规部门是企业合规管理的“第二道防线”，是履行合规管理职能的部门。它在首席合规官或合规负责人的领导下，负责合规管理工作的落实，是企业合规管理工作的牵头部门。它同时也是统筹、连通“第一道防线”和“第三道防线”的中枢。第二道防线的相关部门类似教练员，“不亲自下场踢球，主要负责设定规则、提供提醒服务，并辅助球员在符合赛场规则下进球”。合规部门承担了专门性合规管理的工作内容，包括并不限于：牵头制定并推动贯彻落实合规管理制度、年度合规管理计划；审查评价企业规章制度和业务流程的合规性；组织、协调和监督各业务部门对规章制度和业务流程进行梳理和修订；组织合规风险识别与合规风险评估；撰写或全面整理企业的合规风险清单与合规风险评估报告；组织开展合规检查与考核，对制度和流程进行合规性评价，督促违规整改和持续改进；对违规举报信息及违规事件开展调查、处理和追责；推动合规管理绩效评价、合规管理体系有效性评价及整改等。为确保合规管理深入业务部门，合规部门还负有向业务部门解释合规管理制度、开展合规管理培训、宣传合规文化、协调审计监察部门开展合规专项调查、参与业务部门对商业伙伴的合规调查、串联企业合规管理机制高效运行等职责。合规部门应当由掌握法律、财务管理、人力资源管理等背景知识的专职人员组成。根据企业业务特点和风险状况，具有相关领域专业知识的兼职合规人员也应适当配备。

企业纪检监察、审计等独立性较强的部门是企业合规管理的“第三道防线”。它们的主要职能是“督战”，即通过定期审计和巡视巡察做好相关业务合规管理的监督和后评估工作。它们类似于球场的裁判员，“既不下场踢球，也不辅助球员，而是监督检查球员和球员协助人员是否遵守球场规则、是否正当履职”。它们具体的合规职责包括：与合规部门建立合作和信息交流机制，形成管理合力；监督检查与评价合规管理工作及其效果，处罚与问责违规行为；与合规部门分工协作调查违规举报；对企业合规管理执行情况、合规管理体系有效性等开展独立审计。纪检监察、审计部门通过对合规管理部门的履职监督，对相关责任人的处理，企业的合规管理将能及时弥补漏洞，形成全面闭环管理组织体系，倒逼企业合规管理能力不断提升。

“三道防线”实施的目的在于，通过将法律法规、商业习惯以及利益相关方的要求层层内化为企业的合规义务、内部规定以及企业员工的合规职责，实现企业全面的内部控制。通过“三道防线”的合规职责分配，企业可以建立一套横向风险管理和合规控制体系。而合规管理三个层级、多层次的合规管理体系的建立和有效实施，有助于企业全体成员充分了解合规管理体系的内容和运行方式，以身作则，明确支持合规、践行合规。当然，中小微企业因人数较少、领导层集权化程度高，生产经营范围有限，合规风险点相对简明，其合规管理架构设置应减少管理层级、缩减管理职位。这类企业的合规部门可由专职、兼职合规专员担任，但合规管理组织架构也应发挥合规管理实效之作用。①

三、合规管理组织的协作与协调

合规管理不是某一部门或某一条线的职责，而是整个企业和全体员工共同的责任。

① 郑雅方，方世荣.论促进企业合规管理效率的政府监管[J].中外法学，2023，35(6)：1480－1498.

企业搭建权责明确、层次清晰、管控严密、上下联动的一体化合规管理组织架构体系，需要充分调动企业各部门、各条线的资源和积极性，做好合规部门与业务部门、其他监督部门的分工协作。企业也需加强与外部监管机构、合作方及第三方的合规沟通与协调。

(一) 合规部门与业务部门的分工协作

“合规管理的重点是业务合规”。实践中，部分企业错误地认为合规工作是合规部门的事情，忽略业务部门承担合规工作的作用。由此，业务部门容易对合规事务敷衍了事。企业合规管理体系运行和合规管理具体工作，容易产生管理与业务“两张皮”的不利后果。事实上，合规风险防线越滞后，企业投入风险防控的成本就越大。在业务源头，合规风险若未能及时发现和预防，合规管理体系的运行效果将大打折扣。但如果业务部门积极履行第一道风险防范职能，并在与合规部门充分沟通和紧密配合下，对各类合规风险经过鞭辟入里的分析、拿出切中要害的应对措施，合规风险演变为风险事件进而损害蔓延扩散的可能性就会明显下降。加强合规部门与业务部门的分工协作将有助于业务部门的合规管理从“浮光掠影”型转变为“身临其境”型，提高企业合规管理的整体效果。

合规部门与业务部门的分工合作可以包含以下内容和形式。

(1) 适当前移风险防范关口。业务部门主动开展日常合规管理工作，制定并落实本部门业务管理制度和风险防范措施，及时向合规部门反馈合规风险信息，配合合规部门进行合规审查和风险评估，严格落实风险应对措施，组织或监督违规调查及整改工作。

(2) 合规部门应改变“保姆式”的合规管理工作方式，帮助业务部门树立“风险为本”的观念。合规部门可在业务部门中培养或设置合规管理联络员，帮助业务部门识别合规风险，培养业务部门自行分析风险、评估风险管控措施是否得当的能力。同时，合规部门应当综合业务部门的合规风险信息和分析，对企业合规风险综合分析评估后，发布风险预警。

(3) 企业合规管理的决策部门应当确立业务部门“干好”和合规部门“管好”的合规职能定位，明确第一、第二、第三道防线的角色和职责，确保内部控制的协同运作与资源配置，明晰合规风险事件处置不当的责任，加强对“人人合规”理念的认同，确保合规文化深入人心。

(二) 合规部门与其他监督部门的分工协作

合规部门与其他具有合规管理职能的监督部门的协作，将提升合规管理第三道防线的监督和威慑作用。为此，各方应建立明确的合作和信息交流机制，加强协调配合，形成管理合力。

1. 合规部门与审计部门的分工协作

审计部门主要负责对合规管理体系的运行状况实施监督，对企业的经营管理开展合规审计。尽管合规部门与审计部门相互独立，合规部门也要定期接受审计部门的检查。为此，合规部门应向审计部门提供合规检查的方向与重点，审计部门应当考虑合规部门的建议。审计部门在合规审计过程中应注意收集合规风险信息，在检查结束后及时将结论抄送合规部门，为合规部门综合识别、评估合规风险提供依据。对于企业内存在的舞弊行为，合规部门与审计部门应通力配合。企业审计部门应将获取的信息及时反馈给合规部门，合规部门应发挥专业性强、熟悉合规规则等优势，努力把风险控制在事前，有效化解风险。[①]

2. 合规部门与纪检监察部门的分工协作

我国国有企业一般设有纪检监察部门，它们的职责范围及履职程序往往有相应的法律法规及党内法规等参照。对于违规问题的举报受理、调查，纪检监察部门履职时可能涉及与企业第一、第二道防线部门工作职责的交叉。为此，各部门应在各自职责范围内受理，并设置流转运行机制。最先接收到违规问题举报信息和线索的部门应当进行初查和分析，确定是否仅限于本部门职责范围内，能否由本部门独立受理、分类处置。若非如此，应及时转交。纪检监察部门与合规部门应相互通报违规调查情况。必要时，合规部门应配合参与违规问题的调查。

（三）企业与外部主体的合规沟通协调

在全球市场环境下，企业会被监管部门越来越多地关注。同时，企业也可能会受商业伙伴的违规行为波及，引发合规风险事件。由此，企业合规管理体系中，不应忽略与外部主体在合规领域的沟通、交流与协调。

1. 与外部监管机构的沟通协调

与外部监管机构的沟通协调应纳入企业合规管控的范围。为此，企业应当积极与境内外监管机构建立沟通渠道，了解监管机构对企业合规的预期，制定并及时调整符合监管机构要求的合规制度，不断完善与外部监管要求相匹配的合规管理体系，降低被监管机构处罚的风险。

居于行业领先地位的企业应当积极履行企业社会责任，积极参与立法，表达企业或者行业诉求，使自己的行为受到法律肯定或者保护。当合规风险已经发生时，企业，特别是其法务和合规部门，应及时与监管机关沟通，配合执法调查，取得外部监管机关的信任或谅解，以良好的合规管理体系及诚信记录向监管机构证明企业践行合规义务的努力，维护企业形象。

2. 与商业伙伴的沟通协调

企业在日常经营中，不可避免地会与第三方开展合作。第三方商业伙伴包括经销商、代理商、供应商、中介服务机构等。健康、稳健的第三方或商业伙伴可以令企业经营如虎添翼。但商业伙伴的违规行为也可能引发企业腐败、洗钱、出口管制等各类合规风险。ISO 37301 提醒企业，业务外包通常不能减轻企业的法律责任或合规义务。可见，商业伙伴引发的风险若不及时应对，可能会给企业带来巨大损失。

企业在与第三方合作时，应建立商业伙伴合规风险管理体系，做好相关国别、行业、第三方背景等方面的研究和项目尽职调查，评估第三方的合规管理状况及可能存在的合规

---

① 杨宇. 法务审计融入企业合规管理应用研究[J]. 中国内部审计，2021(6)：9－11.

风险。在和商业伙伴合作的过程中，企业应根据合作类型和合规风险等级的不同，对商业伙伴实行供应商、客户、投资伙伴和其他商业伙伴等的分类分级管理，针对不同的商业伙伴采取不同的合规管理措施。企业可重点关注与各类商业伙伴的合作义务及商业伙伴的履约情况和能力，记录和定期整理对商业伙伴的合规尽职调查文件及结果，建立商业伙伴合规档案。企业应当通过合规声明、合作协议中的合规条款[1]向商业伙伴传达企业的合规理念与价值，传达自身和对合作方的合规要求。在与商业伙伴结束合作后，企业可考虑对商业伙伴的资信和履约能力、合规管理能力等进行合规后评价，作为与其保持后续合作的重要依据之一。企业应制定具体办法，为合规评价等级较高的商业伙伴创造更好的合作机会，鼓励合规行为，减少合规风险。相反，企业应时常并主动向客户了解其合规文化和合规要求，确保自身合规管理满足客户的合规要求。对商业伙伴反馈的合规问题或者举报投诉等，企业应积极采取措施，避免潜在违规行为的发生。

第二节　合规管理制度体系

引例

未按规定履行加班审批手续纠纷案

2019 年 12 月，吴某入职某医药公司。该医药公司规定："加班需提交加班申请单，按程序审批。未经审批的，不视为加班，不支付加班费。"按照该医药公司的安排，吴某入职后实际执行每天早 9 时至晚 9 时、每周工作 6 天的工作制度。同时，吴某提交了加班申请单，但该医药公司未实际履行审批手续。2020 年 11 月，吴某与该医药公司协商解除劳动合同，同时出具加班相关证据，要求该医药公司支付加班费。该医药公司虽认可证据的真实性，但以无公司审批手续为由拒绝支付加班费。吴某遂向劳动人事争议仲裁委员会（以下简称仲裁委员会）申请仲裁。

仲裁委员会认为，该医药公司未实际履行加班审批手续并不影响对"用人单位安排加班"这一事实的认定，故依法裁决该医药公司支付吴某加班费。该医药公司不服仲裁裁决起诉至法院，法院判决与仲裁裁决一致。[2]

本案系最高人民法院典型案例之一。该案的争议焦点是该医药公司能否以无公司审批手续为由拒绝支付吴某加班费。劳动规章制度对用人单位和劳动者均具有约束力。用人单位的规章制度及相应工作安排必须符合法律、行政法规的规定。同时，用人单位应严

① 如出口管制和经济制裁条款、知识产权保护条款、反洗钱条款、禁止强迫劳动条款、数据保护条款等。

② 最高人民法院. 劳动人事争议典型案例（第二批）[EB/OL].（2021－08－26）[2024－03－01]. https://www.court.gov.cn/zixun/xiangqing/319151.html.

格按照规章制度的规定实施管理行为，不得滥用优势地位，侵害劳动者合法权益。劳动规章制度是企业合规管理制度体系的组成部分。合规管理制度体系是指导企业推进合规管理，确立合规管理人员职责，开展合规管理效果评价等的企业内部制度的集合。

“事必有法，然后可成”。[①] 企业良好秩序的建立与维护离不开规章制度。制度是关系企业生存和发展的根本性、全局性、稳定性、长期性的问题。企业合规管理体系建设从形式上看也是制度体系的建设。企业合规管理涉及人、财、物的投入，需要合规计划与协调、合规控制与激励等制度和机制。在现代法人治理结构的企业(集团)内部，健全的合规管理制度体系是企业合规管理的基石。规范化的制度与流程承载着整个合规管理体系及运行机制，也是企业经营活动正常开展的重要依据与合规经营的行动守则。企业合规管理制度体系应当明确制度构建的基本原则，确保规章制度内容和通过程序合法合规，并应结合监管环境的变化及企业内在需要及时调整与更新，通过检查监督、考核、奖惩等多种方式确保各项制度的落地实施。

一、企业合规管理制度制定与运行准则

在全球化和“大合规”的背景下，企业面对的法律法规、监管规定、标准、行业规范、国际条约、惯例规则等外部规定浩如烟海。为确保外部规范与企业发展相契合，企业应遵循下列准则，积极开展“外规内化”制度体系建设。

(一) 合法、合规

企业是最重要的市场主体。2024 年新《公司法》在第一条开宗明义地宣示，公司应规范组织和行为，保护公司、股东、职工和债权人的合法权益，完善中国特色现代企业制度，弘扬企业家精神，维护社会经济秩序，促进社会主义市场经济的发展。该条款为我国公司合法合规经营确立了现代企业制度，即公司应在内部建立完善的公司治理体系，规范对外交易行为，保护公司利益攸关方合法权益，加快建设世界一流企业，回报社会、切实履行社会责任。

企业不能为追求经济利益，制定损害他人权益、损害员工合法权益的规则。尤其对于社会大众格外关注的食品安全、生态节能环保、安全生产、劳动者权益保障等热点问题，企业更应遵循“公平合理”“诚实信用”原则，注重制度内容的合法合规，符合社会道德价值观。为遏制公司见利忘义现象、防范公司不同于其他民事主体的巨大外溢风险，《公司法》新增第二十条提出“公司社会责任”原则，反映出国家不但强调公司既有的经济责任、法律责任，还强调为铸造可持续发展竞争力，公司应当承担起尊重与保护利益相关者的社会责任与道德责任。[②] 企业应同时重视“合规优先于业务”的理念，在制度制定中明确拒绝一切违法违规或者有违法违规风险的业务或产品；确立所有业务活动或产品立项适用“合规

① 《孟子集注》。

② 2024 年新《公司法》第二十条规定：“公司从事经营活动，应当充分考虑公司职工、消费者等利益相关者的利益以及生态环境保护等社会公共利益，承担社会责任。国家鼓励公司参与社会公益活动，公布社会责任报告。”

性审查”机制；给予合规管理人员对违法违规业务的“一票否决权”。

合规管理各项制度的通过及生效程序也应合法合规。2024 年新《公司法》第十七条延续并发展了“以职工代表大会为基本形式的民主管理制度”原则，强调公司应当依照宪法和有关法律规定，建立健全以职工代表大会为基本形式的民主管理制度，实行民主管理。除职工劳动报酬、工作时间、休息休假、劳动安全卫生和保险福利等事项依法与公司签订集体合同外，公司拟实施改制、解散、申请破产、经营上的重大问题、制定重要规章制度等组织行为时，也应当听取工会意见，并通过职工代表大会或者其他形式听取职工意见和建议。与此相呼应，《劳动合同法》也早已明确劳动者“严重违反用人单位的规章制度的”，用人单位可以解除劳动合同。[①] 不过，其第四条同时规定，用人单位在制定、修改或者决定有关劳动报酬、工作时间、休息休假、劳动安全卫生、保险福利、职工培训、劳动纪律以及劳动定额管理等直接涉及劳动者切身利益的规章制度或者重大事项时，应当经职工代表大会或者全体职工讨论，提出方案和意见，与工会或者职工代表平等协商确定。用人单位应当将直接涉及劳动者切身利益的规章制度和重大事项决定公示或者告知劳动者。

合规管理制度的生命在于切实履行，无法切实履行的制度无异于一张废纸。本节引例中的纠纷就是企业劳动规章制度操作不规范影响效力的典型案例。当前，我国企业合规管理制度的执行普遍存在“执行有缺口、检查不严格、追责难落实”等问题。合规管理制度的不规范操作会影响制度效力的发挥，其约束全体员工行为的作用便无从谈起。如何保证制度的严格执行是所有企业合规管理的一项重要任务。合规制度的制定和落地实施离不开企业最高管理层的承诺和重视。最高负责人或实际控制人不重视“合规优先于业务”的理念，放任或容忍违法违规行为，合规管理“第一责任人”的角色就形同虚设，合规部门和合规管理人员的权威性将无法保障，合规管理体系的运行效果将大打折扣。对已生效的合规管理制度，企业要充分、广泛宣传，让员工知晓制度内容、准确理解相关要求。同时，为加强制度的可执行性，企业应清晰、准确地描述合规制度操作流程和方式方法。对于经常、固定的业务风险管控流程，企业可借助信息化手段将合规要求和风险防控措施植入流程，实现合规风险管理与业务管理的融合。企业也应落实监督检查制度条款，视执行效果给予相关部门和人员奖励或惩罚。

（二）全面、系统

为贯彻“全员合规原则”，合规管理制度应从企业全局出发制定制度，实现“业务、部门、人员全覆盖”，形成“纵向贯通、横向协同”的网格化分布态势，促进企业依法合规建设与日常经营管理活动有效结合。

在制定合规管理制度前，应提出制度规划和合规管理制度架构与内容，形成全面、系统的合规闭环管理文件体系。企业合规管理制度可考虑分为三个层级：处于最高层级的合规文件可以包含合规方针与目标、合规行为准则等，作为企业和全体员工普遍遵守的制

① 《劳动合同法》第三十九条第二项。

度要求；企业合规管理基本制度处于中间层级，用于明确企业合规管理组织架构、合规部门工作机制、合规管理人员与其职责、企业各部门合规管理职责分配和管理要求、合规风险管理等内容；合规相关配套制度和流程处于企业合规管理制度体系的第三个层级，涉及合规管理各项工作的具体操作和实施细则，以确保合规管理要求的落地执行。

企业合规管理应融入业务流程与人事、财务、经营、决策等各管理层面。同时，企业合规管理事项应作为对管理人员和员工考核的优先选择事项，以及人事晋升、薪资调整、业绩奖励的主要依据。

（三）及时、有效

为确保企业合规管理要求合法合规，企业应关注法律法规和相关政策的新变化、准确把握新要求，积极研判这些变化对企业业务和管理的影响，并对相关制度及时调整，满足外部监管要求和企业发展需要。基于此，合规制度的及时性原则也包含着前瞻性的考量因素，即相关制度应着眼于企业可持续发展及战略目标，避免因经营环境及企业的快速成长而频繁修改相关制度。

同时，企业应贯彻制度的有效性、非冲突性和可执行性等原则。通过定期合规风险识别评估、合规培训和合规文化建设等，企业应将不断产生或发现的新的合规风险纳入合规管理的范围，逐步完善各业务条线合规管理配套制度，确保其可操作，以提高合规管理效能。同时，企业应通过合规审计和监测、违规举报、合规风险识别和报告等工作机制，动态监测企业各项经营和管理活动，通过梳理企业相关制度规范，做好制度编纂、新增或修订原有制度，不断细化合规管理要求，通过合规内部调查、处置责任人员、奖励优秀合规管理人员和举报人员、改进制度等方式，确保违规事件得到及时有效处置，通过不断解决合规管理中的问题，修复合规管理制度漏洞和隐患，扩展新的专项合规管理体系，使合规管理体系的管控效果不断提升。①

此外，企业在制定规章制度时不得违反公序良俗原则。我国《民法典》第八条规定："民事主体从事民事活动，不得违反法律，不得违背公序良俗。"因此，企业的规章制度不得违反公序良俗，不得损害社会公共利益。同时，规章制度的通过也应考虑民主议定程序。《劳动合同法》第四条规定，用人单位在制定、修改或者决定涉及劳动者切身利益的规章制度或者重大事项时，应当通过全体职工或职工代表大会民主会议协商确定。用人单位在制定、修改或者决定有关劳动报酬、工作时间、休息休假、劳动安全卫生、保险福利、职工培训、劳动纪律以及劳动定额管理等直接涉及劳动者切身利益的规章制度或者重大事项时，应当经职工代表大会或者全体职工讨论，提出方案和意见，与工会或者职工代表平等协商确定。实践中，许多企业的规章制度仅在管理层商议后就适用于企业。这种未经民主程序出台的规章制度存在被认定为无效的风险。企业还应注意规章制度公示的方式和时间，以确保员工能够完全知晓公示的内容。

① 陈瑞华. 企业合规整改中的专项合规计划[J]. 政法论坛，2023，41(1)：28－44.

二、企业合规管理制度体系框架

合规管理应写入企业章程，从顶层设计上宣示推进依法治企和合规管理体系建设的决心，明确各方遵循合规的基本职责，确保企业自上而下、统筹推进合规管理体系建设。完整的合规管理制度既要自成体系，也应与企业其他管理制度相互呼应。企业合规管理制度体系通常由合规管理基本制度和一系列配套制度和流程组成，形成以《合规管理办法》为核心、以相关配套制度为基础的“1＋N”合规管理制度体系。

（一）《合规管理办法》

《合规管理办法》是企业合规价值观的集中体现，也是企业开展合规管理建设的纲领性文件和合规行为准则。作为企业合规管理的最高规范性文件，《合规管理办法》应当明确合规管理组织架构和职责，并确保其独立性和权威性；规定合规管理基本要素；制定合规风险管理、合规管理配套制度和操作规程；建立合规内外部的信息沟通与协调机制；建立合规审查、报告、培训、考核、激励、问责、持续改进等一系列闭环管理流程。这一制度的名称和表现形式多样，可以是内容简洁、易于理解的《合规手册》《（诚信）合规承诺》或者《商业行为准则》，也可以是内容全面、覆盖面广泛的《合规管理办法》。

在建设专项合规管理体系的情况下，《合规管理办法》应针对特定合规风险，参照该领域中限制性的法律、法规、行业规范等内容，制定符合外部监管要求和与企业实际情况相适应的合规政策、标准和程序。例如，对于涉嫌向非国家机关工作人员行贿/受贿罪的涉事企业，为满足外部合规审核监督的要求，企业的《合规管理办法》应充分体现有助于反商业贿赂专项合规管理体系所需的管理要素，反映这类合规风险管控所需的管控措施，并达到足以杜绝该类合规风险事件的效果，即减少或预防商业贿赂类犯罪再次发生的可能性。

（二）合规相关配套制度

在合规管理体系运行中，企业离不开各项具体制度与操作流程，以便落实合规管理职责、合规风险管理、合规文化建设等各项工作。基于合规管理基本要素要求，以下制度是合规管理制度体系的重要组成部分。

1. 合规管理组织制度

合规管理组织制度是确保企业合规体系运转的重要基础和实施的保障。企业应从合规管理组织架构、合规管理部门和人员及其职责分工、合规管理机构工作机制、合规部门及其人员考核、合规部门与企业其他部门分工协调机制、企业合规信息沟通机制等方面入手，制定并不断完善合规管理组织制度。鉴于合规管理活动的综合性与系统性要求，合规部门（团队）成员的选任、资格审查，合规人员独立性及权威性制度保障也应是必不可少的内容。

2. 合规风险管理制度

合规风险管理制度是企业合规管理制度体系中的核心。它至少应包含以下内容：合规风险管理战略、目标与风险准则；合规风险管理人员及其组成；合规风险识别与评估的程序和方法；合规风险定期或不定期排查和评估；合规风险监测与预警；合规风险报告与监控；合规风险管理决策；合规风险培训与教育；合规风险管理职责与问责等。针对专项合规风险管理或者重大项目合规风险管理等特殊情形，企业合规风险管理制度还须明确专门领域合规管理人员和外部专家配置、物质资源的配备要求等。

3. 合规审查与评估制度

合规审查与评估是对企业规章制度、业务流程、管理体系、监督机制以及企业经营管理行为和员工履职行为等进行合规性评估的一种核验机制。该制度旨在确保企业的各项决策和经营行为符合国家法律法规、行业规定和道德规范要求，降低违规处罚风险，提高决策的科学性。合规审查评估制度对于企业健康发展非常重要。合规审查落实到位能从源头上防范企业大部分合规风险，提升企业信誉，增强企业市场竞争地位。对此，《中央企业合规管理办法》对合规审查提出明确要求：企业应明晰各部门合规审查的职责和界限，合规审查在企业合规管理中属于必经程序①。该办法同时强调企业应贯彻合规审查的闭环管理，不断完善合规审查标准、流程、重点等，定期对审查情况开展后评估，更好地保障企业中心工作。

合规审查与评估制度包含以下内容：合规审查与评估的目的和准则；合规审查与评估的范围和内容；合规审查与评估的对象；合规审查主体（业务人员审查抑或合规人员审查）和岗位职责；合规审查的方式（自评、上级部门审查、第三方评估）及不同方式的权重和操作规程；合规审核与评估的工作纪律；合规审查与评估结果的运用（是否与员工绩效、晋升、奖惩等挂钩，如何奖惩及违规责任追究等）；合规审查后评估机制等。

企业设定的合规审查和评估的范围应遵循全面性原则，力图覆盖其经营管理活动的各方面。同时，企业应确立较为明确的合规审查标准和程序，确保审查结果的客观性和准确性。此外，企业应结合审查和评估结果，对违规业务、产品、管理模式及时实施可替代合规整改方案。事实上，企业涉嫌犯罪往往源于其在产品研发、业务开展、污染物处置、财务管理、招投标管理等方面未进行合规性审查或者严重依赖违法违规的商业模式。暂时停止存在问题的业务、经营模式、管理方式而不做实质性改变的企业，极有可能继续沿袭原有的商业模式和经营方式。为此，寻找杜绝合规风险的可替代方案是企业合规审查评估后采取的较为有效的合规风险应对措施。

4. 合规文化建设制度

倡导合规意识、培育合规文化是确保合规管理体系顺畅运行和全面合规、实质合规的应有之义。合规文化建设涉及企业管理的方方面面，是企业实现可持续发展的重要保障。为此，合规文化建设和合规培训制度应包括以下内容：企业合规理念、核心价值观；企业开展合规文化建设的目标、方针；合规管理体系架构与运行；合规培训；合规行为准则；合规文化宣传与文化建设的形式等。

---

① 《中央企业合规管理办法》第二十一条规定："中央企业应当将合规审查作为必经程序嵌入经营管理流程，重大决策事项的合规审查意见应当由首席合规官签字，对决策事项的合规性提出明确意见。业务及职能部门、合规管理部门依据职责权限完善审查标准、流程、重点等，定期对审查情况开展后评估。"

在合规文化建设中，合规培训是合规文化建设的重要途径之一。开展合规宣传与培训活动，有助于增强员工的合规意识、提高员工应对和管理合规风险的能力。为确保企业合规培训的有序推进，合规宣传与培训制度应包含以下内容：合规培训计划（含培训目标、培训主题和内容、培训周期、培训对象和具体形式等）；培训资料的制作形式与要求；合规培训应涵盖的内容；合规培训方式；培训考核与反馈；培训记录与报告；培训监督与检查等。

从制度框架上看，合规培训属于基础性合规管理要素的组成部分。不过，从培训内容和实现目标来看，企业应建立差异化和有针对性的合规培训体系。企业开展合规培训，除向员工传达基本的合规价值观、宣传合规管理体系外，还应将国家有关税收、环保、知识产权、安全生产、招投标等领域的法律规定及关键业务环节存在的主要合规风险及可能引发的法律责任，专项合规管理制度、员工手册以及业务合规控制制度等作为培训的重要内容。这些都将对预防企业常见、高发犯罪产生直接效果。

5. 合规报告制度

合规报告有助于管理层及时发现合规风险和解决问题，消除隐患、化解危机，保障企业稳健发展。企业应建立合规报告和记录制度，对经营管理中的合规问题进行记录、分析和报告，为改进和优化管理流程提供依据。《中央企业合规管理办法》第二十二条规定："中央企业发生合规风险，相关业务及职能部门应当及时采取应对措施，并按照规定向合规管理部门报告……中央企业发生重大合规风险事件，应当按照相关规定及时向国资委报告。"

合规报告制度的主要内容包括：合规报告的范围（如各项业务、部门、产品以及相关法律法规、行业标准、内部规范等）；合规报告的形式和内容规范要求（包括撰写方式、数据采集标准、信息披露原则等）；合规报告的审核流程；临时报告与常规报告的适用条件；合规报告周期（月度、季度、年度报告或重大合规风险事件报告）；合规报告的存档和查阅机制等。

6. 违规举报制度

违规举报制度是企业为规范员工行为、防范和制止内部违规建立的鼓励员工向企业内部机构举报违规行为的合规管理机制。企业内部机构应按照流程对举报事项和人员开展调查，处理违规行为。由此，企业通常将举报制度与违规调查和问责制度合并为一项制度，成为企业内部监督机制的重要组成部分。该制度同样也是企业制止商业舞弊和腐败、维护企业形象、保障员工合法权益的重要途径之一。《ISO 37002：2021 举报管理体系——指南》（Whistleblowing Management Systems—Guidelines，以下简称 ISO 37002）作为一项全球标准，与 ISO 37301 形成了良好的衔接，为企业建设违规举报机制提供了有力指导。

违规举报应建立安全、公正和值得信任的调查机制，使员工能够放心地对试图、涉嫌或确定的违规行为进行举报，免于遭受打击报复。此外，企业对经查证属实的违规行为及其责任人应及时制止并进行惩戒。这一问责机制将对企业及时处理和纠正违规行为，减少违规行为的发生，鼓励全员合规，提高企业风险防范能力和合规管理水平发挥积极作用。

违规举报制度一般包含以下内容：举报人；举报渠道与方式；违规举报初核与处理；违规调查机制（含调查人员及其职权、调查方式和程序）；举报保护机制（含保密机制及对举报人的保护）；违规举报奖励机制（如举报奖励的方式和标准）；违规问责与惩戒机制；举报反馈机制；举报信息管理机制及违规举报监督机制等。

7. 合规审计制度

合规审计是企业内部审计部门对企业合规管理体系的适当性、有效性开展的内部审计、评估活动。它是企业合规管理体系的基本构成要素，属于企业内部审计的一部分。巴塞尔委员会早在《合规与银行内部合规部门》中，就规定合规部门应与审计部门分离，独立审查合规管理工作。2006年，国务院国资委《中央企业全面风险管理指引》明确提出，内部审计部门和董事会下设的审计委员会（内审部门）为第三道防线。[①] 这一规定使企业内审部门不仅有机会监督和评价本企业及子企业（单位）的财务收支、财务预算、财务决算、资产质量、经营绩效，以及经济活动的真实性、合法性和效益性，也有权对企业包括风险管理在内的合规管理工作的适当性与有效性进行审查。由此，合规审计既可全面审计企业合规管理体系的构建和运行，也可就某个合规管理要素、某专项合规管理体系和某类经营行为是否遵循企业合规管理制度以及是否排除了潜在风险点开展合规审计。

鉴于合规审计对提高企业合规管理水平有着特殊重要的价值，企业合规审计制度应包含以下内容：合规审计的目标和原则（如独立性、客观性和公正性原则）；合规审计的范围、标准和内容（如审计企业治理结构、内部控制制度、风险管理、合规培训和宣传等）；合规审计程序和审计方法（不限于审计计划制定、审计重点、审计证据收集、审计工作底稿编制、审计报告出具等步骤）；合规审计结果处理和跟踪；合规审计成员及管理等。

合规部门作为企业合规管理工作的核心执行部门，也是合规审计的重要审查对象之一。为此，企业应避免采用审计部门与合规管理部门合署办公的形式，以便企业合规管理职能与内部审计职能的分离，确保合规审计部门具有独立性。

以上制度是保障企业合规管理体系构建或者实施时必不可少的制度。它们在内容上会存在相互交叠、彼此呼应。企业合规管理制度体系也应与企业其他制度文件相辅相成、相互配合。例如，《员工手册》是员工知悉哪些义务性或禁止性规范需要遵守的重要企业规章之一。它也是体现企业合规文化、宣传企业对合规义务认知的重要窗口。[②] 同时，企业的合规管理制度不能脱离公司治理、合同管理、市场交易（如招标采购、反欺诈、反商业贿赂、反垄断等）、投资管理、产权管理、资金管理、债务风险管理、财务税收管理、安全与环保、产品质量、劳动用工、数据与信息安全、知识产权、跨境贸易与投融资等业务管理的现实需要及重点领域或重点环节的合规管理要求。特别是在专项合规管理体系构建与实施中，结合特定合规风险事件，企业合规管理制度应具有针对性，以便减少或杜绝类似风险事件的发生。

---

① 《中央企业全面风险管理指引》第十条规定："企业开展全面风险管理工作应与其他管理工作紧密结合，把风险管理的各项要求融入企业管理和业务流程中。具备条件的企业可建立风险管理三道防线，即各有关职能部门和业务单位为第一道防线；风险管理职能部门和董事会下设的风险管理委员会为第二道防线；内部审计部门和董事会下设的审计委员会为第三道防线。"

② 陈瑞华. 中国金融监管机构确立的合规体系[J]. 中国律师，2019(8)：83-85.

为确保合规制度的适时、有效，企业应同时建立制度反馈机制，及时对征集到的员工反馈意见和建议开展分类、评估和制度改进。企业也应结合变化的合规环境，定期更新合规制度，并及时组织员工培训。

在制度落实方面，企业还应同步构建高效规范的合规管理流程体系，使“流程”如同“血脉”，顺畅、紧密地连接管理体系中的组织（“骨骼”）和制度（“肌肉”），实现合规管理与经营活动的有机融合，推进企业形成横向协作、上下协同的系统化的合规管理体系。

案例选读与思考

1. 保乐力加集团“双向互动”的合规管理模式和“模块化推进”的合规管理体系搭建方式有何优势？

2. 企业在设计与运行合规管理组织架构时，容易产生哪些问题和风险？如何避免或者解决它们？

3. 中兴通讯公司遭遇美国政府调查时，公司决策层曾否决合规部门的意见，作出不接受调查的决定。这一决定随后被作为美国政府指控其阻挠司法的依据之一。请结合此案情形，谈谈企业合规管理组织如何充分履行合规管理职责，如何确保合规管理机构的独立性？

4.《中央企业合规管理办法》对合规管理提出的“三道防线”要求虽然主要面向央企，但对其他企业的合规建设也具有重要的借鉴和启发意义。不过，“三道防线”协同运作中却存在着“一道防线合规意识与能力不强”“二道防线力量配置薄弱”“审计重审不重改”等问题。请分析产生的原因并提出优化“三道防线”协同运作的举措。

5. 集团企业对下属公司的管控与母子公司合规风险隔离的平衡问题，是大型企业合规管控中存在的常见问题。请分析产生的原因并提出解决措施和建议。

6. 如何激励企业员工遵守和执行企业合规管理体系下的各项规章制度？

7. 孟子曰：“诚者，天之道也；思诚者，人之道也。”①请结合孟子的这一思想，谈谈如何将中国传统“诚信”思想融入企业合规管理制度及合规文化建设中。

8. 企业在已有若干制度的情况下，增设合规管理制度、构建合规管理制度体系的依据和考虑因素有哪些？

---

① 选自《孟子·离娄上》。此句意思为诚信是上天运行的准则，而追求诚信是做人的准则。

第八章

合规风险管理体系

引例

山东发展公司的“五横六纵”风险管理体系

山东发展投资控股集团有限公司(以下简称山东发展公司)是一家以基础设施投融资、投资与资产管理为主业的山东省国有资本投资公司。为应对合规风险,该公司以“防范化解重大风险”为逻辑主线,将原有“风控、法律、内控、合规、审计”五项职能统一纳入企业风控体系,剔除职责交叉、避免工作冗余,弥补单一职能对全面风险防控的不足,形成“风控、法务、合规、追责、内审”之“五横六纵”合规风险管理体系,较好统筹了全面风险管理“三道防线”上的各种风控手段。

山东发展公司力图将投资中的各风险点均纳入风险控制范围,形成“投前论证方向、投中决策内容和投后监督手段”协同的“三四五”全流程全链条风控模式,[①]实现精细化风险管理。为确保合规风险管理体系的落地,山东发展公司在“制度建设、组织建设、队伍建设”三个维度上发力:在制度建设上,制定投资风险管理办法及其配套指引,形成“1+N”风控制度体系和工作流程;在组织建设上,集团风控中心牵头负责集团全面风险管理工作,增强集团对权属企业的风险管控能力;在队伍建设上,配强总部风控部门,选拔培养内部业务骨干。[②]

如果说“合规义务”是衡量企业经营管理行为正确与否的标尺,那么“合规风险”就是用合规义务之“尺”测度企业各项活动是否存在合规“偏差”的可能。故此,企业应在明确自身合规义务后,搭建合规风险管理框架,识别、评估因各类合规义务及违反合规义务给企业带来风险损害的可能性及损失大小,进而制定和实施多种措施,实现积极影响最大化、消极影响最小化。

“居安思危,思则有备,有备无患。”[③]这一揭示风险防范完整链条的经典名言同样

① 投资前三重防控(尽职调查、预审会、风控会)、投资中四层控制(投资审核、合同预审、法律审核、会议决策)和投资后五类监督(投后管理、风险监控、合同检查、项目后评价、项目审计)。

② 新华财经.山东发展投资集团获评首届中国企业法治建设创新典型案例[EB/OL].(2023-04-24)[2024-03-01]. https://finance.sina.cn/2023-04-24/detail-imyrnvci4721262.d.html.

山东发展投资控股集团有限公司.山东发展投资集团作为山东省唯一企业获评首届中国企业法治建设创新典型案例[EB/OL].(2023-04-24)[2024-03-01]. https://www.sdfztz.com/html/jituandongtai-show-4139.html.

③ 《左传·襄公十一年》。

适用于今天企业的合规风险管理。合规风险管理是企业合规管理的核心和灵魂，它包含了企业对合规风险从识别、评估、监测、预警、处置、应对等的全过程。虽然，“认识和防范合规风险是企业合规管理的两大工作主线”①。但除此之外，合规风险管理还会关涉企业的合规监督、合规检查、各部门就合规事项的沟通与协调等其他合规管理活动，以及企业与外部监管部门的持续、良性互动等。唯有如此，企业方能“安而不忘危，存而不忘亡，治而不忘乱”，以“安”为企业安身立命的起点和终点，识“危”、多“思”、常“备”。结合企业合规风险管理的需求和目标，合规风险管理体系如图 8－1 所示。

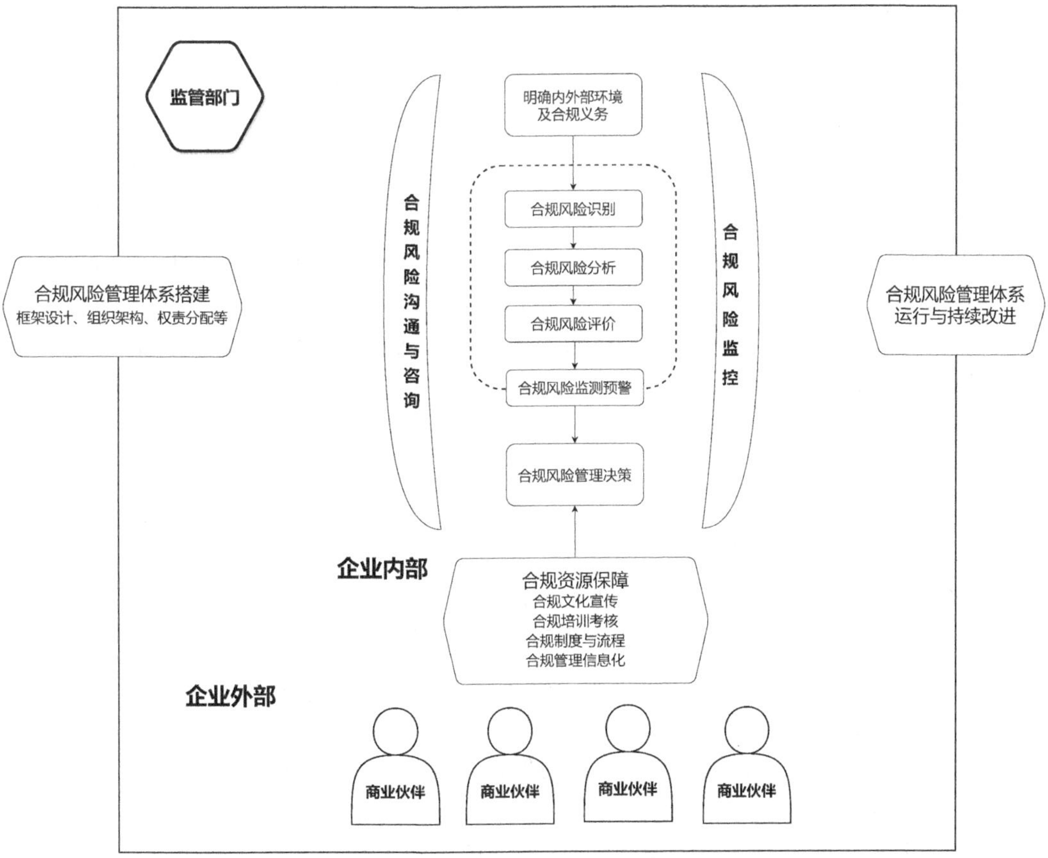

图 8－1 合规风险管理体系

本章引例中提及的企业在合规风险管理方面的做法，有助于更好理解企业合规风险管理体系的各项要素和体系运行。本章侧重于对合规风险的识别与评估、合规风险的预警与合规风险管理决策等内容的讨论。

① 姜先良. 企业合规与律师服务[M]. 北京：法律出版社，2021：51.

第一节　合规风险识别与评估

引例

特斯拉的 ESG[1] 评级

随着 ESG 理念逐渐为全球企业所接受，企业纷纷在 ESG 表现上不断加强自我修复。作为全球最早的自动驾驶汽车生产商之一，特斯拉（Tesla）围绕“加速世界向可持续能源转型”的目标，持续推动可再生能源制造产品的发展；并通过要求所有供应商遵守 ESG 标准，推动绿色供应链的建设。每年，特斯拉都会发布《影响力报告》（Impact Report），从环境影响力、社会影响力、员工和文化、供应链、治理、管理层主张等多方面展示企业的 ESG 表现。然而，从近些年众多国际主流评级机构[2]的 ESG 评级结果看，特斯拉的得分却不甚理想。[3] 虽然不同评级机构对企业 ESG 的评级方法和权重设置有一定的差异，但它们却较为客观地反映出企业对 ESG 风险的管控程度。在 ESG 指标中，特斯拉在代表环境的“E”项上的表现不错，但在公司治理结构、劳工权益保护、数据隐私安全等社会（S）和治理（G）方面未能达到评级机构的高标准。同时，部分特斯拉工厂存在着工作环境恶劣、种族歧视等问题。其自动驾驶汽车的伤亡事故等也是导致特斯拉 ESG 评级中“S”和“G”得分不高的重要原因。显然，特斯拉在 ESG 可持续发展实践上仍有众多努力的空间。

ESG 理念起源于 19 世纪末的企业慈善行为。2004 年，联合国环境规划署首次提出 ESG 投资概念。此后，ESG 理念不断深化和具象为衡量企业可持续发展能力和社会责任感的重要指标，并发展出 ESG 评级机制。越来越多投资者将企业 ESG 表现作为投资决策的重要考量因素，不佳的评级结果可能会令企业陷于被动，抑或演变为 ESG 风险。从企业自身角度而言，ESG 评级结果也是及时发现环境保护、员工关怀、公司治理等潜在风险和问题的契机。

“为之于未有，治之于未乱。”对 ESG 范畴内的风险识别和评估只是众多企业加强内部风险预防和控制活动的缩影。企业无论是开启合规风险管理，还是深化合规管理成效，

---

① ESG 是环境（environmental）、社会（social）和治理（governance）的缩写，是评估企业在环境保护、社会责任和公司治理方面表现的标准。

② 如明晟（MSCI）、标普全球（S&P Global）、富时罗素（FTSE Russell）、路孚特（Refinitiv）等。

③ 如 2023 年 5 月，标普全球更新的 ESG 评分显示，满分为 100 分的 ESG 评级体系中，特斯拉仅得 37 分，远低于该指数覆盖公司的平均水平，也低于大多数汽车制造商，甚至低于烟草公司菲利浦莫瑞斯（Philip Morris International）的得分。2024 年 1 月，在明晟的 ESG 评级中，特斯拉获得 A 级，排名处于行业中位数。范程程，李涛. 中国车企 ESG 评级全球亮眼：汽车行业 ESG 表现分析与信披建议[EB/OL]. [2024-03-01]. http://finance.sina.cn/esg/elecmagazine/article.d.html?docID=naiqhck5308650.

都离不开对合规风险的识别与评估。曾国藩有云："天下事当于大处着眼、小处下手。"[①]如果说企业合规管理是从大处着眼、总揽全局的话，那么，合规风险识别与评估就是从小处着手，细致入微。合规风险的识别与评估是企业合规风险管理的重要组成部分，也是建立和运行合规管理体系的前提和基础。它是企业从内部源头主动辨识合规风险，防微杜渐、治问题于未然的过程。合规风险识别与评估为企业合规风险管理及合规管理提供了范围和方向，企业应把合规风险分析的结果与其能够并愿意接受的合规风险水平进行比较，设定风险应对的优先级。合规风险识别与评估的全面性与准确性，将反映企业合规风险管理及其他合规管理活动的质量和水平，并最终影响企业合规管理目标的实现。

一、合规风险识别与评估的内涵

（一）合规风险识别的概念与原则

合规风险识别是人们运用多种方法系统、持续地收集风险信息，发现、辨别风险，进而描述和整理企业经营中可能产生违法违规的风险因素、风险事件及其后果的全过程。它包含感知风险和分析风险两个环节。在企业合规管理体系构建和运行中，合规风险识别是企业各项合规管理活动的逻辑起点。企业在感知合规风险、查找其来源，并分析该风险的特征、属性和演变规律后，将进一步评估其影响或所致损失，制定风险处置方案，实现合规风险管理的目标。

对企业而言，合规风险识别，是一项极富挑战性的活动，其本身蕴含的风险较高。为使企业能通过风险识别活动的开展，充分、系统地认知经营活动及各类经营行为，进而全面、准确地掌握自身合规风险，企业的合规风险识别活动应遵循"企业主导、多元主体共同参与""综合"以及"适度"等原则。

合规风险识别活动应由企业主导、多元主体共同参与。合规风险的准确识别受多种因素的影响和制约，必须掌握全面、充分的风险信息，配备足够专业的合规风险识别人员，并采用适宜的风险识别方法和技术方能实现识别目的。相比而言，大多数企业都不具备相关风险信息的收集和分析能力，也缺乏完备的合规风险识别人才队伍，单凭企业力量科学高效地完成合规风险识别任务，困难重重。由此，在合规风险识别上，企业应发挥其主观能动性，主导整个合规风险识别活动的方向和进程。政府部门、司法机关及行业协会等在企业合规风险信息及风险识别人才等方面具有优势。它们可通过发布合规指引、风险提示等方式，为企业的合规风险识别活动提供重要参考。中介机构以其专业和丰富的从业经验，能为企业个性化识别风险发挥信息收集、分析、指导等作用，中介服务机构人员的加入也能补充和培养企业合规风险识别人才。不过，不同专业机构在识别不同类型的合规风险上所具有的优势不同。企业可综合不同机构的风险识别特长，满足其特定的风险识别需求。此外，从事国际化经营的企业不能忽视贸易伙伴所在地专家的参与，以便对不

① 《致吴竹书》。

同国家法律、不同合规环境下的合规风险进行识别。

合规风险识别活动应遵循综合原则。综合原则强调合规风险识别应当运用多种方法，并坚持科学方法与常规经验相结合。一种风险识别方法往往对某类合规风险或者性质相似的合规风险识别效果明显，而无法对企业所有类型或不同性质的合规风险进行全面、精准的识别。为此，企业应结合不同风险识别方法的优势，综合运用多种风险识别方法，相互印证识别结果。在运用多种风险识别方法时，企业应尽量避免合规风险点的交叉、重叠，并考虑企业后续合规风险管理的需要，准确描述识别后的风险与风险行为，既通俗易懂又便于今后的风险管理与应对。合规风险识别也须将科学性与常规经验相结合。一方面，企业可借助大数据及统计等方法，对企业面临的合规风险开展广泛的定量风险识别活动；另一方面，合规风险识别离不开合规人员的专业知识和经验判断，以便得出某类风险是否会导致损害性结果的定性判断。

合规风险识别活动须符合适度原则，体现完整性、系统性与实用性的工作目标。特别是对于专项合规管理体系，企业更应考量经营范围、组织结构和业务规模，以及对合规风险的容忍度和合规管控目标等因素，制定适度的合规风险识别计划，以明确风险识别的范围、对象、方法、内容及周期等。为此，企业可以选择成本较小、效果显著、识别周期合理的风险识别方法，实现合规风险管理与合规管理效能的平衡。

（二）合规风险评估的概念与定位

如前所述，在风险识别阶段，通过全面梳理业务模式、运营流程及内外部合规环境，企业能识别出可能存在的合规风险点。不过，风险具有不确定性。经常发生的风险一般所致损失不大，而偶发性风险一旦产生风险事件，其损害性结果往往巨大。这一规律如图 8－2 的曲线所示。除极个别风险外，大多数合规风险与损害性结果的关系均符合这一条由左上方“高频低损”到右下方“低频高损”之间的曲线 X，它的运动轨迹往往是向左下

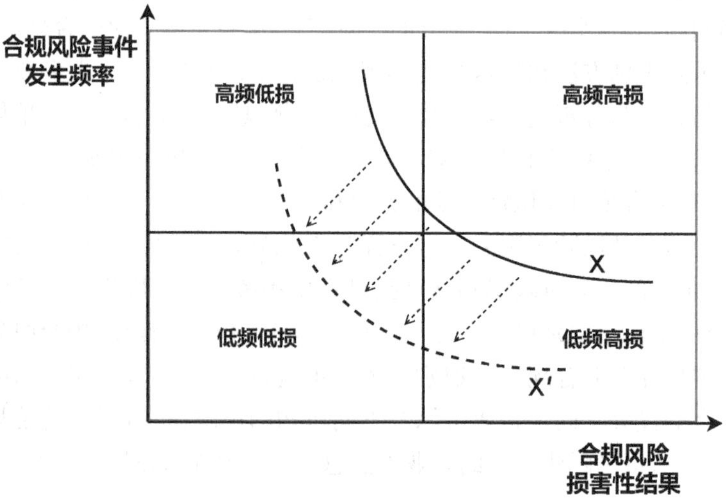

图 8－2　合规风险与损害性结果的关系

方平移，但不会向右上方平移，即“高频高损”的合规风险事件的发生概率较小。①

企业合规风险评估就是在合规风险识别基础上，通过系统化的定量和定性分析方法，分析、评估风险所致的行政或司法机关制裁或处罚、经济损失或声誉损害等，以及它们分别属于低频低损、低频高损、高频低损或高频高损风险中的哪一类，进而帮助企业建立实时风险监测机制，观测风险及其变化情况，确保风险在可控范围内，从而精准施策，以最小的合规管控成本及时响应和处置风险事件，降低违规风险所致损失，确保企业稳健运营的过程。合规风险评估的基本流程和方法贯穿了从风险分析、评估到监测和应对等多个关键环节。在涉及新业务拓展时，合规风险评估还可以帮助企业洞察潜在的法律和监管风险，为企业在复杂多变的市场环境中提供决策依据，避免盲目扩张引发新的合规隐患。

合规风险评估在企业合规风险管理体系中居于举足轻重的地位。它是企业评价内外部合规风险的影响、采取监测及应对措施的关键性步骤和管理环节。如同看病过程中的“听诊”和“把脉辨症”，只有正确辨症，方可对症下药。它不仅深度剖析企业运营管理中遭遇各类风险的可能性，也基于其对后果的判断而直接影响企业的风险管理决策，进而制定相应政策、制度、流程或者采取其他必要措施，有效应对企业存在的风险。在全球化和监管环境日趋复杂的背景下，合规风险评估的重要性日益凸显。企业不仅应加强对合规风险评估的重视程度，不断完善风险评估机制和方法，提升企业整体的风险管理水平，确保企业业务运营的合规性，实现可持续发展。同时，企业还应加强与监管机关的沟通与合作，及时了解监管政策的变化和要求，提升企业合规风险评估的准确度，为推进合规管理体系的有效性和可持续发展奠定坚实基础。

二、合规风险识别与评估的框架

合规风险识别评估活动还需结合风险特点或企业合规风险管理需求，在特定的合规风险识别评估框架下，运用多种风险识别方法并经历多项风险识别步骤，方能完成风险识别活动。

“举网以纲，千目皆张；振裘持领，万毛自整。”②合规风险识别框架（framework of compliance risk identification）是在合规风险识别评估前，为实现风险主体的合规风险识别目标，依照一定的原则、思路及方法构建指导合规风险识别评估活动的全部或部分风险识别体系结构。它不但具有框架的基本功能，也为多元、复杂的风险识别活动提供思路、方法、人员配备要求和行动指引，从而提升合规风险识别评估活动的效果。

企业面临的合规义务如恒河沙数，数不胜数。截至 2024 年 3 月 15 日，中国人大网公布的我国现行有效的法律就有 300 部，更遑论司法解释、地方性法规、国内外标准、商业惯例等。企业需要了解和掌握的合规义务恐合规专业人士都无法完全掌握。若缺乏必要的风险识别框架，企业合规人员可能面临无所适从、无从下手的窘境。在实践中，企业可以

① 周玮，苏妍. 企业风险管理：从资本经营到获取利润[M]. 北京：机械工业出版社，2020：5－6.
② 《新论・离事》。

结合经营需要和合规管理的特定目的，确立合规风险识别评估的角度，以便从不同维度和要素出发，各个击破、分类识别不同合规风险，这既易于识别、控制风险，也能合理分配企业资源，保证实现“高内聚、低耦合”的风险识别目标。

2011年，《企业法律风险管理指南》提出八种法律风险识别框架供企业在法律风险识别活动中参考，[①]这些框架也可借鉴应用于企业合规风险识别评估活动中。其中，较为常用的风险识别与评估框架有以下三类。

（一）依主要经营管理活动识别评估风险

依主要经营管理活动识别评估风险即通过企业的生产活动、市场营销、物资采购、对外投资、人事管理、财务管理等，梳理每项经营管理活动中可能存在的合规风险。通常，同一行业的企业因合规监管环境的一致性，其主要合规风险也具有相似性。例如，银行、保险、证券等金融企业需要关注反洗钱合规风险；医院、医药、建筑等企业或者行业的商业贿赂风险高发；而高科技企业、电子商务企业等的数据合规风险较为普遍。企业从事国际化经营的，其面临的境外合规监管风险较高，如出口管制风险、跨境数据移动风险等，均是较常见的风险类型。

（二）依组织机构设置情况识别评估风险

依组织机构设置情况识别评估风险即通过梳理企业管理/业务部门的职能范围和岗位职责，发现各部门、岗位存在的合规风险。这类风险识别框架一方面与企业经营、管理活动相符，有助于将风险识别评估工作落实到各部门；另一方面，企业也可以据此发现各部门现存及潜在的合规风险，进而为后期不同部门及岗位的合规风险管理奠定基础。由于企业每个部门的工作职责与规章制度并不完全相同，不同部门面临的风险类型会存在差异。例如，企业销售部门和采购部门通常易发商业贿赂风险，而研发部门的知识产权风险须特别关注。

（三）依利益相关者情况识别评估风险

利益相关者是指与企业有商业往来的企业或个人，如供应商、销售商、分销商、代理商，以及其他服务的提供商等。此外，企业的附属机构、股东、员工、消费者等也会被视为企业的利益相关者。通常，企业会因以下利益相关方的违法违规行为面临合规风险：一是鼓励或放任利益相关方的违法违规行为（如行贿行为），与利益相关方构成共同违法或犯罪行为；二是利益相关方以企业名义实施的违法违规行为，致使企业因严格责任而被追责；三是企业因对利益相关方缺乏有效管理和控制而被追责。例如，某数据公司并未泄露客户隐私，但其合作伙伴存在信息泄露行为，涉嫌侵犯公民个人信息罪，由此可能导致该公司成为前罪的共犯而面临制裁。可见，通过梳理企业与利益相关者的关系，有助于发现

---

① 参见《企业法律风险管理指南》（GB/T 27914—2011）第5章“企业法律风险管理过程”的5.3.2.2“构建法律风险识别框架”。

潜在的合规风险。

此外，企业可以根据合规风险因素探究合规风险发生的条件和场景，进而识别合规风险的性质或者表现。企业也可以从违反合规义务面临的后果或者企业承担的责任性质和种类的角度，梳理企业可能面临的刑事、行政、民事等合规风险。此种框架的梳理有助于企业根据不同责任后果，在合规风险管理上区分轻重缓急，从而有的放矢。当然，按照合规风险所处的法律领域，如合同、知识产权、数据安全、劳动用工、财税等，进行分类识别风险，也是企业常用的合规风险识别框架。此种框架对于企业开展专项合规风险管理具有重要意义。此外，企业同样可以将其过往案例或本行业的案例作为合规风险识别框架之一，获取经验、教训等。

虽然任何一种框架都无法揭示企业全面的合规风险状况，但是将合规风险以某一框架结构划分开来，分层次开展识别活动，能够产生“一杆到底”的效果。企业若选择两种或两种以上的风险识别框架，将能够从多角度实现多元的风险识别效果。当然，企业也可以根据需求和识别的便利性，创设其他角度的风险识别框架。同时，运用这些风险识别框架时，企业应努力将其与现有管理体系融合，节约管理成本、提高效能。

三、合规风险识别与评估的步骤与方法

风险识别与评估是一项系统、持续的活动。尽管不同风险识别评估方法有符合其自身规律的操作步骤，但为寻找风险源、描述风险点，合规风险识别与评估仍须遵循以下常规操作步骤。

（一）收集与筛选合规风险信息

为准确识别和评估风险，企业须建立信息沟通渠道，收集、处理信息并生成数据，以奠定扎实的合规义务数据基础。为此，企业可对收集、整理的风险信息建立数据库，并借助各类信息平台，扩展风险信息收集的渠道和获取途径。在开展风险识别和评估工作前，企业需要确认所处的内外部合规环境和合规义务来源及其变化。企业一方面可以跟踪监管部门的网站信息，定期与监管部门沟通；另一方面可以参加行业论坛和研讨会，并与法律及合规顾问保持交流与互动等，以不断获取合规义务信息。企业还可以通过落实合规信息管理流程，及时了解各项合规义务及其变化。

企业应建立信息筛选工作机制，过滤无用信息、缩小信息甄选范围；对不同来源的信息按照信息利用的目的、方式或者按照不同风险识别方法等进行归类。对于类型差异较大的合规风险，可以明确由不同专业背景的风险识别者承担甄别风险的任务。

企业要时刻关注最新的合规要求和承诺，并定期在合规义务清单中注明增加、删除和调整的合规义务情况，评估并描述其对企业的影响，确认形成新的合规义务清单。

（二）选取合规风险识别方法

“工欲善其事，必先利其器。”企业在积累一定风险信息后，可视风险情况和企业内外

部环境及风险识别目标，选择不同的风险识别方法，分析处于不同风险环境的合规风险表现、风险事件及风险因素。只有采用合适的方法才能实现合规风险识别之目的。合规风险识别方法是对企业所处的合规风险环境、合规风险对象和风险行为采用分析、判断或者归类的方式，描述现存或潜在的风险及其性质、特征时采用的方法。正确运用合规风险识别方法不仅关系到企业合规风险管理的内容、对象与范围，同时也决定了合规风险识别的效率与效果。由此，合规风险识别在方法选择上，必须考虑合规风险不同于其他风险的特征，考虑不同合规风险识别框架下特定风险识别目的和合规管理目标的实现。作为法学、合规管理学、风险管理学等的交叉学科，合规学目前暂无一套专门的合规风险识别方法。不过，也正因为其还是形成和发展中的学科，其他学科的研究方法可被借鉴运用于合规风险识别领域。以下方法可为实现合规风险识别之目的运用于合规风险识别活动中。

1. 合规义务梳理法

企业只有违反合规义务才有发生合规风险的可能性。合规义务就像一把“尺子”，用于衡量企业生产经营行为的适当与否。因此，合规义务的梳理是企业合规管理的基础性工作。合规义务中的“合规要求”通常来自企业及其员工必须遵守的法律法规和道德规范；而“企业之规”则为企业章程、内部规章制度等。合规义务中的“合规承诺”是企业为赢得股东、顾客、供应商等相关方的信赖，自愿选择遵守的要求和作出的承诺。对合规义务的梳理，不是简单罗列企业经营所需遵守的全部法律法规、规范性文件及各类声明，而是结合企业性质、经营行为及其特点，聚焦重点合规领域，对所涉合规要求加以归纳和系统整理，从中“度量”出企业生产经营行为中可能出现的“合规偏差”，以判断是否存在合规风险。通常，企业承担的合规义务越多，未履行或者违反合规义务所致的合规风险就越大；同时，企业承担的合规义务标准越高，其履行的不确定性就越大，未能达到合规义务标准引发合规风险的概率也越高。

企业采用合规义务梳理法时，不能忽略对文献资料广泛而深入的研究。理论研究成果往往有助于企业形成对所处合规风险环境状况的整体判断，为后续确立合规风险识别的方向、内容和范围，以及选择其他适宜的风险识别方法提供依据。

企业对内部规章制度和对外声明的梳理，不仅需要关注内容的合法性、适用情境的合理性及管理上的可操作性等，也需要关注企业规章制度的周延性、对外合规承诺与内部规章制度间的相互衔接等。《中央企业合规管理办法》第十四条要求“中央企业合规管理部门牵头负责本企业合规管理工作……负责规章制度、经济合同、重大决策合规审查”。可见，企业应对内部规章制度开展合规审查工作。它不但是企业合规管理的基础工作，也是识别合规风险的专门性工作。在开展此项工作时，合规部门应牵头对全局性、通用性规章制度进行梳理和合规审查，业务及职能部门则应对本部门和业务所及的规章制度及流程进行合规审查和风险识别。

企业规章制度的合规审查和风险识别可从不同维度展开，如企业组织体系、部门岗位权责、业务和管理运行、责任追究以及合规文化建设等。在审查内容上，风险识别人员应侧重于梳理它们是否符合外部法律法规、监管要求，以及在“外规内化”的过程中，是否存在条款缺失或瑕疵。同时，规章制度发布、公示等程序的合规性也是需要关注的重要内容。

合规义务梳理法具有抽样量大、成本低等特点和优点。不过，这种方法比较依赖风险识别者的前期专业知识积累和文献掌握的丰富程度。此外，企业面对的合规义务卷帙浩繁、殆难遍览，风险识别者应遵循“二八法则”“重者恒重”原则，对影响企业生存或发展的合规义务着重识别。

2. 访谈法

访谈法又称为人员访谈法、研究性交谈，是风险识别者与访谈对象通过口头谈话方式，收集第一手资料的风险识别方法。访谈法是一种有目的的、个别化的研究性交谈。通过交流，风险识别者能较为容易地获取受访者岗位或职责上深入、有效的风险信息，并掌握该风险产生的原因、带来的影响等。访谈法的灵活性和适应性使其可以向不同管理层级、管理部门的人员开展事实调查或意见征询等个别化研究。不过访谈者应筛选访谈对象，即应从可能存在风险的重要部门或者重点岗位确定访谈对象。因不同部门和岗位的特点不同，合规风险及其类型也会存在差异。访谈者要根据访谈对象的不同，制作以该岗位高发的合规风险为核心的访谈提纲。根据访谈的目的和作用方向，访谈可分为导出访谈（从受访者处导出情况或意见）、注入访谈（访谈人把情况和意见告知受访人）、既有导出又有注入的商讨访谈。

访谈并不拘泥于固定的形式。根据被调查者人数，访谈可以个别进行，也可以通过小型座谈会的方式进行集体访谈。访谈还可以采用其他特殊的形式实现调查目标。如德尔菲法（Delphi Method）就是一种典型的专家调查法。中间人或协调员以书面背对背形式多轮征求和汇总专家意见，并把专家们每一轮提出的意见归纳后反馈给专家，直至专家们的意见趋于一致，以此形成最终的风险识别预测结果。这种方法因采用匿名或背靠背的方式，使每位专家都能独立作出判断而不受其他因素的干扰；经过几轮的反馈，在充分集合了专家的经验和学识后又逐渐使专家们的意见趋于一致。由此，这种独特的访谈法能够在充分发挥专家知识、经验和智慧的同时，科学、实用地得到某一领域的合规风险清单。

访谈调查常常需要面对面个别交流，通常会比问卷调查等方法付出更多的时间、人力和物力。并且，访谈法对风险识别者的要求较高。他们应具备较高的法律理论与实务经验，也需要具有较强的语言沟通能力和合规风险信息分析能力。风险识别者的价值观、态度、谈话水平等也会影响受访者，造成访谈结果的偏差。若受访者夸大某些内容或掩盖某些情况，往往会使风险信息失真。除具有成本较高、对访谈者专业性要求高、访谈结果主观性较强等缺点外，访谈法调查的样本一般较少，对访谈结果做定量分析较为困难。

3. 问卷调查法

问卷调查法也称“书面调查法”“填表法”。它是调查者运用统一设计的问卷向被选取的调查对象了解情况或搜集风险信息的一种书面调查方法。在采用问卷调查法时，风险识别者应事先形成合规风险信息的大致内容，并通过问卷及被调查者的回答，借助统计工具或方法将问卷答案统计分析后，得出风险识别的结果。

问卷调查法能实现短期内对更广范围调查对象的调查，并且具有隐私性强、调查样本大、过程标准等特点，因而常在风险识别初期发挥着“投石问路”的作用。它有助于风险识别者获取最初的风险信息，适合用于验证合规需求、收集风险特征等。不过，这种方法获取的风险信息严重依赖调查问卷本身。这意味着调查问卷设计的范围、角度与质量将直接决定风险信息收集的效果，也易使调查问卷带有较为浓厚的风险调查者的主观倾向。同时，它无法保证问卷填写的质量，也不太适合对风险背后的原因、动机等的探查与挖掘。为此，在使用问卷调查法获得合规风险的概况性信息后，风险识别者应据此修改或者排除某些问卷或者风险信息，或者重新发动新一轮的问卷调查。这样在合规风险体系更新阶段，企业可将原有的合规风险分解到各部门，形成部门风险清单。企业以此为基础制作的调查问卷，在征询各部门意见后，能够实现对风险清单的确认、补充和进一步完善。

4. 案例分析法

案例分析法亦称“个案分析法”“典型分析法”，是对若干具有代表性的实例（现象）进行深入、周密的研究，从中总结事物一般规律、获得总体认识的一种研究方法。案例分析是一种实证研究、经验研究，它在不脱离现实生活环境的情况下研究正在进行的现象。[①] 案例分析法具有鲜明、形象、具体和富有说服力等特点。基于研究目的的不同，它可细分为验证型、探索型和描述型三种类型。验证型案例分析是研究者选取合适案例验证已有理论，进而推进理论创新或验证理论有效性的研究。探索型案例分析则是在对单个或多个案例总结和提炼的基础上进行理论上的升华。描述型案例分析可简洁概括为“基于扎根理论的案例现象描述”。案例分析法是风险识别中常用的识别方法，也是探寻合规问题解决之道的重要途径之一。案例分析法运用于合规风险识别领域时常常兼具三种类型。企业通常可通过研究自身或同行、同类的合规风险案例，感知合规义务下的具体合规风险，识别企业现存和潜在的合规风险及其产生的原因，进而整理出风险事件与具体的违法违规行为，为风险管控措施的提出奠定基础。

作为一种定性研究方法，案例分析法通常用于解决具有独特性、复杂性或有一定深度的难题。运用这一方法是一个线性、反复的过程，它至少包括案例选择、资料收集、资料分析以及结果汇报四个阶段，各阶段又有不同的具体操作步骤。[②] 案例选择是确定研究目标、明确研究的问题或假设的前提，风险识别者应选择具有代表性的案例，并通过调查问卷、访谈、文献资料等方法，收集分析案例所需的相关数据。在数据分析的过程中，风险识别者也可使用数据清洗、编码、图表制作、文本分析等多种方法，从中提取有价值的信息。案例分析的结果是研究的结论，应当基于研究目标和假设，提出具有参考价值的可操作性建议。

案例分析法通过生动形象的描述和个案展示，不仅能使风险识别者获得“合规风险有哪些”的结论，而且可以独到地解释回答“为什么会有那些合规风险”。因客观、深入地聚焦研究的问题、需要及其原因，企业就能深刻把握合规风险发生的前因后果和根本属性，由此产生的解决方案就具有针对性并易于接受和推广。不过，案例分析法也存在局限性。

---

① 罗伯特·K. 殷. 案例研究：设计与方法（原书第 5 版）[M]. 周海涛，史少杰，译. 重庆：重庆大学出版社，2017：4.

② 杨立华，李志刚. 公共管理案例研究方法的基本路径[J]. 郑州大学学报（哲学社会科学版），2022，55(4)：12-18，127.

它首先对风险识别者的语言技能和洞察力的要求较高。加上案例研究的归纳不是统计性的而是分析性的，带有明显的风险识别者的主观认识，风险识别者对案例的选择和数据的解释等各环节都可能会影响分析的结果。同时，密集的劳动力和大量的时间耗费也会成为案例分析法不能大规模开展的重要因素。

5. 核查法

核查法也称"核查表法"，通常是由外部机构（监管部门）对企业风险情况实施进行监督的一种定性的风险识别与评估方法。它是将一系列需要检查的内容或者项目以检查表的形式列出，判断企业是否符合或者满足合规风险管理要求，是否遗漏制约企业发展的重大风险，并提出改进措施的一种方法。为使核查的评价能产生令人信服的结果，越来越多的核查表被赋予大量行之有效的评价计值方法，风险识别者可根据评价计值方法的不同得出不同的结论。例如，否决型检查表将提前设定一些特别重要的检查项目作为否决项，只要这些检查项目不符合要求，则企业整体的风险状况（或合规管理状况）将被视为不合格；半定量检查表则是给每个检查项目设定分值，根据分值划分评价等级。

在具体实施核查法时，核查者可以采用不发核查通知、不透露检查信息、直奔核查现场的"飞行检查"方式，以最大限度地观察企业生产经营中真实存在的合规风险点和合规管理体系运行的有效性，降低检查结果的影响因素。核查者可凭借自身感官及辅助工具，直接或间接地从企业业务经营和管理情境中记录企业合规管理的现场行为，以获得客观、准确、及时、生动的数据。这种直接记录调查事实的观察法具有真实性和客观性，有助于通过观察企业员工的行为及表现，了解企业合规文化和价值观是否健康、是否被贯彻；企业各项合规制度是否健全，是否规范、顺畅地运行；企业的组织结构及管理团队是否发挥合规管理的作用等。核查者也可以采用听闻法，判断企业对违法违规行为秉持的态度和实际处理情况。

核查法通过第三者视角的观察，能够发现企业运营中存在的合规风险及其问题，且具有方便易行、适用范围广等特点。不过，这种方法也具有取样量小、核查深入程度不足、无法揭示问题产生的深层次原因等缺陷。核查者的主观判断也可能会影响核查结果。

除以上风险识别方法外，情景分析法、事故树法、流程图法、影随法[①]等也被广泛应用于企业合规风险识别与评估中。这些方法各具特色，但任何一种方法都无法用于识别企业面临的所有合规风险。因此，企业应当构建符合现实需要的风险识别方法体系，[②]综合运用不同方法，多层次、多维度地探析合规风险、风险因素及所致损失。风险识别团队也能以一种风险识别方法为主、以其他方法为辅，在企业发展的不同阶段，运用不同风险识别方法。

(三) 开展合规风险评估

经过以上两个步骤的活动，企业收集、筛选合规风险信息和判断是否存在合规风险的

① 祝宁波，王镭. 企业农业海外投资合规风险识别：挑战与解决[J]. 华东理工大学学报（社会科学版），2022，37(2)：105－119.

② 祝宁波，黄雷. 论法律风险识别的方法[J]. 西部法学评论，2013(3)：23－31.

工作基本完成，感知风险的目的初步实现，即迎来风险识别的第二个重要阶段——评估合规风险。合规风险评估是分析风险、查找导致风险发生的各种因素，进而对合规风险作出评价，为开启合规风险应对提供依据的重要阶段。具体而言，合规风险评估又可细分为合规风险分析和合规风险评价两大步骤。

1. 合规风险分析

合规风险分析是企业预测合规风险发生的可能性（概率高低），以及一旦发生合规风险事件会对企业产生何种影响（后果程度）的过程。合规风险分析有助于增进企业对合规风险的进一步了解和判断，以便为合规风险评价和应对提供有力支撑。

合规风险分析通常是企业聚焦关键业务、经营管理流程或各部门职责，结合企业治理结构或发展战略，生产经营活动、产品或服务，企业经济金融环境、市场情况、负债和客户关系等外部情况，以及企业内部违规行为或问题等对企业合规风险环境状况进行分析，以确定企业合规风险的性质及产生合规风险事件的条件，总结合规风险变化规律，进而对合规风险的影响因素、表现形态、后果等开展的预测性活动。风险管理者此时的主要工作是对确定的合规风险归类，总结不同类别风险属性，为风险的量化、评估和管理奠定基础。合规风险分析包含着对合规风险事件的发生及其结果的预测，是对合规风险的深层次分析与推断，在这一过程中，风险管理者可能发现新的合规风险，也可能调整之前形成的合规风险清单，甚至可能与最初的风险清单结果大相径庭。

合规风险分析可以采用定性和定量的方法进行，分析的过程往往是企业明确合规管理目标，制定开展某类或某项合规风险管理工作方案的过程。同时，合规风险分析也是企业根据业务流程，开展权责事项清理，形成部门业务分工明确、岗位职责和授权清晰的“权责清单”的过程。这意味着，企业可以以此为契机，或以关键业务流程为单元，规定每个关键业务流程的工作步骤、责任部门、责任岗位和工作任务，形成“权责清单”；或以岗位为单元，依据岗位职责说明书规定的工作任务形成每个岗位的“权责清单”。由此可在业已形成的“合规风险地图”上，提高各部门、各岗位的合规风险透明度，查找风险的触发原因、来源，并根据以往业务执行情况判断该风险事件的发生概率，预判不合规风险事件可能产生的后果。

2. 合规风险评价

合规风险评价是将合规风险分析的结果与企业能够接受的风险水平相比较，确定合规风险的等级；或者根据风险发生的可能性和潜在的消极后果，形成风险排序，以便直观地观察识别的合规风险，明确合规风险管理的优先级，由此确定实施管控的必要性以及采取何种管控措施。

最简单的合规风险评价是将合规风险分为需要应对的和无需应对的两种。但这无法全面反映企业合规风险状况，且界分两类风险也存在困难。实务中，企业一般按照风险事件可能产生的直接影响、间接影响和不影响三个维度，并按照其发生频率的高、中、低，即采用合规风险系数对已识别的合规风险进行排序。企业据此确定其合规风险管理及合规管理实施的重点业务环节、重点岗位及对应的合规风险处置态度。由此，企业可以根据合规风险所在岗位的职责和业务环节的流程，比照企业既定的岗位目标、工作步骤、职责、任务和工作标准等，结合合规要求与合规承诺，有针对性地制定合规风险管理措施，以便企业将主要精力和资源放在优先级更高的合规风险防控、合规制度制定及合规文化建设上。

以上的合规风险识别与评估之间不能完全区分开来。在实施步骤上也并非不可逾越。事实上，在合规风险清单形成后，风险识别者对清单列举的各项风险分析和判断就包含着对风险事件发生概率及损失程度的预测。由此形成的对风险等级的初步划分就已具有合规风险评估的性质。

合规风险识别与评估也非一次性完成的工作，而是企业持续性、周期性、制度化的工作。"目光往返于规范与事实之间。"企业只有在充分掌握合规义务和企业行为的基础上，才能更准确地探查企业存在的"合规偏差"和风险成因。同时，为矫正合规风险管理者主观因素导致的对风险识别结果的判断误差，企业可在保持风险管理人员稳定性的基础上，适当吸收不同专业背景的人员或者外部专家参与，确保合规风险识别和评估的广泛性、全面性和客观性。

四、合规风险识别与评估的结果

合规风险识别和评估的结果通常以合规风险清单和合规风险评估报告的形式呈现。

(一) 合规风险清单

合规风险清单是企业根据自身战略、业务特点和合规风险管理要求，基于特定的合规风险识别评估框架，采用某种或多种合规风险识别评估方法，编制的包含合规风险要素和内容的风险信息数据表，以便企业了解合规风险状况、明确合规风险点，实施合规风险分析、沟通和报告等管理活动，记录合规风险识别与评估结果。

1. 合规风险清单的主要内容

通常，一份合规风险清单应罗列和汇总以下内容。

(1) 合规风险点。合规风险点通常是对所识别出的合规风险的简单且准确的描述。

(2) 合规风险源或发生原因。合规风险源是风险管理者对合规风险点的来源或者产生原因的分析。合规风险源是引起合规风险发生的单个或多个潜在风险因素的叠加。ISO 37301 和 GB/T 35770—2022 均认为合规管理体系建立在合规风险识别分析评估的基础之上，而合规风险识别分析评估是基于对合规风险源的正确识别。① 企业可基于合规义务视角分析合规风险源。由此，对企业应当遵守的合规要求和合规承诺的梳理将有助于企业较为清晰地追踪到某一法条、某一监管要求，或者某一合同条款以及普遍认可的某项商业道德，从而列明特定风险来源及其产生原因。

(3) 风险损害结果。合规风险清单应表明合规风险可能在什么情况下以何种方式发生并可能对企业产生怎样的影响。合规风险的产生与合规义务息息相关。企业通过对规范性文件、合同等的研究，能较好地知晓违规后果及其严重程度。合规风险损害结果(表 8-1)包含后果类型，如财产损失还是非财产损失(人员刑事责任、公司商誉损失)等，以及

① ISO 37301 和 GB/T 35770—2022 的"A. 4. 6 合规风险评估"。

后果的严重程度，如财产金额损失大小、非财产损失的影响范围、利益相关者的反应等。按照损害结果类型，可分为三个维度，每一维度进一步细化为若干评分区间，综合计算得分越高，意味着风险损害程度越大。

表 8-1　合规风险损害结果分值表

损害结果的类型	对应分值		
	10	6	2
财产损失	≥100 万元	50 万～100 万元	50 万元
非财产损失	刑事责任	行政责任	民事责任
影响范围	全国或国际范围内	全省或行业范围内	企业范围内

(4) 合规风险事件发生的可能性。这是指风险事件发生概率，通常可以通过观察其他类似情况或者分析相关案例得出。企业可就影响合规风险事件发生概率的原因细分出不同维度，每个维度以不同分值表示对风险发生概率的影响程度，得分越高表明影响程度越高，风险事件发生的概率越大。通常，风险事件发生概率可从以下几个维度开展量化分析：外部监管的执行力度；合规制度的完善程度；合规制度的执行力度；员工合规文化（素养）程度；违规行为在一年内的发生次数等。企业合规风险事件概率及其分值表分别如表 8-2、表 8-3 所示。

表 8-2　企业合规风险事件概率

序号	合规风险点	影响风险事件发生概率的原因					风险事件发生概率
		外部监管的执行力度	合规制度的完善程度	合规制度的执行力度	员工合规文化（素养）程度	违规行为在一年内的发生次数	
1							
2							

表 8-3　企业合规风险事件概率分值表

序号	影响风险事件发生概率的原因	对应分值		
		10	6	2
1	外部监管的执行力度	有严格规定，违规处罚严厉	有监管规定，违规行为处罚后果适中	无相关监管规定
2	合规制度的完善程度	不完善，需重新制定	较完善，需修改补充	完善

续　表

序号	影响风险事件发生概率的原因	对　应　分　值		
		10	6	2
3	合规制度的执行力度	很难得到执行	执行程度一般	执行到位
4	员工合规文化(素养)程度	不了解合规制度或规范	了解部分制度规定	了解制度规定
5	违规行为在一年内发生次数	≥5 次	2～5 次	≤2 次

(5) 合规风险损害度。风险损害度是用数值表示的合规风险识别评估的结果。在合规风险识别评估清单内,企业可根据合规风险出现的频率和对企业造成的影响,确定合规风险系数。例如,企业可将某一合规风险的发生频率分为"高(3)、中(2)、低(1)"三档,并对应相应分值;再根据该合规风险对企业业务目标实现的影响程度,分为"大(3)、中(2)、小(1)"三档,并对应相应分值。由此,两个维度的乘积就可确定某一合规风险的系数,即合规风险系数=风险发生频率×对企业目标的影响程度。合规风险识别评估清单如表 8－4 所示,通过以上对每一个合规风险的分析打分,得出各个合规风险的评估值,进行汇总后,就可以得出企业合规风险评估结果。其中,分值计算后得分越高的,意味着这一合规风险的发生概率和影响程度越高,对企业造成的不利影响越大。

表 8－4　合规风险识别评估清单

序号	合规风险点	合规风险源	企业相应行为	风险事件发生概率[高(3)、中(2)、低(1)]	风险损害结果[财产或非财产损害,大(3)、中(2)、小(1)]	合规风险损害度(合规风险系数)
1						
2						
3						

尽管不同企业面对的合规义务和合规风险不同,企业经过风险识别和评估后最终形成的清单内容也各不相同。但通常,企业都会按照"识别合规义务—评估合规风险—制定合规风险管控措施"这一逻辑来设计合规风险管理清单,如表 8－5 所示。在合规义务模块,企业以合规要求和合规承诺为导向,对外部法律法规、监管规定、标准等合规要求及合规承诺进行系统梳理,汇总企业承担的各项合规义务。在合规风险模块,企业对照自身行为,明确合规风险点,并对它们进行风险等级排列。而在合规风险应对模块,企业可以根据前期合规评估的结果,梳理、比对企业合规风险应对措施,落实责任部门,从而形成集合

规义务、合规风险与合规应对于一体的合规风险管理清单。

表 8-5 合规风险管理清单

序号	合规义务模块					合规风险模块				合规风险应对模块		
	合规义务领域	法律法规名称	条款内容	合规要求	合规承诺	合规风险点	风险事件概率	合规风险损害结果	合规风险等级	合规风险应对	责任部门	完成时间
1												
2												

2. 合规风险清单的类别与功用

合规风险清单的形成，有助于企业定期或不定期地开展符合其管理目标和要求的风险自查活动。它以非常直观的呈现方式列明企业各部门和各业务环节中违反合规义务的漏洞及其后果，评估各部门及岗位在履行合规义务职责方面是否清晰、是否存在责任真空或交叉，进而通过完善制度和业务流程、升级信息系统、增设合规岗位等方式查漏补缺，厘清不同岗位员工在合规管理上的职责，发现并及时纠正违法违规行为。合规风险清单也有助于为企业员工提供细化到具体操作步骤的合规管理标准，为他们提供实用的工作指引。对于企业管理层和决策者而言，合规风险清单的风险识别评估结果有助于帮助企业在制定战略、作出投资决策时充分考虑合规底线、提示关注重点，从而以合适的风险应对措施，避免或减少因合规义务的忽略而导致重大决策失误的可能性。由此可见，编制合规风险清单对于企业而言具有多重功能和多个应用场景。

合规风险清单适用于各类企业和企业内各管理层级以及各类合规风险的管理。不过，长期以来，许多企业在合规管理体系建设中会关注合规风险的识别、评估和应对，却忽视解决合规风险应对措施有效落地的问题。国务院国资委在《中央企业合规管理办法》《关于开展中央企业"合规管理强化年"工作的通知》等多份文件中，强调央企应做好合规管理"三张清单"的编制工作，加快建立健全合规管理体系。这"三张清单"分别是风险识别清单、岗位合规职责清单、流程管控清单。"三张清单"概念的提出，不仅丰富了合规风险清单的形式和内容，明确了不同类别清单的定位和功能，更重要的是为解决合规风险的有效落地找到了抓手。目前，"三张清单"的编制已成为央企推进合规管理体系建设的工作重点和促进合规要求深度融入企业经营管理、落实重点领域合规风险管控的关键支撑。

其中，风险识别清单是对企业面临的合规风险进行全面、系统、结构化识别活动的总结，是企业合规风险全面梳理的结果。这一清单将有助于管理层和业务部门对企业合规风险总量、类型、表现形式、后果、责任主体、分布特点等形成全面认知，为风险分析、控制提供依据。企业也可以在对风险事件发生概率、风险影响等级、潜在后果等定期分析和评估后，针对典型性、普遍性或者可能产生严重后果的风险及时发出警情预告，建立合规风险监测预警机制。

岗位合规职责清单是以岗位为本，从岗位角度梳理不同岗位承担的合规义务和面临的合规风险，细化不同岗位在企业合规管理中的履职标准。这一清单的主要目的是将合规义务与合规风险融入企业的岗位管理，使合规义务、合规风险与具体的岗位、员工关联起来，实现将合规义务、合规风险从识别到落实的有机融合。

流程管控清单是从业务执行的角度梳理业务流程存在的合规风险。其主要目的是将合规风险控制嵌入业务流程，使其成为业务工作的一个环节，业务部门在完成业务工作的同时也完成对合规风险的管理，从而有效解决合规、业务“两张皮”的问题，实现合规风险在业务活动中的有效落地。

综上，“三张清单”从不同角度发挥着应对企业合规风险的作用。所不同的是，它们的关注点和管控目标各有差异。其中，风险识别清单是从企业全面、整体视角把控合规风险，对企业所有业务和管理环节提出整体管控要求，是企业合规管理的基础性依据。岗位合规职责清单关注合规风险落实的具体岗位，以岗位合规管理的形式，将合规风险管理职责落实到“人”。岗位合规职责清单与风险识别清单是一枚硬币的两面——前者侧重于反映每项岗位职责中的合规要求和合规审核职责。若某岗位履职不到位，就会产生风险识别清单列明的风险事件。企业进而会分析、评价业务管理制度和流程与合规管理要求之间的差距和不足，调整或设置关键风控点，增加合规审查环节，形成流程管控清单。流程管控清单关注合规风险管控事务的落实，通过执行流程将合规管理职责落实到“事”，全链条防范合规风险。风险识别清单、岗位职责清单、流程管控清单是《中央企业合规管理办法》明确央企必须建立的关键清单。它们在功能上彼此衔接，工作顺序上层层递进、相互贯通，形成完整的管理闭环。可以毫不夸张地说，“三张清单”编制的水平决定了企业合规管理体系运行的总体水平。企业应充分认识它们的功能和作用发挥，不断完善这些清单的基础结构、内容和编制方法，不断提高清单的编制质量，全面提升合规管理水平。

(二) 合规风险评估报告

合规风险评估报告是风险管理者完成某项或者某个阶段的合规风险识别和评估活动后撰写的书面报告，以陈述企业合规风险识别评估的目的、呈现合规风险识别评估的过程和内容、定性或定量评价企业合规风险状况或实施合规管理的效果。一方面，合规风险评估报告是风险管理者履行合规风险管理职责，全面“盘点”和评估合规风险，准确表达和传递企业合规风险信息的重要成果；另一方面，它也是企业开展合规风险防范警示教育的读本、构建合规管理体系和实施有效性自我评价的重要方式之一。合规风险评估报告的功能多样，既是企业对已完成合规风险识别评估工作的总结，也是企业制定和落实各项合规风险管控措施的重要依据。此外，撰写合规风险评估报告还是培养和锻炼合规管理人员专业技能的重要手段之一。

1. 合规风险评估报告的分类

按照不同划分标准，合规风险评估报告可作不同分类。

依报告完成主体的不同，可分为企业出具的报告和外部专家出具的满足特定目的的报告。企业报告也可由各部门向企业合规管理牵头部门提供本部门的合规风险评估报告，合规管理牵头部门汇总情况后，向合规管理委员会提交企业全面合规风险评估报告。

从撰写的频率和目的来看，合规风险评估报告可分为定期报告和专项报告。前者可就一个日历年度（季度或月度）的企业合规风险状况，在完成全面合规风险识别评估工作后出具。企业也可为满足特定目的，出具用于某一区域或某个项目的合规风险识别评估报告，或者企业专项合规风险评估报告。合规风险评估报告还可基于使用不同风险识别或者评估方法后形成。这类报告通常需要结合其他风险识别、评估方法的结论进行汇总，从而完成最终的评估报告。

2. 合规风险评估报告的主要内容

合规风险评估报告是企业合规管理活动的重要组成部分，也是外部机构（如司法机关、行政机关）和社会公众评价企业合规管理体系是否健全、是否有效的重要指标。[①] 因此，一份完整、有效的合规风险评估报告通常需要包含或者体现以下内容，以便企业自身及外部机构、社会公众可据此对其合规体系建设的全面性、合理性及有效性作出客观且有针对性的判断。

（1）合规风险评估活动的准备情况及评价

从商业视角了解企业是构建合规管理体系的起点。企业的基本信息，如其产生和发展、类型和规模、经营范围、所处行业及合规监管环境等是开展合规风险识别评估工作前必须明确的信息。它们构成合规风险评估报告中不可或缺的组成部分。该报告须对合规风险评估的目标、范围及合规风险评估准备情况，如工作小组、工作步骤及时间安排等予以明确并记录。

在此基础上，企业应当判断或者评判其在合规风险识别、评估等合规管理活动中的成本和资源投入的充分性、合理性。如针对风险识别评估活动的资源分配，企业是否将过多时间用于监管低风险而非高风险领域？相反，对于高风险的交易活动，企业是否实施了更严格的合规审查？

（2）合规风险评估活动的实施情况及评价

合规风险评估报告必须反映企业实施这一活动是否全面，是否最大限度地识别并准确评估了企业及员工的违规（或不当）行为，风险管理者是否勤勉尽责地执行了合规风险识别评估计划，以及风险识别评估结果的作出是否恰当等方面。为此，报告在此部分应呈现以下内容。

第一，合规风险识别评估的依据、方法及过程。该报告应列明识别和评估的法律法规、行业标准、企业内部管理制度等依据；使用何种风险识别框架以及进行风险识别、评估和风险优先排序的具体方法；使用哪些信息或指标来评价行为的不当性等。

第二，风险识别、分析后的特定合规风险结果。该报告应列举企业面临的各类风险，如战略风险、市场风险、操作风险，或者按照风险发生领域列明合同风险、环境风险、数据

① 例如，法国萨宾第二法案（Sapin Ⅱ）将合规风险评估作为企业健全的合规制度的重要组成部分（https://www.legifrance.gouv.fr/jorf/id/JORFARTI000033558658）。2020 年 6 月，美国司法部在《公司合规计划评估》（Evaluation of Corporate Compliance Programs）中指出，公司合规管理体系须结合企业情况和特定要素进行评估（https://www.justice.gov/atr/page/file/1182001）。

风险等。在列明企业面临的主要风险、成因及其潜在影响等的同时，还要揭示风险评估后的结果，如其发生频率、损失度、潜在后果等。

第三，风险识别评估的更新和改进频率是否符合企业合规管理需要。该报告可以同时评价企业是否建立健全合规风险定期审查评估程序，确保评估的定期开展能与国家法律、法规、企业制度和程序的更新保持一致，避免合规风险评估属于“运动式”或“快照式”审查。

(3) 合规风险应对与控制措施实施情况及评价

结合企业未来发展规划，该报告应提出构建或持续完善合规风险管理的框架及风险处置建议和应对措施实施情况等。为此，该报告应反映企业针对每一类或每个重大风险点提出的具体预防措施或接受策略；描述企业如何对已识别风险进行持续监控，包括监测指标、监测周期和报警阈值等；明确风险管理组织架构、责任分配以及资源配置；说明风险报告的频次、形式以及管理层对风险信息的响应机制；分析合规培训计划、合规奖惩制度和程序的制定和执行情况；根据评估结果，提出风险管理体系存在的不足和改进方向等。

该报告同时应从合规风险识别评估活动的全面性、企业向所有雇员和相关第三方传达其合规政策和程序的可获取性①，合规培训和内外部沟通的真实有效性②，相关人员对企业合规政策和程序的理解和认知③，以及举报和调查机制的有效性④等方面来评价企业是否成功构建了适当的合规风险应对与控制体系，是否有效发挥作用等。必要情况下，企业还应从是否为利益相关者，如客户、供应商、分销商、咨询顾问和承包商等提供合规培训、开展合规监督等来评价合规管理的全面性与有效性⑤。

---

① 例如，相关合规政策和程序是否以确保员工易于理解的方式推出？是否可以被方便搜索和参考应用？

② 例如，企业进行了哪些风险分析来确定合规培训对象和培训内容？职能部门的员工接受过哪些培训？企业是否要求主管人员接受过不同层次或补充培训？是否为高风险和控制部门的员工提供了针对性的培训，包括不当行为发生地的培训？在合规培训的形式、内容和有效性方面，企业培训是否以适合受众的形式和语言提供？培训是否从以前的合规事件中吸取了经验教训？企业如何衡量培训的有效性？员工在培训后是否参与测试？

③ 例如，企业对那些具有批准权限或合规管理职责的人员是否提供了指导和培训？他们是否清楚什么是不当行为以及如何发现不当行为？

④ 企业合规风险识别评估成效的重要内容之一是，员工是否可以通过有效和可信的举报及调查机制，实名或秘密举报涉嫌实施或已经实施违反国家法律或企业政策或行为准则的不当行为。由此，举报及调查机制的有效构建与运行就成为衡量一个公司是否建立了“能发现和预防不当行为的有效的公司治理机制”的高度证明。以下内容应当成为合规风险评估报告的重要内容：企业是如何向员工和其他第三方公开举报机制的？是否有匿名举报机制？若没有，不建立匿名举报的原因是什么？举报机制的运行情况如何？是否检验过员工对举报方式的熟悉及认可程度？企业在收到举报后，如何评估举报内容的风险程度？企业如何确定哪些举报或风险信号值得进一步开展调查？企业是否以及如何从举报及调查机制中收集、跟踪、分析风险信息，识别合规风险？合规部门是否有充分的渠道获取举报和调查信息？企业如何确保举报调查的范围适当？企业采取哪些措施确保举报调查的独立、客观、适当并被恰当记录？举报调查是否有迅速响应机制或必要的时限要求？举报调查是否有监督机制来确保调查结果公正客观？是否有对调查活动的问责机制？企业是否为举报及调查机制提供了充足的资金保障？

⑤ 全面的合规风险管理体系应包含对第三方的合规关注，即企业应清楚知晓使用第三方参与交易的合法或合理的商业理由，以及第三方可能带来的风险。以下问题的回答常被用于评判企业对第三人合规风险的识别及管控是否有效：企业对第三方的合规管理流程是否嵌入采购和供应商管理流程？是否与其确定的第三方合规风险的性质和级别相对应？企业使用某第三方的商业合理性是什么？又是如何确保这一适当性？若第三方参与了潜在的不当行为，是否评估了使用该第三方的商业合理性？企业是否制定并运行合理机制确保合同条款明确描述了第三方应提供的服务范围和类型、确保给第三方付款条款是适当的、确保第三方已经提供了合同所规定的工作、确保第三方获得报酬与所提供的服务相称？企业如何监督第三方合规？是在合作的整个周期还是主要在合作初期对第三方开展合规监督？企业是否有权对第三方会计账簿和账目进行审计或查阅以及是否溯及以往交易？第三方实施的合规风险应对措施，企业是否给予考虑、分析、补偿和激励措施？企业是否对与第三方交往的人员进行专项合规风险培训和管理？在对第三方尽职调查中发现的合规风险，企业是否处理、如何处理，是否持续跟踪了这些合规风险？是否对那些发现违规行为的第三方暂停或终止合作？

第二节　合规风险预警与管理决策

引例

国金证券反舞弊风险治理举措

国金证券股份有限公司(以下简称国金证券)自成立以来,始终坚持合规稳健经营,不断完善公司法人治理结构。在廉洁从业管理和腐败风险防控领域,国金证券审计稽核部从"舞弊线索揭示、廉政文化宣导、舞弊机制治理"三方面持续推进"不敢腐、不能腐、不想腐"的清廉文化体系建设。在舞弊风险方面,国金证券受"舞弊三角理论"[①]启发,采用多种调查方法,实施"舞弊事实排查—前期摸排—持续调查—后期突破调查"等系列措施,不断提升公司反舞弊合规风险治理成效。具体而言,国金证券会将举报信息、公司员工不正常职务行为或支出、公司超额损失等作为启动舞弊排查的线索或依据,采用业务访谈、供应商走访等方式调查潜在舞弊者的舞弊事实。在协同部门的数据支持下,核查人员会以利益关系为抓手,重点关注潜在舞弊者的"人商关系"及其惯常表现,检验其行为特征是否符合舞弊三角理论模型。同时,核查人员还会采用外围调查法,深入排查潜在舞弊者及其家属的社会关系,探查可能的利益输送链条。在掌握必要证据的情况下,核查人员会采用个别谈话法,与舞弊者及利益输送方人员坦诚交流,争取其能积极配合调查。随后,核查人员将结合调查结果向公司提出处理意见,并视舞弊情节启动相应法律程序。国金证券通过对舞弊风险事件的查处,从"个案"和"整体"两个方面入手,促使员工舞弊治理取得理想成效,为公司的长期发展保驾护航。[②]

舞弊是困扰企业发展的常见、多发风险。《2022 年 ACFE 全球舞弊调查报告》统计 133 个国家、23 个行业的 2 110 个案件后发现,舞弊案涉直接经济损失超过 36 亿美元。[③]过去,企业可能会将内部舞弊视为商业运营的成本,或因舞弊风险监管力度较弱而不得不放任自流,或接受一定程度的管理"灰度",从而令舞弊获得生存空间。不过近些年,不少企业意识到员工贪腐舞弊的负面影响——不仅会产生经济损失、威胁生产经营安全,企业及相关人员也会因行政或刑事处罚影响形象或声誉。

一言以蔽之,企业面临的合规风险并非仅舞弊风险一种类型。在面对各类合规风险

① 舞弊三角(fraud triangle)理论最早是美国注册舞弊审核师协会(ACFE)创始人阿尔布雷克特(Albrecht)教授提出的。之后被美国反舞弊准则(SAS No. 99)采纳,成为国际反舞弊行业普遍认可的规则。该理论认为,企业员工及其外部人员的舞弊行为的动因主要来自三方面,即压力(pressure)、机会(opportunity)和自我合理化(rationalization)。为此,审计人员可从这三方面关注企业的舞弊风险因素,并采取针对性措施加以预防。

② 以上内容由国金证券股份有限公司审计稽核部郑武、董世杰提供。

③ Occupational fraud 2022: a report to the nations [EB/OL]. [2024-10-20]. http://internalauditing.de/w020617p/blog/2023/01/09/occupational-fraud-2022-a-report-to-the-nations/.

时，企业是对看似不会影响短期盈利的违规行为视而不见？抑或及时管控，避免违规行为的蔓延？企业又该如何甄别信息、监测合规风险？如何利用合规风险预警或决策机制及时、有效地应对合规风险？这些都是本节需要重点关注和讨论的内容。

一、合规风险预警

预警(early-warning)源于军事。早在两千年前的中国，就通过烽燧(烽火台)来瞭望敌情，利用烟、火等信号，快速传递军事情报，守备应援。

合规风险预警是企业通过对内外部合规风险环境的全程跟踪监测、分析和评价，推断、预测风险事件发生状态、可能的风险程度或影响，并提前发出警报，提醒企业决策者警惕风险抑或及时采取风险预控措施的合规风险管理过程。《中央企业合规管理办法》明确规定，央企应当建立合规风险识别评估预警机制……对典型性、普遍性或者可能产生严重后果的风险及时预警。[①] 搭建合规风险预警系统是企业将其风险管理理念从被动"救火"式管理向主动"预先警示"式管理的转变。企业决策者可在收到风险警报后，实施以事前控制为主、事中控制和事后控制相结合的风险控制机制。由此采取的措施有助于企业避免风险事件的发生，或实际发生后，将损失降至最低。显然，这样的管理思维和控制过程有助于企业构筑对合规风险的自我调节和控制能力。

企业的合规风险预警系统应具有下列特性。

(1) 前瞻性。应在风险发生前预先发出警报，发挥提前预知和预防作用。

(2) 警示性。基于预测原则，企业需要建立风险指标体系，设置确定风险警告级别的阈值，以警报来提示风险阈值达到警戒状态，引起风险管理决策者的警觉，并根据指标数值评估结果来执行对应的风险管理决策。

(3) 系统性。企业合规风险具有综合、多变和相互关联等特性。为及时、准确地输出风险警报，企业合规风险预警系统应通过长期和连续运行的系统，综合分析各类信息，总结风险运行及其变化规律，反映企业合规风险变化状况，及时修正系统存在的缺陷，提高对企业风险预警的敏感性和准确性。[②]

显然，企业建立风险预警和应对措施机制，将有助于提升企业合规风险管理的适应性，使其更好地融入企业合规管理体系，进而实现企业内各生产要素有效配置、合理使用和协调发展。

(一) 合规风险预警指标体系

合规风险预警机制的核心在于合规风险预警指标体系的设计。合规风险预警指标体系是企业在对合规风险进行评估时，根据风险管理目标及企业实际情况，设计的一套包含各项指标、权重及其评价准则的指标体系。它是整个预警系统开展风险识别、诊断风险、

① 《中央企业合规管理办法》第二十条。

② 邹仲海，王晓光，郭湖斌，等. 企业风险管理[M]. 北京：电子工业出版社，2016：54.

预控风险等活动的前提。合规风险预警指标不仅包含企业内部合规风险的量化预警指标，还包含影响企业合规风险发生和变化的外部因素的量化预警指标。

企业合规风险预警指标应建立在企业经营和合规管理目标的基础上，通过识别、分析、归纳阻碍或影响企业正常运营的合规风险因素、风险变化过程与后果影响等的特点和规律而形成。合规风险清单是合规风险预警的基础。企业可以根据合规风险识别、评估和分级的结果，结合司法判例，完成对预警指标的初筛和分类，并运用层次分析法等确定各指标权重；采用灰色预测和其他统计学预测方法，实现指标体系的自我学习和预测功能。

合规风险预警指标可以从公司治理、财务管理、人力资源管理、采购与营销管理、合规文化等方面着手，实施分步、分类信息采集。合规风险预警指标分定性和定量两类评价方法。定性方法，如德尔菲法、案例分析法等，可形成风险预警的定性指标；定量方法，如回归分析法、多变量判别分析模型、模糊层次分析法、决策树预警法等，可获取风险预警的定量指标。风险预警指标体系的构建是一个从简单到复杂、从单核心到多核心的形成过程。它需要依赖企业长期的历史资料，在数据资料分析的基础上，反复检验修正，方能得出符合企业合规管理需要的预警指标体系。为满足风险预警的前瞻性需求，风险管理者对指标特征量的设定应比企业实际运行状况或合规管理目标略有超前，以便敏感地反映企业合规风险的发生或发展动向。合规风险预警指标体系的构建不是固定不变的，应具体问题具体分析，视需要适时调整。

（二）合规风险预警系统

企业合规风险预警系统是通过监测外部合规风险环境与企业内部合规风险变化情况，预判其是否给企业带来实质性影响，并向管理者发出预警信息、提供风险决策支持的信息系统。它通常是企业合规管理信息系统的重要组成部分。

1. 合规风险预警系统的构建

创建合规风险预警系统时，企业需着眼合规风险预警指标体系的构建、相关指标的处理、指标权重的确定和风险评估价值的计算，从而使企业合规风险预警系统具备汇集合规义务和合规风险、合规风险监控和预测、警情通报、风险管理决策、预警指标更新等功能。

借助信息系统或以表单形式呈现的合规义务库和合规风险库的建立是企业对自我的审视过程。它们也是合规风险预警系统运行的基础。合规义务来源、合规风险库搭建的基本逻辑、合规风险评判的标准、合规风险识别的范围和深入程度以及合规风险库使用的便捷性等，都将会影响合规风险预测及警情通报的准确性和及时性。

合规风险预警系统应具有凭借预警指标体系和预测模型，对合规风险数据的未来趋势进行预测与模拟的功能。在此基础上，该系统能通过对风险要素等的分析、判断，根据风险事件可能爆发的程度发出不同级别的警情预报。

该系统还应具有根据警报程度和引发警报的原因提供对应风险管理决策的功能。为确保合规风险的闭环管理，系统应具备对风险事件发生、发展、爆发、处理的全过程进行跟踪与监控的功能。唯有如此，该系统才能为企业后续维持还是调整合规风险管理决策提供依据和参考。

2. 合规风险预警系统的运行

合规风险预警系统需要在多要素基础上进行联动，方能触发警报。

（1）合规风险预警的发布主体。由于合规部门牵头企业合规事务，由其发布预警并实施该机制较为合适。不过，不同类型合规风险的预警发布主体可以不同，如财税风险预警由财务部门发出更为合适。

（2）合规风险监测。合规风险监测是运用风险监测方法，对监测范围内的合规风险的产生、发展及变化进行指标监测，以便为合规风险警情预报和风险防控的持续改进提供信息支撑。合规风险管理是一个实时的、动态的、连续发生的风险防范与应对过程。企业只有开展常态化的风险监测活动才能越早发现风险、尽早采取应对措施。风险监测的意义还在于通过监测，企业能及时核对风险管理方案和措施的实施效果。

（3）合规风险的警情处理。企业决策者、合规管理部门及业务部门在收到警情信息后采取怎样的措施，才是合规风险预警发挥价值的关键。根据合规风险管理的需要，企业合规风险监测级别可划分为正常、关注、特别关注、风险预警与风险事件形成等五个级别，以此帮助企业风险管理者在不同警情下落实不同的警情响应机制。警情处理部门应根据不同警情下的风险预控对策提示，研究并落实具体的应对方案。风险应对方案应符合“对等”原则，避免“大炮打蚊子”或“小马拉大车”的情况出现。

（4）合规风险警报的解除。任何预警都应有时空限制。合规风险警报解除也是预警机制的有机组成部分。当警报解除后，企业应当及时复盘风险预警事件的管理全过程，并将整改结果落实到后续系统运行中。

由于合规风险的多变性，在运行合规风险预警系统时，企业还需要定期更新信息库，并定期评价和修正预警准则和预控对策系统。同时，为最大限度地避免或减少合规风险事件，合规风险预警系统应与合规风险管理决策机制相结合，不可人为割裂两者之间的联系。

二、合规风险管理决策

合规风险管理决策又称合规风险决策，是合规风险管理者依据合规管理目标，选择适宜的风险管理技术和手段，设计合规风险管理方案，并对可行的备选方案进行分析、判断，做出最终判断选择的过程。

美国著名经济学家赫伯特·A. 西蒙（Herbert A. Simon）曾经提出“管理的关键是决策”，决策贯穿于管理的全过程，是管理工作的基本要素。宏观层面的合规风险决策是对整个合规风险管理的计划和安排，是为应对合规风险而在掌握决策信息后，对各种方案分析、评价和选择的过程。微观层面上的合规风险决策仅指合规风险识别、评估分析后选择的风险处理或应对手段。本节在此仅从微观层面探讨合规风险决策。① 不过，它仍然必须以合规管理目标作为基础和前提，并将其时刻体现于合规风险决策方案和决策结果中，

① 李鹏，张杰. 风险管理[M]. 上海：立信会计出版社，2019：94.

否则可能导致企业整个决策过程偏离正确的方向，产生决策失误。

合规风险决策是以风险事件可能的损害结果作为研究对象。企业通常会根据成本效益原则，选择成本最低、安全保障效益最大的合规风险处置方案。由于风险的多样性和复杂性，合规风险决策的内容和手段丰富而多元。合规风险决策的正确与否对于合规管理各项活动的效率和效果都有着不容忽视的影响作用。不过，风险具有一定的隐蔽性，合规风险管理决策的效果可能在短期内难以体现。① 虽然合规风险管理决策仍属于不确定情况下的决策，但合规义务的要求，往往使企业决策者能够在预知违规行事后果的情况下作出决策。因此，这样的决策具有较多确定型决策方案的特点。为提高合规风险决策的科学性和有效性，决策者应遵循一定的原则，按照一定的步骤或程序进行。②

（一）合规风险管理决策的原则

基于合规风险管理决策的特点，为保证合规风险管理目标的实现，企业合规风险管理决策应遵循以下原则。

1. 成本效益原则

企业应根据合规义务和合规风险特征及发展趋势来分配合规管理资源，提高合规风险管控的总体效果。在合规具体管控措施上，如合规审查，是采用"凡事必审"，还是抓住企业合规管控的重点领域或关键环节详尽审查，就是合规风险决策必须明确的内容。通常，企业承担合规风险管理活动的成本与获得的安全保障呈正比例分布。不过，过高的风险管理决策成本未必是最佳决策选择。企业追求的往往是以最小的成本投入实现其特定的合规风险管理目标。为此，企业应当根据合规风险等级及可能的合规风险事件的严重程度，来选择适宜的合规应对方案或措施。当然，任何企业掌握和可支配的合规资源都是有限的。合规应对措施的适用应当注意把握范围、节奏和强度，提升合规管理资源的效用。

2. 合法正当原则

合法原则是企业合规风险决策措施适用的首要原则。任何以合法形式掩盖非法目的或者在非法形式下实施的风险决策措施都应当坚决杜绝。否则，企业将诱发新的合规风险，承担相应的法律责任。企业在选择合规风险决策方案及采取措施时，应制定明确的实施标准和程序规范，确保合规应对措施适用的过程和结果均合法有理。特别是特殊合规管控措施（如合规调查），需注意避免侵犯他人隐私权等违法违规行为的发生。

合规风险决策方案的选择应把握正当原则。这不仅是指企业实施合规管控措施的目的应当正当合理，也包含了企业实施合规管控措施的程序正当。前者是指企业不能为实现非法或违规目的采取管控措施；后者则是指企业必须按照符合法律或企业内部合规管理制度的程序实施管控方案及措施。

3. 留痕原则

任何合规风险决策方案的选定及实施，企业均应以书面或其他合适的方式进行准确、

① 邹仲海，王晓光，郭湖斌，等. 企业风险管理[M]. 北京：电子工业出版社，2016：100.
② 邹仲海，王晓光，郭湖斌，等. 企业风险管理[M]. 北京：电子工业出版社，2016：108－109.

及时的记录。一方面，这有助于记录和保存企业合规风险决策的形成过程及风险应对措施的实施情况和结果；另一方面，当企业面临外界调查或者公众质疑时，合规风险决策方案及详尽的风险应对措施记录有助于成为企业实施合规管理举措的重要证明。

（二）合规风险管理决策的方法

成功的合规风险应对不是仅制定策略，而是将它们具体化，并使其得到有效执行。合规风险管理决策的方法是通过对风险管理相关信息、指标的定性或定量比较，选择最能满足企业合规管理需求的方法。合规风险管理决策的方法可以归纳为两类，即控制型风险决策方法和财务型风险决策方法。

1. 控制型风险决策方法

控制型风险决策方法是企业在识别、分析和评估合规风险的基础上，针对风险发生要素采取积极控制的方法，从而消除或减少合规风险发生因素、降低其致害性的风险决策方法。控制型风险决策方法是通过降低风险损失的频率和损失程度来改变风险暴露状况，从而帮助企业回避风险、减少损失。此类方法又可细分为合规风险回避、合规风险转移、合规风险控制等。

（1）合规风险回避

合规风险回避又称风险规避，是企业结合自身风险偏好和承受能力，考虑到某一行为会严重影响企业预定目标的实现，从而作出中止或放弃的风险决策方案。合规风险回避是最彻底的一种合规风险管理决策方案。它是风险决策者在对企业内外部合规环境及可能存在的风险属性和大小形成准确判断后的结果。这一结果将会使企业面临的合规风险为零，从而杜绝了可能遭受的损失。此种风险决策方法通常用于以下情形：企业可能面临较高频率和损害程度较大的风险；风险发生频率不高但损失程度较为严重且无法得到补偿的风险；风险管理者无法容忍的风险等。

由于合规风险具有客观性，并非以人的意志为转移。因此，风险回避并不是企业在任何情况下都可实施的常态化决策方法。同时，“企业最大的风险是没有风险”。若企业回避的合规风险属于投机型风险，则意味着企业也放弃了获得收益的机会。另外，回避某类风险也会引起其他风险（次生风险）的产生。企业过度采取风险回避的决策方法可能也会使决策者滋生消极风险防范心理、丧失驾驭风险的能力。

（2）合规风险转移

合规风险转移可细分为控制型风险转移、财务型非保险转移和保险转移。

控制型风险转移是采取措施，将风险转移给他人，从而降低合规风险发生频率或合规风险损失程度的决策方法。与合规风险回避不同的是，此种方法下，企业容许合规风险继续存在，只是将合规风险所致损失的责任转嫁给除保险以外的第三人。与损失控制不同的是，在此种方法下，企业并非采取措施直接对合规风险发生频率和后果进行控制，而是将这些责任和成本转移至他人，从而间接达成降低合规风险发生概率和减小损失的目的。

最常见的控制型风险转移的方法就是企业通过合同约定当事人义务和责任，将交易风险转移给他人。例如，买卖合同中买卖双方对风险负担条款的约定；施工合同中的承包人采用分包合同将风险较大的工程转移给他人。企业也可以通过签订免责条款将风险转移给他人，不过，免责条款的约定不能违反国家法律的强制性规定，否则无效。

财务型非保险转移和保险转移因属于财务型风险决策方法，在此不作介绍。

(3) 合规风险控制

合规风险控制是企业采取各类措施或方法，降低合规风险发生概率，或在合规风险事件发生后减少损失的决策方法。此种方法是积极应对合规风险的方法，也是企业合规管理中最基础、使用得最多的方法。其中，降低合规风险发生概率的措施被统称为合规风险预防，而减少合规风险所致损失被统称为抑制风险损害。

合规风险预防的实施原理就是通过对合规风险发生的各环节进行干预，以便达到消除或减少合规风险因素、改变合规风险因素所处环境，或者影响合规风险因素与所处环境的相互作用的目的，从而减少合规风险发生的概率。合规风险预防在合规风险管理中占有极其重要的位置。可以毫不夸张地说，合规管理的各项制度、体系及合规文化建设等都属于合规风险预防措施。

抑制风险损害是企业合规风险事件发生前或发生后，采取措施减少损失范围或损害程度的控制行为。抑制风险损害的措施又可分为积极的事前防范措施和消极的事后应对措施。

企业合规风险事件爆发后常常会引发危机。自媒体时代的来临使企业危机事件很容易冲上热搜，引起社会舆论的关注。企业若对危机应对不当会加重危机后果，造成更大的经济和声誉损失。由此，抑制风险损害的事后措施也催生出对企业危机管理能力的考验。如今，企业危机管理(crisis management)已发展为决策学的分支学科，并已有国际标准指导企业实践[①]。“危机”也从最初被认为的“不可避免”，逐步被理解为“是一系列缺陷或问题不断积累，从量变到质变的过程”。由此，越来越多的企业认同“危机具有可识别、可预防和可通过管理体系和措施有效处置的特点”。危机管理对企业来说，是一种非常态的、具有高挑战性、需要具备特定管理能力的管理过程。这一过程包括危机前的风险预防、识别和准备，危机应对(含危机决策和危机沟通)以及危机后的恢复和能力提升。成功的危机管理不仅能使企业转“危”为“机”，为企业赢得更多的信任和声誉，还可以提升企业创新能力和推动企业文化建设。

显然，控制型风险决策方法是在“防患于未然”的风险管理思想下，将控制风险发生根源、减少风险发生因素或降低风险所致损失作为各项决策的实施目的。控制型风险决策方法可能导致部分合规风险消失并产生新的合规风险，由此使合规风险发生“量”的增减或“质”的改变。囿于企业合规风险的预判能力，控制型风险决策方法并非能够管理企业所有合规风险问题。当某些合规风险事件的损害性后果仍无法避免时，财务型风险决策方法就成为企业不得已的选择方案。

---

① 2018年，欧洲标准化委员会(CEN)发布《危机管理——发展战略能力的指南》(CEN/TS 17091—2018)，开启了企业危机管理标准化的先河。2022年10月，ISO发布首部危机管理国际标准——《ISO 22361：2022 安全与韧性——危机管理——指南》(ISO 22361：2022 Security and resilience—Crisis management—Guidelines)。该指南总结了危机管理领域的理论成果、最佳实践和方法论，以帮助企业规划、建立、维护、审查和持续改进战略危机管理能力，并帮助企业识别和管理危机。

2. 财务型风险决策方法

财务型风险决策方法又称为融资型财务风险决策方法，是企业在合规风险事件发生前以财务安排的方式承担法律责任、降低对企业经济声誉等方面的负面影响，并为恢复企业生产、维持正常运营提供资金准备。与控制型风险决策方法的事前防范不同，财务型风险决策方法侧重于“事后补偿”，即企业进行事先财务安排，一旦合规风险事件发生后，不致因资金缺乏难以弥补损失。财务型风险决策方法包括合规风险自留和合规风险转移。其中，合规风险转移又包括财务型非保险转移和保险转移两种方式。

(1) 合规风险自留

合规风险自留也称为合规风险自担，是企业以其内部资源来弥补合规风险所致损失的一种财务型风险决策方法。下列情形下，企业往往采用合规风险自留方式作为管理合规风险的一种手段：保险公司不予承保的合规风险；虽承保但与保险公司约定一定的免赔额，共同承担损失；企业自留合规风险的管理成本小于投保保费。

合规风险自留往往是企业在其他合规风险应对策略无法有效处理时的一种无奈的选择。合规风险自留的措施有多种，例如，企业可将合规风险所致损失计入当期损益、列入经营成本，或采取逐年度提取资金建立合规风险损失基金等方式，在不同财务年度分摊损失。不同处理方式对当期财务会产生不同影响，可基于年度财务状况或监管规定选择不同处理方式。

合规风险自留又可细分为计划性合规风险自留和非计划性合规风险自留；全部合规风险自留和部分合规风险自留。

计划性合规风险自留是企业在全面合规风险识别和评估后，经权衡后认为合规风险自留是最为适宜的决策方法，因而主动选择的、有意识、有计划的合规风险应对策略。它是风险管理者清楚认识到合规风险的存在，且对该合规风险所致损失有较为准确的判断后，作出的以其内部自有资金或借入资金弥补合规风险事件所致损失的措施。

与之相反，风险管理者对合规风险事件评价后发现该合规风险既无法回避又无法转移，只能自留，就属于非计划性合规风险自留。非计划性合规风险自留通常会在以下情况下发生：合规风险未被识别；合规风险未采取有效的应对措施；合规风险未能按照合同约定转移给他人。可见，这些情况下的合规风险自留并非严格意义的风险管理措施。它只是合规风险事件发生后，企业不得已而为之的补救行为。

全部合规风险自留常常针对合规风险事件发生频率高、损害程度较小的合规风险，而部分合规风险自留则多与其他风险对策一起使用，如购买有免赔额的保险等。

(2) 财务型非保险风险转移

财务型非保险风险转移是指合规风险事件所致损失并非由企业承担，而是转移至事先指定的损失承担者。与控制型风险转移的区别在于，财务型非保险风险转移仅转移合规风险事件所致损失。这种转移通常需要企业事先通过合同安排寻求外部资金来承担损失。财务型非保险风险转移不能被看作是一种保险行为，损失承担人也并非基于保险合同的保险人。

保证合同是典型的财务型非保险风险转移方法。我国《民法典》第六百八十一条规定，保证合同是为保障债权的实现，保证人和债权人约定，当债务人不履行到期债务或者发生当事人约定的情形时，保证人履行债务或者承担责任的合同。这里的“债务人”即为被保证人，是实施财务型非保险风险转移方法的人。通过保证合同，被保证人在不履行债务或者约定的情况下由保证人承担责任，从而将被保证人的合规风险转移给保证人。当然，被保证人为获得保证人的履约保证，通常需要向保证人支付担保费或提供其他担保。有时，被保证人可通过与债权人的约定，将支付担保费的成本转移给债权人，以此实现财务型非保险风险转移。

将损失机会与获利机会平衡的“中和”是另一种财务型风险决策方法。通常，企业会利用期货价格和现货价格波动方向上的趋同性，在期货市场上买进或卖出与现货市场上方向相反但数量相同的商品，把自身承受的风险转移给投机者，达到现货与期货盈亏互补的目的。合同中的免责约定也是常用的将对他人人身伤害和财产损失责任转移给他人承担的一种风险转移方式。

财务型非保险风险转移方式的适用范围较广，既可用于纯粹风险，也可用于投机风险；既可用于可保风险，也可用于不可保风险。同时，这种方法应用灵活，企业只需利用好合同条款，即可发挥保险无法实现的转移潜在合规风险损失的功能。相反，对于接受潜在风险转移损失的合同对方，则不一定必然会发生合规风险事件。若它们具有对潜在合规风险更好的控制能力的话，则不仅不会产生合规风险事件，反而可能是合同对方发展的机会之一。

尽管如此，财务型非保险风险转移方式的适用也会受到诸多限制。首先，这种风险转移方式需合法、合规地进行。而事实上，为信守“诚实信用”“公平合理”等原则，许多国家的法律或司法实践对不平等的风险转移条款或安排持否定立场，只有这种转移具有合理性时方可实现。其次，财务型非保险风险转移往往需要支付一定的费用，若发生争议，还会产生解决争议的额外费用。最后，风险最终的承担者须有能力且愿意接受风险所致损失后果的转移，否则，这样的转移最终可能无法实施。

(3) 保险转移

保险是传统而有效的风险管理措施。它通过缴纳保费的方式，将确定的小额支出汇聚，抵御意外风险事件下不确定的大额损失。同时，保险人集中大量同类风险，并借助大数法则来评估风险事件的发生概率和损失金额，进而建立保险基金、制定合适的保险费率，用于补偿少数被保险人遭受的意外风险事故损失。因此，保险是一种“一人为众，众人为一”的同舟共济、相互扶助的经济形式。它的形成既是风险集合的过程，又是风险分散的过程。①

案例选读与思考

1. 阅读以下寓言“象箸玉杯”，谈谈对企业合规风险管理的启示。

① 李鹏，张杰. 风险管理[M]. 上海：立信会计出版社，2019：94.

《韩非子·说林上》：纣为象箸而箕子怖，以为象箸必不盛羹于土铏，则必将犀玉之杯；玉杯象箸必不盛菽藿，则必旄象豹胎；旄象豹胎必不衣短褐而舍茅茨之下，则必锦衣九重，高台广室也。称此以求，则天下不足矣。圣人见微以知萌，见端以知末，故见象箸而怖，知天下不足也。

2. 企业识别出全部合规义务几乎是不可能实现的。那么，哪些合规义务才是企业合规风险识别的重点？如何在合规风险识别的全面性和侧重点上找到平衡点？

3. 了解国际主要ESG评级机构的ESG评分方法、指标权重，并思考企业如何将ESG评估体系融入企业合规管理体系建设？

4. 关于合规风险识别与评估有着不同说法。有人认为它们是合规风险管理中难度最大、含金量最高的部分；也有人认为合规风险识别主要依赖公司合规管理牵头部门，各一线业务部门的配合度不高。你如何理解？

5. 阅读并检索以下材料，思考回答问题：

中国铝业集团有限公司（以下简称中铝集团）近年来切实加强合规管理，创新法律合规管理体制机制，形成涵盖"一手册四清单"的合规管理体系，为各项业务合规和风险应对提供系统性指导。"一手册"是指其《诚信合规手册》，"四清单"是指《各部门风险识别清单》《岗位合规职责清单》《业务流程管控清单》和《合规法律法规清单》。

(1) 中铝集团《诚信合规手册》在企业合规管理体系建设中所起的作用是什么？

(2) "四清单"的制定对企业合规管理，特别是合规风险管理有何帮助？

(3) 你认为企业在合规管理体系建设中，应如何用好合规风险清单？

6. 腐败对企业长期发展不利，不仅会侵蚀企业利润，破坏企业文化，也会因内部贪腐和外部贿赂习惯，引发其他风险。试列举企业内部常见的腐败情形，并设计企业可实施的合规风险管控方案。

7. 请结合美国FCPA制度和实践，谈谈企业第三方合规风险管理体系应如何构建和实施，对其有效性应采用怎样的标准予以评价？

8. 针对内部反舞弊风险，企业如何构建合规风险预警系统？

9. 反思三鹿集团毒奶粉事件导致的合规风险失控案，思考以下问题：

(1) 三鹿集团存在哪些合规风险管理问题？

(2) 请根据三鹿集团运营模式，为类似企业设计合规风险管理体系。

(3) 请结合三鹿集团危机情境，为该企业设计合规风险管理决策方案。

第九章

合规运行与保障体系

引 例

亚马逊公司的“按灯制度”

亚马逊公司(Amazon)是全球最大的电子商务公司之一,总部位于美国。从2001年开始,亚马逊公司确立“全球最以客户为中心的公司”(the world's most customer-centric company)的经营管理理念。为实现这一理念,其提出按灯制度(andon cord),即若超过2名客户投诉公司的同一产品或同一营销规则的同一问题时,无论该产品或营销规则的销售收入如何,客服专员均可按下“红灯”键使其下架,直至解决问题。客服专员同时有权力为投诉客户免费提供新产品,或以优惠券等形式补偿或赔偿客户损失。该客服专员“按灯”行为事后即使被证明是错误的,也不会被处罚,只会通过该公司提供的培训避免类似情况的发生。这一制度使该公司一线部门培养出大批契合公司整体价值观,努力为客户服务、解决问题的客服专员。亚马逊公司也迅速成长为全球500强靠前的公司。①

本书下编前述章节探讨了企业合规管理体系搭建所需的各要素。它们支撑起较为完整的静态合规管理框架。不过,企业合规管理是动态的、持续运行的过程,需要已建立的机制,如组织体系、制度与流程体系、责任分配机制等的协调配合,方能保障整个系统的良性运转。合规管理体系的动态持续运转还需要坚持PDCA闭环管理模式,形成“建立、实施、评价、不断改进”的良性循环。此外,企业培育浓厚的合规文化氛围、推进违规举报处置等约束机制、搭建与系统运转相匹配的合规管理信息系统、不断培育合格的企业合规管理人才等,才是合规管理体系得以运行的坚实保障。

本章重点探讨合规文化的培育、违规举报和查证以及合规管理信息化建设等内容。当然,企业合规管理工作离不开一批精通合规管理、熟悉业务和企业情况的合规管理人才。他们应当具有系统化思维,能够帮助企业经营管理者开展合规经营、提高员工的合规意识。只有这样,才能确保企业依法合规经营,保障合规管理体系的有效运行。

① 谦启咨询.靠信仰,也靠制度——亚马逊的企业价值[EB/OL].(2017-11-16)[2024-03-20].https://www.sohu.com/a/204733330_100058260.

第一节　合规文化

引例

国泰君安将党建与合规文化建设深度融合

国泰君安证券股份有限公司(以下简称国泰君安)是一家证券行业的综合金融服务商。早在2015年,该公司党委就意识到统一企业价值观的重要性。在全体员工参与下,国泰君安凝练体现公司“利益观”“业务观”“人才观”和“处世观”等内容的《国泰君安共识》。在合规文化上,国泰君安将党建与企业合规文化建设深度融合,集中体现在以下三个方面。

首先,推动“党的全面领导”与“法人治理”相融合。国泰君安强化党组织在公司治理中的地位;完成“党建进章”、党委议事规则和“三重一大”决策制度;严格落实“双向进入、交叉任职”领导体制,在党委“把方向、管大局、保落实”的同时,注重其他治理主体,如董事会、经营层风控专业委员会等的作用发挥。

其次,推动“党的思想建设”与“合规文化建设”相融合。国泰君安贯彻落实社会主义核心价值观,以中国共产党人的精神谱系涵养公司合规文化底蕴。该公司发布《合规共识》,确立“风险管理创造价值,合规经营才有未来”理念,“客户至上、稳健经营、创新超越”业务观,将“稳健合规文化”上升为公司核心能力三支柱之一,全面阐述公司合规文化体系。国泰君安坚持把合规文化宣贯作为党内集中性学习和党员日常教育的重要内容,推动党组织书记、党务人员、入党积极分子等人员参加合规课程培训,引导党员先学一步、学深一层,带动身边员工压茬跟进。国泰君安组织形式多样的系列合规文化主题活动,举办金融产品销售专项合规知识竞赛,编制《违纪违法警示案例汇编》,拍摄《坚守底线》微电影等。

最后,推动“党风廉政建设”与“合规机制建设”相融合。国泰君安坚持深化“四责协同”机制,支持派驻纪检监察组开展监督,推动党委巡察全覆盖;以全面从严治党承诺书、巡察反馈整改等方式,督促党员干部带头严格执行廉洁从业、合规管理等制度。国泰君安设立集团稽核审计中心,构建业务单位、合规风控、审计稽核三道防线。针对业务重点环节及高风险领域,该公司制定并实施专项合规管理方案;对重大经营决策、新产品新业务方案等落实合规审查机制;对关键岗位人员落实岗位轮换和强制休假制度;《员工合规手册》设置“廉洁从业”专章,组织员工签署廉洁从业承诺书、合规承诺书等。国泰君安建立监督工作联席会议制度,协调纪检监察、巡察、法律合规、稽核审计、风控、监事等部门开展联合监督检查,一体化惩治金融腐败、防控金融风险。[①]

---

① 以上内容来源于国泰君安证券股份有限公司党委办公室。

“处无为之事，行不言之教。”合规不应仅视为外部对企业的要求，更应被视为企业内部文化的组成部分。合规文化是贯穿企业合规管理体系建设的思想意识、价值标准、道德规范以及行为方式。它与企业管理架构和运营系统紧密结合并相互作用，产生不利于或有利于合规管理体系运行的结果。合规管理的最佳境界是在良好的合规文化氛围内，企业员工无需监督，而是在潜移默化中形成合规共识，自觉履行合规管理的各项事务。培育健康的企业合规文化是员工合规意识培养的重要前提。企业需要运用多项措施或手段对合规文化“重铸骨骼”“填充血肉”，让“浮于表层”的文化，逐渐演变为内心丰盈、形神兼具的企业合规文化体系。

国泰君安的合规文化建设案例是我国证券公司合规文化建设的典型代表之一。这一成果得益于2008年中国证监会对证券公司构建合规管理框架的要求①；得益于之后十年中国证监会与中国证券业协会对证券公司加强并推广合规文化的提醒②。最近几年，中国证券业协会越来越将证券行业合规文化建设的要求明晰化③，证券行业合规文化建设是否到位已成为证券公司合规管理环境好坏的重要评估事项之一。相信这一行业性的引导不仅会对证券公司合规文化建设发挥巨大的推动作用，也必将会影响和带动我国其他行业企业的合规文化建设。

一、合规文化的内涵

(一) 合规文化的概念

合规文化是在企业内部形成的合规氛围。它有狭义和广义之分：狭义的合规文化专指企业合规理念、合规价值观，以及员工合规意识、道德观念、风险态度等内在要素；广义的合规文化还包含企业的合规方针、目标、制度、流程和各项管理运行体系等外在载体。企业合规管理组织体系、制度体系等与狭义的合规文化互为表里，影响企业运营管理的方方面面。合规来源于西方国家，企业合规文化不可避免地会受到国际社会与合规有关的规则、标准及相关国家合规监管制度的影响。但企业合规文化也会与企业所处国家的文化传统、社会制度等有着千丝万缕的联系。中国近些年本土化的合规治理、中华优秀传统文化及中国特色社会主义制度优势等都在不断丰富着中国企业合规文化的内涵。

合规文化是企业的软实力，具有意识和行动的一致性。缺失合规文化将会使企业在日常管理中“重业务指标、轻合规管理”，或“以信任代替管理、以习惯代替制度、以情面代替纪律”，诱发各类合规风险事件或违规行为。企业管理者或员工若认为合规是应付监管部门检查的短期行为，则极易导致合规管理体系的虚空化运行，合规管理也将或注重形

---

① 2008年中国证监会《证券公司合规管理试行规定》。

② 2017年中国证监会《证券公司和证券投资基金管理公司合规管理办法》(该办法2020年修正)与中国证券业协会《证券公司合规管理实施指引》均从合规管理原则、职责、保障等方面规范证券公司合规文化建设。

③ 2019年《证券行业文化建设倡议书》倡导形成“忠、专、实”的文化底蕴，合规、诚信、专业、稳健的文化理念；2021年《证券行业文化建设十要素》《证券公司合规管理有效性评估指引(2021年修订)》等倡导“合规、诚信、专业、稳健”的证券行业文化理念，要求通过合规管理有效性评估压实证券公司合规文化建设职责；2023年《证券经营机构及其工作人员廉洁从业实施细则》《树立证券行业荣辱观的倡议书》等进一步体现文化价值创造的导向，推进证券公司形成有效的自律约束机制、道德约束机制、诚信约束机制和声誉约束机制。

式、有令不行、有禁不止，或大而化之、粗枝大叶。[①] 相反，良好的合规文化将使员工树立遵纪守法、诚信做事的合规理念，促使员工在履职中自觉尊重和维护企业各项制度，降低道德风险，从而推进企业合规建设、提升合规管理实效，助推企业稳步健康发展。

（二）合规文化的特点

健康良好的企业合规文化应呈现如下特点。

（1）合规文化理念逐步融入企业业务和管理活动中，并以声明、承诺和制度等形式承载企业道德观念，强化企业合规文化认同。

（2）合规文化内涵不断丰富，不仅包含员工的合规意识、专业化水平、企业荣誉感，还涉及廉洁从业、诚信经营、投资者权益保护、风险控制、合规激励与约束等多项内容。

（3）“合规创造价值”“合规从管理层做起”“全员合规”等观念深入人心，员工主动合规意识明显提高。企业合规管理体系建设从“形式合规”逐渐转向“实质合规”。

（4）企业考核评价体系和收入分配机制中已充分体现员工在各项业务、各管理环节中的合规能力、诚信精神、专业水平和稳健意识等内容。

合规文化是企业合规管理体系的组成部分和企业合规管理的重点。它贯穿于企业的信仰、价值观和行动中，也是企业文化的一部分。当然，合规文化并非仅限于企业的合规文化。当合规文化被行业和国家倡导和推动时，合规文化就成为特定国家，乃至国际社会相对稳定的共识。此时，企业是选择继续违规经营，抑或放弃违规经营的“利益”、转而“自缚手脚”合规经营？这一看似两难的选择，在全社会合规氛围的影响下将不再困难，因为合规的企业会得到尊重和信任，不合规的企业将越来越被排斥和警惕。[②]

二、合规文化建设

合规文化是企业在长期的经营管理中形成的管理思想、群体意识和行为规范。随着市场竞争越来越表现为包含“合规”在内的软实力竞争，合规文化创造价值的作用日益凸显。建立有效的、全生命周期的合规文化体系已不仅在于防范企业风险，而是能够提升企业声誉、取得各类评级和白名单资格，进而争取更多的竞争机会。建设企业合规文化绝非一朝一夕、一人一事便可完成。为使合规转变为企业和员工的意识、责任与习惯，合规文化建设应综合多方力量，融合各项积极因素，从以下方面构筑合规文化建设体系。

（一）合规价值观和道德文化建设

价值观的确立是合规文化建设的重要内容。合规价值观是企业推崇和遵循的基本合规信念和准则，是企业全体或大多数员工认同的价值判断体系。企业道德文化包含企业的道德观念、道德情感、道德理想、道德规范、道德行为等。合规价值观和道德文化是精神

---

① 方拯.企业合规管理实战入门[M].北京：人民邮电出版社，2022：8－9.

② 樊王义.大合规体系下企业合规文化的功用及其本土化培育[J].南海法学，2023，7(3)：34－45.

层次的文化内容，是企业物质文化的升华。企业应通过确立合规目标、制定合规宗旨，形成企业共同的合规价值观和道德文化。

合规价值观和道德文化建设应充分发挥党组织在企业合规文化建设中的作用。这不仅源于合规文化建设与党的思想建设在建设内容、工作思路上具有一致性、相融性；还在于全体党员可发挥模范带头作用，带领全体员工共同进步。企业可通过发布《合规倡议书》、与员工签订《合规承诺书》、宣传和表彰合规先进典型等方式，树立“合规人人有责”“合规创造价值”等理念，促使人人合规、时时合规、处处合规。

（二）合规制度和物质文化建设

制度文化是合规精神文化的基础和载体，并对合规精神文化发挥推动和保障作用。合规制度体系建设的各项工作都是企业合规文化凝练和展示的过程。由此，在合规制度的制定、宣传、执行、修改等过程中均不能忽略对企业合规文化的体现和具象化。所有员工都应了解本企业合规制度及其获取途径。随着执法部门对各类违规行为实施“穿透式监管”“全链条问责”等监管方式，企业合规制度文化也日益表现出对违法违规人员追责问责的特点。

企业合规管理所需的物品、工作环境、合规管理信息平台等是从物质形态折射的合规精神和工作作风。合规理念的物质形态是其外化表现过程，不仅可能会取得令人印象深刻的效果，企业也可凭借外化的物质表现更好地展示自身合规理念。

合规文化的建设和形成过程是企业不断修正不合规行为，塑造与合规使命、愿景和目标相一致的行为规范，促进实质合规的过程。这一全力营造崇尚合规、践行合规的文化氛围，离不开企业内主流团队的合规共识。企业合规共识并非企业内所有人员的共同认识，而是多数人的认识。只要这种共同认识足以影响企业的合规理念，正常推进合规建设即可。为此，合规文化建设的一个重要方面也体现在企业合规团队的合规意识和管理能力上。他们的合规认知，在某种程度上决定着企业的合规认知水平和合规文化的氛围。

此外，带动企业商业伙伴合规也是企业合规文化建设的内容之一。合作伙伴的合规意识及合规管理水平的高度决定着企业能否预防或消除第三方合规风险。由此，合规文化建设成熟的企业可将第三方作为合规文化建设的对象，帮助他们完善合规文化或将合规理念等传递给第三方，与第三方共同营造合规合作的营商环境。①

三、合规文化培训与宣传

合规文化建设是一个系统性工程，必须循序渐进、驰而不息。员工是企业合规建设的主体，他们的合规意识和行为表现直接影响着企业的合规水平。只有通过开展形式多样的宣传和不间断的教育培训，员工才能更好地理解企业的合规理念、合规价值观、合规目标及各项管控要求，进而共同参与合规建设，成为企业合规管理的崇尚者、自觉践行者和

① 刘生荣，季美君. 中国企业合规文化的特色与功能[J]. 民主与法制，2023(1)：53－55.

规则的捍卫者。

(一) 合规文化培训与宣传原则

合规文化培训与宣传是企业合规管理体系的重要内容之一，也是企业合规文化培育和凝练企业合规价值观的重要途径和有效举措。荀子曰："有法而无志其义，则渠渠然；依乎法而又深其类，然后温温然。"[①]开展合规文化培训和宣传是企业创造良好合规氛围的最佳途径。有组织、有计划、多层次、多方位的合规培训能够宣传合规文化、普及合规知识、增强员工风险识别与应对技能，使合规文化与业务工作达到深度融合。企业合规培训应遵循以下原则。

1. 全员与分类原则

合规培训须全员覆盖。首先，全员覆盖不能在培训内容上"贪大求全"，而应围绕合规目标，制定满足需要的合规培训计划和内容。必要时，企业须对第三方合作伙伴给予合规培训。其次，企业应区分岗位和员工类型制定分类培训计划，特别应对重要领域、重要岗位人员和重点环节开展针对性培训。如对海外职员，企业需要加强对业务所在国及地区有关劳工权益保护、环境生态、知识产权、反商业贿赂、反垄断、贸易管制等域外法律法规的培训。

2. 常态与及时原则

定期、分批次、多元的合规培训应成为全体员工的标配。企业应严格执行合规培训制度，实现合规培训常态化。企业的合规风险会因内外部合规风险环境的变化而变化，为此，合规培训内容应及时调整，不仅涉及国内外最新法律法规、政策、行业规范，也包含新修订的企业合规制度等。

3. 留痕与考核原则

企业应做好完整的合规培训、记录和考核工作，培训的资料及影像应予留存。这不仅是企业合规文化的展示和传承，也是企业已向员工提供合规义务培训，且未放纵员工实施不合规行为的有力证明。当企业发生因员工行为导致的合规风险事件时，合规培训及其记录等有助于切割企业与员工责任，甚至减免企业责任。企业可安排适当的培训考核、问卷调查、座谈反馈会等，以检验和巩固合规培训效果，发现培训中存在的问题，及时调整培训计划和内容。

(二) 合规培训的对象

合规管理无论是建章立制还是优化流程，在管理手段上均侧重刚性约束。而合规文化建设是一种环境或氛围的培育，侧重于对人主观意识的柔性引导。通过形式多样的宣传教育活动，企业"人人合规"的良好氛围方能逐步形成。企业可结合不同人群在合规宣传中的作用、培训目标及内容的差异性，开展不同类型的宣传、教育活动。企业合规培训计划的安排应依岗位差异而确立不同的合规知识和技能要求。由此，企业应为员工提供

① 《荀子·修身》。

不同层次的合规培训。通常，员工所处岗位所需知识与技能越多，其所面临的合规风险也越高，企业应当提供的合规培训的深度和高度也应随之提高。

1. 高层和管理层

企业高层和管理层是企业的“关键少数”。接受合法、合规教育是企业高层管理人员的“必修课”。企业应利用集中学习、专题汇报、案例警示等形式做好企业领导干部的合规培训与合规文化宣贯工作。对高层管理人员可开展以下内容的培训：合规的重要性及价值；可能影响本企业经营活动的法律法规；本企业的合规制度；合规管理体系的建设和运行；合规管理工作落实及各岗位职责与监督；合规管理体系有效性评价；员工合规考核与评价；违规问责等。

企业高层管理人员应充分发挥“头雁作用”，率先对企业合规理念、合规知识开展广泛而深入的学习、传播及示范。高层管理人员应公开表明态度，带头签署合规承诺，强调合规对企业的重要性。高层领导应定期与普通员工交流，获取合规管理需求，了解员工对合规管控要求的遵从度。高层领导在处理涉及合规的问题时，应坦诚、透明，避免问题的扩大化。

2. 普通员工

普通员工是企业合规管理体系的遵从者、实践者，对其开展合规培训的目的在于令其理解合规，了解合规管理基础知识。企业合规宣传可将员工的日常工作与合规要求相结合，开展与其密切相关的或员工普遍关心的合规宣传教育活动，提高员工的法治观念和合规意识。通常，采用企业过往案例和员工身边案例的宣传效果远优于外部案例。

（三）培训内容与宣传方式

为科学、有效地实施合规培训，企业应确定合规培训的意义和目标，制定培训计划，选择合规培训的对象、形式和内容。基于合规管理体系内容及合规管理目标的差异，不同企业的合规培训内容并非一成不变，但应至少包含以下内容：合规管理的基础知识和企业合规理念；企业合规管理体系（含组织体系、制度和流程体系、风险管理体系等）；合规管理信息化、合规职责及违规问责等。当然，中国企业在开展合规文化建设时，也须考虑它与中国传统文化如何相融相合。

合规文化宣传方式应避免单一、枯燥的说教，可探索多样的、“接地气”的创新方式，提高合规宣传的实际效果。例如，企业可举办“诚信合规宣传月”活动，开展多种合规文化宣传活动，如制作合规理念展板、分享合规案例、播放合规宣传片、排演合规主题节目、开展合规知识竞赛、组织合规问题研讨等。

其他形式的合规建设活动也能于无声处传播合规文化。例如，填写调研问卷既可征询员工的合规需求，又能测试员工的合规管理能力和水平。合规风险场景模拟演练也是不错的合规培训形式。企业可结合业务特点和过往案例，设计不同的合规风险场景，邀请员工参演，观察他们在不同场景下的反应，再通过复盘、讨论和总结，使员工从中学到实战策略。企业选取模拟演练的场景应具有代表性，最好选择已有预防措施的特定违规风险，以便能对合规制度起到宣传和解读作用。企业也可运用各类考核奖惩措施弘扬合规文化，如对合规管理表现突出的员工给予奖励或职级晋升，对违规员工给予处罚（如警告、罚款、降职等）。企业也可利用微信等新媒体，制作和推广普法信息、编制发送合规小案例、发布合规管理专题研究成果等，不断创新合规管理的宣传形式，提升合规管理的宣传效果。

四、合规文化建设效果评价

伴随着合规监管要求的提高和企业需求的变化，企业合规文化的内涵不断调整和逐步丰富。企业合规文化建设的内容和形式也应不断调整和变化。当前，如何提升合规文化建设的效果正成为企业和监管机构不断探索并努力加以解决的问题之一。

企业合规文化评价或者对企业合规文化建设效果的评价，需要根据企业合规管理体系各要素在实践中能否实现合规管理目标来加以评判。由此，合规文化建设评价的内容应包含：合规文化的内涵和目标设定，合规管理评价的标准、方法和流程，以及评价人员的组成等。

为保障企业合规文化建设效果的实现，企业应在各项考核指标中体现合规要求，并在岗位手册、操作程序等嵌入合规义务或合规风险提醒，使“合规意识”具象化、清晰化，并据此对企业主要负责人、经营管理人员、关键技术人员进行合规绩效考核。企业应将合规文化建设成效融入企业合规评价体系、业绩考核体系中，以鼓励和推动企业全体员工投入企业合规文化建设活动中，形成企业内部的合规文化氛围。

合规文化关乎企业合规形象和声誉。在合规文化宣传中，企业不仅要在内部加大宣传力度，也应将合规作为企业经营理念和社会责任的内容传递至外界和利益相关方，例如，发布合规年度报告、社会责任报告等向社会表达企业恪守契约精神、崇尚商业道德的态度和立场；积极参评社会机构、行政主管机关组织的企业合规管理水平评级，提高公众对企业合规管理的认可度等。此外，合规建设企业应以积极正面的合规形象，通过合同内嵌合规承诺条款，加强对商业伙伴合规文化的审视；也可以与商业伙伴开展合规建设交流、借鉴和共享活动，共同提升企业文化软实力，推动行业合规文化的进步。当然，企业不应忽略线上平台的利用，如可以在官方网站实时更新企业在合规建设方面的政策和活动，必要时应当组织新闻发布会或媒体见面会，回应公众对企业合规建设方面的关切和疑虑。

第二节　违规举报

引例

郑某与A公司劳动合同纠纷案

2012年7月，郑某与A公司签订劳动合同，约定郑某担任渠道销售经理。劳动合同约定，《员工手册》《商业行为准则》等公司规章制度是劳动合同的组成部分。A公司有工作场所性骚扰防范培训机制。其《商业行为准则》规定，经理和主管“应确保下属能畅所欲言且无须担心遭到报复，所有担忧或问题等都能专业、及时地得以解决”，不允许实施任何报复行为。同时，A公司《员工手册》规定：对他人实施性骚扰、违反公司《商业行为准则》、在公司内部调查中做虚假陈述的行为均属于可立即辞退的违纪行为。A公司上述制度实施前均经过公司工会会议讨论通过。郑某接受过上述制度培训。

郑某下属任某（女）刚入职时，曾向其举报郑某的上级邓某的性骚扰行为，并出示微信记录截屏，但郑某并未采取任何措施。2018年11月，郑某以任某不合群为由向公司人事部提出解除与任某的劳动合同建议。人事部向任某了解情况时，任某称郑某是因自己拒绝邓某的性骚扰行为而受到郑某的打击报复。A公司为此展开调查。2019年1月底，A公司调查后，以郑某未尽经理职责、对下属举报未采取任何措施且打击报复为由，向郑某出具《单方面解除函》，与其解除劳动合同。郑某不服，向劳动争议仲裁委员会申请仲裁，要求A公司支付违法解除劳动合同赔偿金36万余元。在未获得该仲裁委员会仲裁裁决支持的情况下，郑某以相同请求诉至上海市浦东新区人民法院。上海市浦东新区人民法院于2020年11月30日驳回郑某的诉讼请求。郑某不服，向上海市第一中级人民法院提起上诉。上海市第一中级人民法院判决驳回上诉，维持原判。[①]

上述案例中的企业管理人员面对被性骚扰员工的投诉，本应采取合理处置措施却未采取，甚至存在纵容性骚扰行为、干扰对性骚扰行为调查等情形。企业的违规问责及对未尽岗位职责的管理人员解除劳动合同的做法，最终获得人民法院的支持。

违规举报是企业一项非常重要的合规管理制度。多国合规监管机构及国际组织纷纷要求或者建议企业高度重视违规举报，以进一步提升企业合规管理水平和综合竞争力。[②]科学、顺畅的违规举报有助于企业合规部门、管理层及外部监管机关等及时发现违规行为和识别合规风险，推动企业合规管理体系落地，堵塞企业合规管理漏洞，完善企业合规管理制度体系，提高企业合规管理效能。

一、违规举报概述

企业合规管理若忽视员工的力量，无异于让合规部门“唱独角戏”，不利于提高全体员工的合规意识和合规管理的参与度。违规举报本质上是一种信息披露行为，是企业员工从维护公平、诚信、合规秩序或者合法权益的角度，对内部违法、违规或不正常行为，通过披露信息给纠正该类行为的部门和人员报告的行为。[③] 披露这类信息的人员，在西方国

① （2021）沪01民终2032号，该案经最高人民法院审判委员会讨论通过，于2022年7月4日发布，系指导案例181号。

② 如巴塞尔委员会《合规与银行内部合规部门》第9.3条“检举/热线要求”、我国《企业境外经营合规管理指引》第二十条均有相关规定。

③ 周晓明. 公司内部举报制度研究[J]. 行政与法，2022(2)：118－128.

家法律制度中被称为“吹哨人”(whistleblower)。

违规举报是企业合规管理体系中的重要组成部分和保障企业合规管理体系运行的重要环节之一。违规举报机制是企业贯彻内部合规共治机制的核心，通常比单独实施的企业合规监管制度更善于发现违规或欺诈行为。员工与合作对象是企业经营管理活动的直接参与者，最容易收集业务活动中的各类信息，发现企业存在的问题或管理漏洞。通过设置违规举报机制，发动“群众力量”，企业可以较好地保护股东利益，更易及早发现并制止违法违规行为，识别隐藏的合规风险、消除或降低合规风险的不良影响，优化合规管理流程。

违规举报机制包含企业内部信息披露制度。2002 年，美国《萨班斯法》首次明确要求上市公司应建立内部信息披露程序，保证该程序的完整性和有效性。同时，这一内部披露程序的适当性应有外部监督人员的证明，否则美国证券交易委员会将禁止其在证券市场公开发行股票。

违规举报机制也是企业合规文化的重要体现。这一机制是否运行顺畅和发挥作用，关系着企业能否调动员工参与企业管理的热情、提高主人翁精神，提升企业的凝聚力。它也是判定企业合规文化建设成功与否、是否有效教育引导员工开展合规管理的重要指标之一。

(一) 举报的分类

违规举报从不同视角可以有不同分类。

1. 匿名举报和实名举报

依据举报人是否实名，举报可分为匿名举报和实名举报。实践中，举报者出于自身安全或其他因素考虑，多采用匿名举报方式。不过，匿名举报不利于与举报人联系和保护举报人，也易因非正当目的导致匿名违规举报机制被滥用。相反，实名举报的举报人多以公开署名方式向合规部门、企业管理层或外部监管部门检举、揭发或者控告企业存在的合规问题。因实名举报的可信度相对较高，查证便利性更强，举报受理部门更鼓励实名举报。

2. 企业内部举报和对外举报

依据举报对象的不同，举报可分为企业内部举报和对外举报。前者是企业员工或者其他举报人向企业合规部门或管理层发起的检举、揭发或控告行为；后者是企业员工或者其他举报人向企业外部监管部门的检举、揭发或控告行为。对外举报常常是在企业内部举报未得到及时处理，或者举报人对企业内部违规举报机制不信任或者举报内容涉及的问题较为严重的情况下发生。换言之，对外举报往往会引起相关监管部门的介入或者调查，从而转变为企业的合规风险事件。

3. 善意举报和恶意举报

依据举报的出发点或者结果区分，举报可分为善意举报和恶意举报。前者是举报人出于反映企业合规问题、制止违规行为而实施的检举、揭发或者控告行为；后者是举报人在利益驱使下，违背诚实信用原则，提起的不当举报行为。恶意举报多在嫉妒、私人恩怨或为打击竞争对手等不良动机下发起。显然，企业应倡导和积极鼓励善意举报。善意举报即使存在“错告”，企业也应予以最大限度的包容。而恶意举报应坚决反对，应限制适用举报奖励机制，具有敲诈勒索、威胁恐吓等涉嫌违法犯罪的恶意举报，企业应及时移送公安机关处理。不过，恶意举报结论的作出需要慎重，举报处理部门或者机构应综合考虑多方面因素加以判断或者甄别，否则可能引发员工对企业违规举报机制的信任危机。

4. 员工举报、商业伙伴举报和社会公众举报

依据举报人来源的不同，举报可分为员工举报、商业伙伴举报和社会公众举报等。企业合规部门常见的往往是来自企业内部的员工举报。基于合规承诺，与企业有着商业往来的企业或者个人也有可能发起举报。社会公众举报多数是不特定人群出于公共利益或个人利益考量提出举报。

（二）违规举报机制的功能

违规举报机制的建立对企业合规建设意义重大。它所具有的预警功能、监督功能、警示教育和合规文化示范功能，使违规举报机制成为企业合规管理运行体系中不可或缺的机制之一。

1. 预警功能

实施科学、合理的违规举报制度有助于鼓励员工随时报告企业存在的违规行为，帮助合规部门或者管理层发现合规风险或调查风险产生的原因，为风险应对措施的及时实施提供可能。违规举报的预警具有直接、明显的特性，犹如企业合规风险管理的“警灯”。若企业合规部门或者管理层忽略这一“预警”，或对举报未能正确处置，企业可能面临风险隐患暴露、风险事件不良影响扩大等危险。

2. 监督功能

控告和检举权是宪法赋予公民的基本权利。我国多部法律都有公众举报的内容。举报不仅是监管机关查处违法行为的基本手段，也是企业发现并制止不合规行为的重要手段与方式。由此，企业应鼓励员工或相关方通过建议、举报等方式对企业合规管理进行监督。

3. 警示教育和合规文化示范功能

企业对经举报查处的违规行为人往往会实施训诫、口头或书面警告、降职、调职、解雇等纪律处分。严重情形下，企业还可能向执法部门报告违法情况或向违规者提起民事诉讼。违规举报机制的落地实施和相关典型案例将对企业及其全体员工发挥警示、教育之功效，对违规者和潜在违规者形成威慑。违规举报机制不但能亮明企业合规管理的各项纪律、明晰责任，也可促进员工引以为戒、醒悟知止，进而形成“不敢违规”“不能违规”“不想违规”的合规文化氛围。企业鼓励善意举报，积极查证举报事件和线索，奖励举报人、处罚违规行为和责任人的一系列举动本身就是“真合规”态度的彰显和证明。这将对全体员工和社会公众的思想和行为产生指引、示范效应。“人人须合规”“违规必处罚”的观念将作为鲜活的合规文化传播于企业内外。①

① 黄胜忠，郭建军. 合规管理理论与实务[M]. 北京：知识产权出版社，2020：139.

二、违规举报机制

企业违规举报机制是否有效建立和运行关乎企业合规管理工作的成效。通常，科学、完整的违规举报机制包含以下内容。

（一）举报相关方与举报渠道

违规举报涉及多方主体，至少包含举报人、被举报人及企业处理违规举报的机构，如合规团队和管理层。举报人多为企业违法违规行为的知情人，包含企业员工、商业合作伙伴或者社会公众。被举报人多为违法违规行为人或者部门，是举报信息指向的对象。企业处理违规举报的机构多为举报信息接收或处理部门，如合规部门、法务部门、纪检部门等。这些机构有关违规举报的职责和工作内容主要有举报宣传、受理和处理举报、上（通）报举报调查结果、保护和奖励举报人、分析举报管理工作等。

"兼听则明。"为追求不当利益，企业有违规动机的人员会通过"技术处理"，千方百计掩盖自己的违规行为。不过，再处心积虑实施违法或欺诈行为的员工，也往往绕不开身边的人，或是需要他人配合，或是给同事留下蛛丝马迹，很难真正做到密不透风。员工向企业反映不合规问题，本身就说明问题可以在企业内部得到解决。因此，拓宽举报渠道、挖掘违规信息是企业合规管理的重要内容。这也意味着，企业不仅应向内部员工开放举报渠道，也不应忽视企业外部的举报信息来源。其上游供应商、下游销售商、代理商、消费者等都是帮助企业发现问题的重要的监督者。由此，企业应搭建多种反映违规问题的途径和方式。企业违规举报的渠道大致可分为线下举报和线上举报两类。线下举报渠道是设置在特定物理空间上的举报装置，如举报箱等。举报箱设立的地点应充分考虑和理解举报人心理，避免放置电子探头监控。线上举报渠道是利用现代通信技术、互联网技术等来实施的举报，如设置举报电话（或录音电话）、传真、线上举报系统、电子邮箱等。任何一种举报方式都各有优缺点，企业应设置多种举报渠道，并引导潜在举报人了解和选择适合的举报方式。

（二）举报保护机制

保护举报人是举报制度中最重要的内容，也是举报人的一项权利。企业或监管部门应明确规定举报信息保护与反打击报复政策及措施，消除举报人的担忧，使他们免受非法打击报复或陷入其他不利境地。健全的举报保护机制能激发企业员工依法依规、积极举报的热情，消除举报人的后顾之忧。

举报的保护首先体现在允许举报人自行决定举报方式，或实名或匿名。无论是否实名，企业均应对举报人的个人信息及举报内容严格保密。企业应按照风险类别，建立严格的信息存档和保密管理制度，强调隐私保护和数据安全。企业同时应根据调查需要，将信息仅发送给必要人员，缩小知晓举报人的范围，接触举报信息的人应承担保密义务。

告知举报人举报是否调查、调查进展和结果等体现了对举报人的尊重和肯定，也是举报保护制度的组成部分。此外，给予举报人奖励也是举报保护权的一种体现，以及对员工主人翁精神和正能量的鼓励。企业还应建立回避制度，严禁被举报者利用职权调取举报信息或对举报人施以任何形式的打击报复。

在对举报人的权益保护方面，举报人及其亲属的人身权益应免受侵害。企业及监管部门应对举报人及其亲属的正当职业权利给予保护，如采取将其调离原工作岗位或工作地区、职务升迁等。举报人及亲属的名誉权益免受不法侵害也是企业及监管部门应当关注的保护内容。

（三）举报奖励机制

举报奖励是企业或者监管机关对符合条件的举报者给予精神或物质上的肯定与激励。有效的举报信息能使企业避免、减少或者挽回经济损失或者信誉损失，维护企业市场形象，保护或增加企业交易机会。举报奖励机制的实施也可同时激发企业员工及第三方对违规举报的内心认同和积极支持。

企业还应当鼓励商业合作伙伴举报本企业的违规行为。如可向客户或第三方明示，若客户或第三方提供有价值的举报信息，企业将给予适当奖励，包括延续交易或扩大交易规模等。企业也可以将这类客户或第三方的上述表现作为重要的资信内容存入客户信息档案库。①

（四）举报反馈机制

企业或监管机关应当制定并执行举报反馈机制。举报反馈贯穿违规举报程序始终。根据反馈阶段的不同，举报反馈的告知内容也有区别：在筛查举报信息后，企业应当反馈是否受理或不受理举报；在举报受理后，企业应当反馈处理的情况；在举报调查结束后，相关部门应及时反馈调查结果。合规部门有责任在违规举报调查结束后，将调查结果反馈给举报人。

为避免争议，企业可以考虑在违规举报制度中明确举报反馈的内容，如处置结果及事实依据等。这既能彰显企业对举报的态度，也有助于提升违规举报工作的成效，消除举报人可能存在的误解，赢得企业全体员工对举报机制的信任和支持，推进企业合规文化建设。

三、违规举报调查与后续处理

企业应建立一套安全有效的违规举报调查与后续处理机制，以“信任、公正和保护”原则，促进员工对试图、涉嫌或确定的违规行为大胆举报。

违规举报调查与后续处理机制是企业通过个案调查，明确违规涉及的人员及数量、了解调查违规行为持续时间和频率、探究违规行为产生的根源、评估后果的严重程度，进而

① 方拯.企业合规管理实战入门[M].北京：人民邮电出版社，2022：145-147.

将违规调查的成果扩展到企业内部控制层面，以查明企业内部控制中的缺陷、发现合规管理体系的漏洞，从而修补、完善内部控制措施，进一步改进合规管理体系的一种机制。显然，违规举报调查与后续处理机制是企业及时发现违规线索，消除对企业内部人员或有关第三方不当行为的指控或怀疑，处理违规问题，最大限度减少违规行为引发的风险和损失的关键环节。完整的违规举报调查流程应包含以下几个方面的内容。

(一) 举报信息管理机制

信息是企业管理的基础。举报信息管理是指企业或监管机关按照规定的程序和要求对举报信息进行的收集、登记、评估研判、分流、调查、处置、归档、保密等工作内容与管理环节。企业合规管理的实施就是对信息收集、受理、保存、利用的过程。在信息飞速传播的当下，企业举报信息管理工作显得尤为重要。受业务管理、经营管理的专业性，以及合规部门人力、物力等的限制，违规行为调查与企业合规管理资源有限的矛盾难以避免。举报人披露违法行为是企业合规部门破解信息不对称、提升合规部门信息汲取和信息传导能力的重要手段之一。由此，如何处理原本隐蔽的违法信息，使其便捷地流向合规部门，强化合规部门与监管部门的合规管理效果就显得尤为重要。举报信息管理大致可分为以下两个环节。

1. 举报信息的初核

企业应结合经营规模和管理状况，设置特定部门或者委托外部第三方专业人员作为举报受理部门，并配置经验丰富的举报信息处理人员。企业应从制度上确保负责举报信息管理的部门或者人员工作的权威性、独立性，其业绩考核、职级升迁和工资待遇等应由其上级部门和领导决定，以免受到不当干预。

举报信息要全部登记在案。按照首办原则，举报受理部门第一个收到举报信息的人员应对举报材料进行梳理筛选，尽快开展初核工作。是否在违规举报受理范围是举报受理部门应重点考虑的内容之一。鉴于一些国家将可举报的信息限定于特定范围，企业应将举报范围仅聚焦于涉嫌某部门或其员工的违法违规行为以及违反职业道德和管理规范要求的行为等。企业也可明确将举报内容限于内部会计财务欺诈、企业内部控制、审计事务、腐败、金融犯罪等方面，确保举报信息及其处理符合有关个人信息保护的法律法规。

举报受理部门不应考虑举报人的动机，也不能在没有经过初步调查就排除合理怀疑。由于举报信息质量参差不齐，且通常只是违规事实的初步线索，举报受理部门要结合举报人身份、信息来源、举报内容翔实程度、是否有明确的举报对象和违规事件等多种因素，进行详细筛选、甄别，剔除明显无价值的信息，选择有价值的材料作为重点，进而判断举报信息的可信度，考察是否具备违规调查的条件、是否需要联合或移交给其他部门处理等。

2. 举报信息的分类处理

为方便后续调查、减少处理的盲目性，举报受理部门应对举报信息分门别类地梳理和分析，以较为精准地确定后续调查的事项和人员。必要时，举报受理部门还应及时进行证据保全和约谈相关人员，对不同举报信息采取不同举措。

对于举报内容具体明确、可信度较高或可查性较强的线索材料，受理部门应依规启动违规调查；若举报线索重大紧急，应优先转入受理程序；对不具有可查性的举报材料，受理部门应报请主管领导后，作出终结处理的决定并告知举报人；对虽有一定可查性，但内容不清晰、无法联系举报人或调查条件不成熟的举报材料，受理部门应报请主管领导后，暂存待查材料，直至条件成熟后再行启动调查程序。

同时，举报信息的受理实行“分级负责、归口办理”原则。信息处理人员应按照举报事项的来源或风险类别，将举报移送分流至对应职权部门或合规部门的相应人员，加强职能监管部门间的协作，保障违规行为后期调查与处置的一致性。

举报信息管理也包含着对举报信息的归档、保存。这既是依法依规对所有举报信息的完整保护，也是举报信息的保密、留痕及可追溯等工作要求。同时，企业应建立回避制度，严格禁止或限制企业高层及享有权力的人员调取举报信息。①

（二）违规调查机制

违规调查机制是企业为维护商业利益和品牌形象、加强内部治理和控制，依据法律法规及企业内部规则，由专门部门独立实施的有限度的、合法合规的内部证据收集和查证活动，以查明事件真相、防止内部舞弊事件持续发生。举报调查是违规举报机制的核心环节，大致经历以下三个阶段。

1. 确定违规调查主体、对象和调查方案

举报处理部门开展违规调查程序前，应根据前期的初核结果，制定调查方案，确定调查范围、调查形式、调查时限和资源投入情况等。

内部违规调查活动通常由企业内部人员和外部专家组成调查组。内部人员包括高级管理人员和企业运营、管理、财务、审计、法务人员等：外部专家包含高校相关领域专家、律师事务所的资深律师、会计师事务所会计师或税务师事务所的税务师等。为确保调查的独立、公正，企业应避免选择与举报人或被举报人存在利益冲突的内外部人员。内部违规调查的对象不仅包括内部员工，也可能涉及与企业有经济往来的其他企业。

2. 违规调查内容与程序

违法违规行为对企业的危害不仅包括资产流失、利润减少、经营亏损、经营秩序混乱，也包含企业声誉损害、管理秩序的破坏，严重的可能导致企业破产。企业违规调查涉及的违规行为多指企业内外人员用欺骗、滥用权力等违法、违规手段，谋取不正当利益的行为。违规行为包括但不限于：伪造费用支出，套取现金报销；收受供应商或第三方贿赂，谋得交易机会；伙同供应商或第三方虚构交易、虚增交易金额等套取企业资金。

违规调查的程序应根据企业情况与特定需要制定，遵循企业正常的管理秩序，如企业的资金管理流程、外部应收应付账款管理流程、企业采购与销售渠道管理流程等。企业也可参考《ISO 37002：2021 举报管理体系——指南》（Whistleblowing Management Systems—Guidelines）②、《ISO 37008：组织内部调查——指南》（Internal Investigations of Organizations—

① 方拯. 企业合规管理实战入门[M]. 北京：人民邮电出版社，2022：145－147.

② 该标准 2018 年开始起草，2021 年 7 月正式公布，是合规管理吹哨人制度的国际标准，旨在为实施、管理、评估、维护和改进稳健有效的举报管理系统提供指南（https：//www. iso. org/standard/65035. html）。

Guidance)[①]与我国有关纪检监察规则等制定违规调查程序。通常，违规调查程序包含审阅举报书面材料、访谈涉事人员、确定待查事实、出具调查报告和提出企业整改运营建议等。根据举报事项涉及不当行为的性质、影响及严重程度，企业应当实施不同的调查程序。若违规行为同时涉及违反党纪或企业其他管理规定的，企业纪检监察部门及相关职能部门应会同合规部门开展联合调查，并将调查结果上报共同领导。若违规行为涉嫌犯罪的，除报送司法机关外，还应根据企业违规处置机制追究责任。[②] 若违规行为牵涉范围较广，合规部门可以联合审计部门或委托第三方机构开展专项合规审计。

违规调查程序应在一定时限内完成。调查组除因需要向上级部门汇报外，整个调查过程中应对举报调查情况及举报人信息履行保密义务。对于情况复杂、涉及面广的违规调查，首席合规官在征得合规管理委员会同意后可适当延长调查时间，但应定期向合规管理委员会汇报调查进度。调查组应注意调查中的即时取证，对认定的事实应有明确证据支撑，以确保调查符合客观性要求。随着调查的深入，违规事实可能会存在变化，此时调查组应适时调整调查方向或内容。必要时，调查组应与举报人保持信息的更新和共享。

3. 违规调查报告

违规调查完毕后，调查组应出具调查报告，反映调查认定的事实、结论、违规处罚和合规改进建议等，并向举报人反馈调查结果。调查报告应在完整自洽的证据链基础上形成事实和结论。同时，合规部门应将与本次举报相关的所有文件妥善归档。

（三）举报处置机制

企业应当建立违规行为追责问责机制，明确责任范围、细化问责标准，按照相关规定追究违规人员责任。对造成企业资产损失或者严重不良后果的，企业应移交责任追究部门，如司法部门。对涉嫌违纪违法的，企业应移交纪检监察等部门或者机构。

企业作出违规行为处理决定前，应告知被举报人依法处置的事实、理由及依据，被举报人对此拥有申诉辩解的权利。为便于调查取证、鼓励违规人员自我纠正错误行为，企业可考虑实施一定条件下的“首报不究”制度。对于参与举报、协助侦破并退还违规所得的违规者，企业可免予追究或减轻追究其责任。同时，企业可建立员工履职违规行为黑名单制度，将违规行为的性质、发生次数、危害程度等作为考核评价、职级评定等工作的重要依据。

企业不能忽略违规行为暴露出的合规管理体系中的漏洞与不足。对举报信息进行数据分析是举报处置机制中不可或缺的组成部分。《中央企业合规管理办法》规定，中央企业应当建立违规问题整改机制，通过健全规章制度、优化业务流程等，堵塞管理漏洞，提升依法合规经营管理水平。[③] 若企业某块业务条线的举报数量较多，可能意味着某类管理制度、流程等存在风险，亟待修改以弥补合规管理漏洞，或需要合规部门配合业务部门加

---

① 该标准于 2023 年 4 月 25 日获 ISO/TC 309 所有成员国全票通过。该项国际标准是一项技术规范(TS)，旨在为相关组织开展内部调查提供指导，以提高调查人员的调查能力，有效降低风险(https://www.iso.org/standard/74094.html)。

② 方拯. 企业合规管理实战入门[M]. 北京：人民邮电出版社，2022：150－152.

③ 《中央企业合规管理办法》第二十三条。

强培训等，提高相关人员的合规意识和管理能力。

受社会环境、传统文化、市场竞争、行业交易习惯、企业监管督查漏洞、举报人心理等诸多敏感问题及因素影响，违规举报与查处充满了复杂性和敏感性。这也易导致企业实施违规举报调查面临诸多困难和障碍。实践中，有的企业尽管设置了违规举报制度，但举报人数寥寥、信息质量不高，对企业合规建设的贡献度甚微。这可能源于举报人“只举不报”，也可能是合规部门对违规举报查证与反馈不及时、不到位，或者对举报人的保护措施不到位、举报渠道不畅等。究其原因，还是企业对违规举报的重视程度不足所致。

近些年，员工舞弊致害企业的案件层出不穷。越来越多的企业将反舞弊合规作为合规文化及合规制度建设的重要内容。而员工舞弊治理在于“早发现”“早预防”。行之有效的违规举报机制就是阻止和减少内部舞弊的重要方法。2022 年，《全球舞弊调查报告》披露，有约 42%的舞弊案件来自举报。企业员工举报超过 50%，这个数量是企业内部审计的 3 倍。[①] 当下，社交媒体(SNS)和自媒体的快速发展使员工对外发声渠道广泛，直接向司法机关、新闻媒体甚至自媒体曝光举报的可能性比以往任何时候都要大。一方面，原本通过举报机制即可妥善处理的问题，若未经调查就被公之于众，容易令企业深陷信任危机。另一方面，一些企业的吹哨人因揭发企业内部问题导致被歧视对待、解雇解聘的事件也易引发关注，成为社会热点事件，令企业面临质疑。[②] 因此，一项受员工信赖、公开透明的举报制度的重要性不言而喻。企业若缺乏令人信任的违规举报及调查机制，就意味着把举报人推向其他举报渠道。那将会令问题走向扩大化、复杂化，甚至可能演变到企业无法控制的局面。故此，企业应当投入必要资源，安排专业调查人员独立、客观、分工明确地查证举报信息，以避免举报处理结果不当、失信于员工。不过，因各国在个人信息保护方面的法律要求和保护程度差异较大，跨国经营的企业需要留意那些对个人信息保护有特殊规定的国家和地区，以免本企业的违规举报机制引发不必要的合规风险。[③]

第三节　合规管理信息化

引例

中兴通讯公司出口管制合规信息化建设

“没有流程的管控是伪管控，不上线的流程是伪流程。”2018 年，在与美国 BIS 达成《替代和解协议》后，中兴通讯公司加紧落实出口管制合规体系优化计划。除增加合规投

① ACFE 官网相关介绍(https://legacy.acfe.com/report-to-the-nations/2022/)。

② Leonardo L. Paying too dearly for a whistle: properly protecting internal whistleblowers [J]. Fordham law review, 2017, 85(6): 2839-2878.

③ 例如，美国关注举报人的权益和企业举报作用的发挥，而欧盟个人信息保护法律更关注被举报人的合法权益保护。一些国家明确禁止匿名举报(如葡萄牙、西班牙等)，或对匿名举报有诸多限制。欧盟多国要求企业设置举报机制时，须向相关机构或政府部门备案或报批。

入、加强合规组织建设和合规文化培育外，该公司升级了出口管制合规信息化平台，于2020年推出自主设计开发的出口管制合规扫描系统ECSS，使审单全自动化、合规管控线上化，实现中兴通讯公司合规管控过程的可视化、可留痕、可追踪。考虑到公司下辖子公司须遵从多个国家或地区的法律法规，且须在保障信息安全的同时，接入多重企业管理信息系统、满足多元需求，该系统围绕出口管制合规要素[①]，通过集成对接业务系统，将合规管控要求嵌入流程，实现全员合规。同时，它能够自动扫描筛查公司大部分的业务和合作伙伴，快速分析合规风险和产品受控程度、计算占比等。这令出口管制合规专业人员仅需介入和处理少数业务的合规筛查及分析，既避免了人工筛查的疏漏、保证权威性和准确性，又使系统代替人工完成初步审核，极大提高了合规人员日常合规工作的效率。该系统的线上记录和流转轨迹也方便了公司开展证据留存和合规审计工作。这既保证了中兴通讯公司出口管制合规体系的有效落地，又赢得了监管部门及合作伙伴的信任。此外，中兴通讯公司注意确保整个信息系统运行中的数据安全、可靠可控和最新法律法规等要求的实时更新，相关功能不断得到完善。[②]

合规管理作为企业管理的重要一环，其有效性的发挥是实现合规价值的前提，而合规管理信息化是确保合规管理体系有效性的重要保障。随着计算机技术、网络技术和通信技术的发展和应用，在法治中国建设的数据化、网络化、智能化的推进下，合规管理信息化建设越来越被重视。《中央企业合规管理办法》以专章要求央企建立合规管理信息系统，运用信息化手段将合规要求和防控措施嵌入流程，加强信息系统互联互通，对重点领域、关键节点实时动态监测。各省（自治区、直辖市）国资委也对地方国有企业提出了类似的建设要求。

合规管理信息化是企业将现代信息技术应用于合规管理的各项活动。它能够通过合规管理线上流转、合规工作全程留痕、进度实时跟进、合规风险自动预警、在线合规审核评价等功能，逐步实现业务与合规管理平台的交互联动和刚性运行，减少或消除人为操纵，提升企业合规管理的效率和效能。显然，合规信息化建设对企业实现可持续化发展和提高市场竞争力的保障作用明显。它不仅能节约企业合规管理成本、提升管理质量，也将通过运行合规管理信息化体系把合规管理要求嵌入经营管理流程，明晰各部门合规管理权责边界，防止相互推诿。同时，企业通过数据分析、智能控制等方式，能全面而准确地识别合规风险，并对合规风险及时预警、快速处置，进而提升合规管理的有效性。而借助移动端、PC端等在线方式的合规管理培训和线上考核、评估等也将极大推进企业合规建设的步伐。

综上，合规管理信息化建设是企业提高合规管理效率和可靠性的必然要求，也是确保合规管理体系真正落地的重要保证和有力措施。同时，在企业发生纠纷或者面临监管部

---

① 其包括产品、伙伴、目的地及用途等四方面。

② 李辽.中兴通讯：从有效合规到高效合规[J].法人，2023(1)：39－41.

门调查的情境下，合规管理信息平台还是企业提供证据的重要来源之一。

一、合规管理信息化建设的目标

《中央企业合规管理办法》在“信息化建设”一章中，对我国央企合规管理信息化建设提出四方面的要求，即信息系统、流程管控、互联互通及合规监控。[①] 这些要求尽管主要针对我国央企，但对其他企业亦具有指导意义，可为企业合规管理信息化建设明确目标和方向。合规管理信息化建设的目标主要体现在以下几个方面。

（一）建立合规信息化系统，构建数字化合规平台

数字化信息库是合规管理模块运作、大数据分析的基础。为使合规管理拥有扎实的数据支撑，企业可在构建合规信息管理系统时，将法律法规、风险预警资信、信用平台、司法裁判数据、企业历史教训和经验等，通过信息化技术手段整合为企业合规义务库、合规风险数据库、企业合规制度库、典型案例库等，为合规管理信息化、数字化建设夯实数据基础，使合规管理有规可查、有据可依。

（二）合规要求和管控措施嵌入业务流程，强化合规过程管控

合规管理信息化建设在制度的执行、合规事务监管督办、合规管理与业务管理的融合等方面均应发挥“助推器”作用。企业可以外部合规要求和企业合规承诺为中心，将合规管控措施内化为信息系统控制规则，从根源上减少或消除人为操作的因素，提高运用信息化手段在合规管控业务流程场景中的运用。同时，各部门职能分配和权力的行使应能通过对信息数据的获取和控制来实现。这种直接、刚性和留痕控制，能明晰各部门权利义务职责、提高业务流转效率，减少违规行为发生的概率。

（三）联通不同部门系统，实现数据共用共享

企业应努力打破“数据孤岛”和“系统藩篱”，将合规管理信息系统与其他部门信息系统互联互通，助力企业“三道防线”信息共享，使合规审核和风险管控按业务模块和管理条线有序推进，提高业务合规审核分析的针对性和准确度。

（四）风险动态监测预警和快速处置

对于重点领域、关键节点，特别是合规风险事件频发领域，企业可通过算法和模型挖掘大数据信息、实时动态监测风险。当违规行为出现时，系统会发出警报，方便相关部门和人员及时处置。

当前，人工智能技术以前所未有的速度推广开来。ChatGPT、“文生视频模型”Sora等的发展，加速行业重塑并衍生全新的商业生态。为更有效地促进合规管理信息化落地、

① 《中央企业合规管理办法》第三十三条至第三十六条。

数字化管理和智能化发展，企业可根据自身信息化的成熟程度，不断汲取全球、国内及行业领域最新成果，对本企业合规管理信息化建设做好顶层规划与设计，开创出一套满足自身需求的"数据校验数据、流程比对流程、系统监控系统"的合规管理体系，以数据分析、风险监测为正确精准的合规管理决策提供大数据支撑，开拓企业资产保值增值的合规数智化发展之路。

二、合规管理信息化建设的内容

现代技术提供的各类工具和平台可以帮助企业实现多种合规管理目标。合规信息化建设本质上是使企业合规管理工作实现信息化。由此，合规管理信息化建设就是企业合规义务的信息化呈现和履行全部合规义务的信息化过程。具体而言，企业以数字化方式呈现所有外部监管规则、内部管理制度及各类承诺（包括对外合同、劳动合同、各类约定或承诺），并借助信息化的方式推进合规管理体系的动态运行。合规管理信息化建设可概括为以下几个方面的内容。

（一）合规信息化展示

以信息化方式展示合规管理内容是合规管理信息化的重要组成部分。企业可在合规管理信息系统中增加外部合规监管规则、典型案例、企业内部合规管理制度、合规培训、违规行为等模块或功能，方便管理者及员工迅速获取合规信息、提高工作效率。

海量且快速更新的外部监管规则已经不能简单依赖人力操作。目前，许多公共数据库或机构会提供外部合规监管规则或典型案例的查询服务，如各类法律数据库，各类判决、检察文书、行政处罚文书等。此时，企业员工需要具备相关检索能力，以免"淹没"在庞大的数据"深海"中。而内部制度的信息化建设对于企业往往更加迫切。特别是那些大企业或集团公司，在解决不同层级制度内容重复、制度衔接不畅、执行标准不一以及制度文本数量过大等问题时，亟须利用信息化手段，开展制度汇编或者编纂工作，以便企业有序管理制度，提高制度检索、传播和贯彻执行能力。内部制度信息化建设的过程中，大型企业也可结合自身需求，定制合规管理信息系统或 SaaS 服务，充分有效地展示各类合规信息。①

（二）管理流程的合规内嵌

合规管理流程化建构和运行能力的保障与提升是企业合规管理信息化建设的关键内容。企业应当定期梳理业务流程，查找合规风险点，运用信息化手段将合规要求和防控措施嵌入流程，并针对关键节点加强合规审查，强化过程管控。这项工作内容可简要概括为

① 软件即服务（software as a service，SaaS）的概念来自欧美发达国家，是"订阅式服务""软件按需服务""软件租赁服务""软件在线服务""企业软件服务"等商业模式的统称。它与传统软件（software）的核心区别在于，它并非"一次性购买"，而是以"客户需求"为核心驱动产品开发或为客户提供定制化的软件解决方案。为此，客户按照类似"长期租赁"的方式，根据软件使用人数多少，按年度付费。

流程合规管控的信息化。为实现合规管理与业务管理的有机融合，企业要以业务管控流程为核心，结合合规要求，分解业务管控流程，提炼出合规风险点（合规风险清单），形成合规审查的关键节点（流程管控清单），内化为系统控制规则，并通过信息化管理手段的运用，落实各项流程合规管控要求，以减少或消除由于人为操作因素导致的合规风险。

（三）合规数据共享

当前，企业为满足财务、投资、采购等运营管理需求，可能使用各类信息系统，如协同办公系统、ERP系统、MES系统、财务管理系统、营销系统等。它们因技术服务商、运行环境等的不同，在数据种类、分类以及使用、存储的要求上也不尽相同。由此导致数据标准不统一、数据交互不规范等问题，无法实现企业数据共用共享的目标。信息数据是企业"数字化转型"的基础。通过推进"数字化转型"，实现合规管理信息系统与其他信息系统的互联互通，企业可提升信息数据的应用质量、突破数字转型路径，使合规管理系统深度采集数据、剖析数据、创造数据，实现数据治理企业、数据挖掘风险、数据佐证决策的数字化管理模式，促进合规管理系统的合规数据管理与企业治理和发展的同步，提高工作和管理效率。为此，企业可以"风险管控"为导向，联通各业务部门，破除信息孤立、数据闭塞的藩篱，除开展数据互联互通的技术集成外，还应对数据管理进行体系建设，通过不同系统间的数据环境梳理，逐步建立完整、规范、统一的数据标准编码体系及管理制度，最终形成集合规制度建设、合规知识图谱、合同管理系统、合规风险识别、合规风险预警、合规风险管理决策、合规计划整改、违规举报查证、合规文化宣传、合规培训系统（如线上课件、自我考试等）、合规培训绩效考核、合规信息查询分析和结果展示及合规有效性评价等于一体的合规管理信息系统。

（四）合规信息动态监测与预警处置

企业可以利用信息技术，建立合规风险监测预警系统，对重点领域、关键节点实时动态监测，对违规行为进行风险识别，及时发出预警，进而启动应急处置机制，实现风险事件的快速处理。为此，企业应结合自身经营管理特点和战略目标，确立重点领域和关键节点；以合规义务库和合规风险库为基础，构建合规风险动态监测系统；以合规应急处置制度和机制为基础，实现快速圆满处置的管控目标。

合规风险的动态监测除上述监控对象、监控依据外，还应将合规管理需要的所有数据存储于一个平台内，方便观察关键指标及指数的变化情况，进行数据比对、分析。为实现实时动态的合规风险预警功能，企业应设定风险敞口或合规风险阈值，以便当某一指标达到预设的阈值或有违规行为发生时，或在超出企业合规风险的容忍度后，系统会自动发送预警信息给相关人员及时处置。企业也可以利用人工智能技术，让系统通过深度学习，不断自我完善，提高对潜在违规行为的识别精度。企业合规管理系统还可以根据预设模板，自动整理数据后生成合规风险评估报告，降低手工错误率并提高工作效率。

近年来，我国政府和相关监管部门对企业合规管理信息化建设的重视程度越来越高。通过信息化手段实现合规数据全面留痕、业务和合规管理线上流转、进展实时跟踪、风险动态预警、整改面面俱到等越来越成为企业合规管理信息化建设的方向。为此，企业要把合规管理信息化建设置于企业发展的“压舱石”“稳定器”的位置，通过数据埋点、智能监控、风险识别等技术手段实现风险识别、风险分析、风险处置等功能，令合规风险识别、预警、应对活动“扎根一线”，努力将合规管理从“事后补救”“事中控制”向“事前预警防范”转变。当然，在合规管理数智化探索的过程中，企业可以借助外部力量完成合规管理信息化建设。中小型企业则可以从自身合规管理的目标、需求、成本投入等因素出发，选择外部专业机构提供的类似“合规管家”式的繁简不一的合规管理套餐服务。这类多功能智能合规服务平台可借助大数据优势，为中小型企业提供合规义务信息、合规风险管控指导。在企业遭遇违规事件时，企业可及时向平台求助、获取合规风险应对的专业指导或者建议。

三、合规管理信息化体系的建设

合规管理信息化建设不是简单地将“线下”工作移至“线上”，也非单独的合规建设项目或者模块设计，而是对企业组织体系和工作方式整体建构或改造的一套完整的合规管控信息化解决方案。它包含企业合规资源的信息化、合规风险识别与评估的信息化、合规风险自动筛查，以及企业合作伙伴、产品和业务综合合规管理平台等。它也是企业信息化、数字化及数智化建设能力和水平的体现。为此，在合规管理信息化建设前，企业应充分评估原有管理系统的承载能力和拓展空间，做好整体规划的建设蓝图及实施阶段，然后分步实施、逐项推动落地。

（一）评估合规管理和信息化水平及需求

企业的合规政策、制度和管理规范是开展合规管理信息化建设的基础。唯有如此，企业的合规承诺、合规手册及各项合规制度才能以信息化的方式呈现并落地执行，相关管控流程方能凭借信息化工具记录留存、实现流转，从而以高效率、低成本、对业务影响最小的方式嵌入管理过程。

合规管理信息化建设的开展还需评估企业业务管理的信息化水平，确保能够完整准确地获取合规管理中的业务数据。业务信息管理系统及完整准确的业务数据信息是企业合规信息化管控的技术及运行条件。换言之，企业业务信息系统中的客户管理系统、产品销售系统、原材料采购系统等，若实现了数据共享、业务管理环节的信息互通，其合规管理信息系统就能获得合规筛查所需的数据信息，进而实现合规风险自动筛查等功能。这意味着企业客户信息、产品信息等基础数据的真实性和完整性会极大影响合规管理信息系统筛查或者分析比对结果的可信度。因此，企业业务管理状况（业务特点、运营模式和流程）及需求决定了企业开展合规管理信息化建设的必要性及建设方向和内容，也会对合规管理信息化水平产生重大影响。

（二）制定完整的合规管理信息化建设方案

企业应根据合规管理制度及合规管控需求，制定合理的合规管理信息化建设方案，以实现合规管理信息化建设的预期功能。例如，为实现对某类合规风险的动态监测，企业可根据该合规风险的合规监管特点，设定定期自动筛查功能。当合规风险识别结果呈现后，系统可自动中止相关业务、合规人员迅速介入，将进一步延伸该系统的合规风险预警及风险处置功能。当合规管理信息系统接入企业业务系统时，系统可根据业务环节及节点设置，将合规管控点融入业务的关键审核点，从而能够实现对企业业务活动的合规审查把控。

（三）开发、联调测试合规管理信息系统并试运行

合规信息管理平台建设团队应同企业相关业务人员、IT 技术人员充分沟通，把合规要求转化为业务语言、信息技术语言，以便相关人员能够更好地明晰合规管理要求或合规信息化建设需求，进而配合系统开发、对接和联调测试。在这一系统建设过程中，企业应重点关注合规管理目标和合规需求是否实现，并通过及时调整参数、匹配率等，降低合规管理信息化体系对业务运行的不当影响，确保合规管理和业务运行通畅间的平衡。

（四）合规管理信息系统的宣贯及运行

合规管理信息系统经过一定时期的灰度测试或试点运行后，合规管理信息化建设团队应开展面向企业全体员工的宣贯和推广。同时，相关人员应得到必要培训，以便熟练使用信息系统。在合规风险被系统锁定等特殊情况下，合规人员、业务人员和信息技术人员等均可知晓人工介入的条件和处置方式，以确保业务及合规管理流程的顺利进行。

合规管理信息化建设的好坏影响着企业合规管理体系运行效果的发挥。企业不仅应关注信息化体系的搭建，更应注意对信息系统的日常维护和持续升级改造。在合规管理信息系统运行期间，企业应投入必要的人力开展数据录入、更新等工作，否则可能发生合规信息缺失、滞后、误差等风险，导致多项功能无法启用。在系统运行出现故障时，相关人员应及时处理，并根据员工对信息系统使用后的反馈意见及时开展功能再造或者改进。同时，在新的合规义务出现时，企业应及时更新相关的合规信息数据库。

合规管理信息系统是企业合规管理体系的重要组成部分，关系着合规管理体系运行的有效性。由此，合规管理信息系统是否顺畅运行、是否实现合规管理的目标是企业合规管理需要关注的重要内容。目前，合规管理信息系统运行的另一常见问题是多部门数据互联共享困难，致使合规管理信息系统运行不畅。企业信息系统若未统一布局，而是按照业务逻辑独立配置需求，尽管各项系统经多年持续建设后数据信息丰富，但因数据共享、流程贯通等障碍无法突破，也易导致统一的合规管理信息系统难以建立或者为继。风险识别也可能基于不同业务逻辑在不同端口重复发起，影响合规管控效果的发挥。

自从我国政府将数据列为与土地、劳动力、资本、技术并列的五大生产要素后，[①]“数据是企业核心资产”“数据要素会对其他要素发挥倍增效应”等观念日益成为共识。在合规管理信息化建设中，海量的合规数据理应作为企业数据资产的一部分得到保护和重视。

---

① 2020 年 4 月《中共中央 国务院关于构建更加完善的要素市场化配置体制机制的意见》。

企业尤其应对合规数据加强分类分级及数据安全管理。推动合规信息数据的分类分级是企业合规管理的衍生内容。它不但在《中华人民共和国数据安全法》中有明确规定，我国各地及行业协会等均已发布各类指导企业数据分类分级的合规管理指引或行业标准。[①] 分类分级后的企业合规数据将为企业精准决策发挥积极作用。企业可以从业务需求及管理条线出发，对合规数据根据其性质、重要程度、影响范围和程度等区分不同的管理级别，匹配不同的安全管理措施，建立健全全流程数据安全管理制度，保障数据安全。

案例选读与思考

1. 合规文化是评价企业合规管理体系有效性的重要内容之一。你认为评估方应从哪些方面来判定"企业的合规文化已基本形成"？

2. 阅读下列材料，思考并回答问题。

筷子是中国传统饮食用具，也是中国传统文化的一块瑰宝。早在商周时期筷子就已出现，并于秦朝时期普及。筷子看似寻常之物，却内含乾坤。它一头为圆形、另一头为方形。在中国传统文化中，"圆"象征"天"，"方"则象征"地"，寓为"天圆地方"，隐含"天人合一"之精髓，反映了中国古代人民对世界的基础认识。筷子的标准长度为七寸六分，表示人有七情六欲。以七寸六分的筷长来警示人们：举箸之间，应不忘天地八荒，天地道法在心，克己复礼在行，不能忽略了"小""微"或看不见的影响因素，谨言慎行。

请结合上述材料谈谈筷子文化对我国企业合规文化建设有何启示。

3.《礼记·曲礼上》有云："入境而问禁，入国而问俗，入门而问讳。"请结合企业合规文化建设，谈谈该名言如何应用于企业合规文化建设中。

4. 企业应当采取哪些合理措施对举报者的身份信息及个人权益提供有效保护？

5. 当员工提请劳动争议仲裁或者诉讼，主张其曾举报原用人单位的违规行为遭遇违法解除劳动合同时，你认为争议解决机关应如何确定用人单位实施的解除劳动合同之管理措施与员工举报行为相关？

6. 如何看待企业吹哨人保密义务、忠实义务与作为言论自由的举报之间的关系？

7. 如何理解"合规管理信息化≠线上化"的说法？

8. 阅读下述材料，思考并回答问题。

2019 年 7 月，普华永道（PwC）因在处理员工个人数据时缺少合法依据而被希腊数据保护执法机构（Hellenic Data Protection Authority, HDPA）认定违反欧盟 GDPR，并被处以 15 万欧元的罚款。这是欧盟数据保护机构第一次针对涉及员工数据违规行为的处罚。HDPA 认为，首先，普华永道要求员工签署《个人数据处理同意声明》时，并未征得员工同意，不符合 GDPR 第 7 条"数据主体自由作出（freely given）"的要求。其次，普华永道

---

① 如 2021 年 12 月，广州市国资委发布《广州市国资委监管企业数据安全合规管理指南》，首次从国资监管角度对国有企业提出数据合规分类分级的细化要求。其他标准如《GB/T 38667—2020 信息技术 大数据 数据分类指南》《TC260－PG－20212A 网络安全标准实践指南 网络数据分类分级指引》《JR/T 0197—2020 金融数据安全 数据安全分级指南》《GB/T 39725—2020 信息安全技术 健康医疗数据安全指南》《YD/T 3813—2020 基础电信企业数据分类分级方法》等。

误导员工，使其错误地认为只要撤回“同意”，普华永道就会停止处理他们的个人数据。这违反了GDPR第5条(1)(a)项“处理个人数据的透明性要求”，对员工的告知并不充分、清晰和全面。最后，普华永道有义务证明其信息处理的行为符合GDPR，但其却有保存也未提供取得数据处理合法依据过程的记录。这违反了GDPR第5条第(2)款规定的“个人数据的可归责性(accountability)”原则。为此，HDPA要求普华永道在3个月内进行整改。[①]

请结合上述材料谈谈在合规管理信息化建设中，企业如何在收集和处理大量数据的同时遵守隐私保护法律法规的要求。

① 欧洲数据保护委员会官网相关介绍(https://www.edpb.europa.eu/news/national-news/2019/company-fined-150000-euros-infringements-gdpr_en)。

参考文献

[1] 陈瑞华. 企业合规的基本问题[J]. 中国法律评论,2020(1):178-196.
[2] 华东师范大学企业合规研究中心. 企业合规讲义[M]. 北京:中国法制出版社,2018.
[3] 哈罗德·J. 伯尔曼. 法律与宗教[M]. 梁治平,译. 北京:生活·读书·新知三联书店,1991.
[4] 郭青红. 企业合规管理体系实务指南[M]. 北京:人民法院出版社,2019.
[5] 毛逸潇. 合规在中国的引入与理论调适——企业合规研究述评[J]. 浙江工商大学学报,2021(2):149-160.
[6] 李世谦. 世界知名企业兴衰探秘[M]. 北京:冶金工业出版社,1993.
[7] 宋振国,卫灵. 权与法的较量 各国反腐败要案纪实[M]. 北京:世界知识出版社,1996.
[8] 王志乐. 合规:建立有效的合规管理体系[M]. 北京:中国经济出版社,2016.
[9] 范红旗. 法人犯罪的国际法律控制[M]. 北京:中国人民公安大学出版社,2007.
[10] 孟龙. 金融监管国际化[M]. 北京:中国金融出版社,1999.
[11] 汪逸真,丝文铭,郑昌錞. 法律与合规风险管理[M]. 北京:中国金融出版社,2015.
[12] 林子山,陈运琼. 巴林银行倒闭事件真相与教训[M]. 中国农业银行稽核部,译. 北京:中国金融出版社,1996.
[13] 赵玉洁. 金融风险管理[M]. 北京:对外经济贸易大学出版社,2015.
[14] 左柏云. 金融风险案例剖析[M]. 广州:广东经济出版社,2001.
[15] 欧爱民. 党内法规与国家法律关系论[M]. 北京:社会科学文献出版社,2018.
[16] 菲利普·科特勒,南希·李. 企业的社会责任——通过公益事业拓展更多的商业机会[M]. 姜文波,译. 北京:机械工业出版社,2006.
[17] 李素鹏,叶一珺,李昕原. 合规管理体系标准解读及建设指南[M]. 北京:人民邮电出版社,2021.
[18] 刘平. 行政执法原理与技巧[M]. 上海:上海人民出版社,2015.
[19] 蒋云贵. 法律风险理论与法学、风险学范式及其实证研究[M]. 北京:中国政法大学出版社,2015.
[20] 张广利. 当代西方风险社会理论研究[M]. 上海:华东理工大学出版社,2019.
[21] 李玮,袁振才,张雪锋,等. 健康风险评估精要[M]. 西安:陕西科学技术出版社,2018.
[22] 程岩,吴霞. 风险管理实训[M]. 成都:西南交通大学出版社,2019.
[23] 弗兰克·H. 奈特. 风险、不确定性和利润[M]. 安佳,译. 北京:商务印书馆,2017.
[24] 周玮,苏妍. 企业风险管理:从资本经营到获取利润[M]. 北京:机械工业出版社,2020.
[25] 方拯. 企业合规管理实战入门[M]. 北京:人民邮电出版社,2022.
[26] 卞传山. 企业法务与合规管理实务[M]. 上海:上海交通大学出版社,2021.
[27] 王雨辰,李琦. 企业合规指南与风险防控[M]. 北京:中国法制出版社,2022.
[28] 葛基中,刘伟华. 夹缝中生存:打造利润之舟[M]. 上海:百家出版社,2008.
[29] 刘俊生. 从两度奇相到东方商圣:范蠡传[M]. 武汉:华中科技大学出版社,2021.
[30] 陈瑞华. 有效合规的中国经验[M]. 北京:北京大学出版社,2023.
[31] 姜先良. 企业合规与律师服务[M]. 北京:法律出版社,2021.

[32] 罗伯特·K.殷.案例研究：设计与方法(原书第5版)[M].周海涛,史少杰,译.重庆：重庆大学出版社,2017.
[33] 黄胜忠,郭建军.合规管理理论与实务[M].北京：知识产权出版社,2020.
[34] 罗振辉.网络安全与数据合规法律实务[M].北京：中国法制出版社,2023.
[35] 周开畅,洪桂彬.劳动人事合规管理指南[M].北京：法律出版社,2023.
[36] 陈立彤,黄鑫淼.首席合规官与企业合规师实务[M].北京：中国法制出版社,2023.
[37] 李奋飞,陶朗逍.企业合规律师手册[M].北京：法律出版社,2023.
[38] 敖立,李文宇,张夕夜.现代企业合规指引[M].北京：中国政法大学出版社,2023.
[39] 赵靖.金融行业：合规体系与数字化[M].北京：法律出版社,2023.
[40] 蒋姮,王志乐.ESG合规管理实务与前沿问题[M].北京：社会科学文献出版社,2023.
[41] 乔远.企业合规风险管理：原理·实务·案例[M].北京：法律出版社,2023.
[42] 狄乐达.数据隐私法实务指南：以跨国公司合规为视角[M].何广越,沈伟伟,译.5版.北京：法律出版社,2023.
[43] 王秀梅.反腐败追逃追赃国际合作与企业合规建设[M].北京：中国人民公安大学出版社,2023.
[44] 陈瑞华,李玉华.企业合规与社会治理[M].北京：法律出版社,2021.
[45] 陈瑞华.企业合规基本理论[M].3版.北京：法律出版社,2022.
[46] 李勇.企业合规司法人员手册[M].北京：法律出版社,2023.
[47] 段秋斌.企业廉洁合规实务指引[M].北京：中国人民大学出版社,2024.
[48] 张思星.企业这样做不合规：企业合规风险经典案例精析[M].北京：中国法制出版社,2023.
[49] 佟智慧,王立,赵攀,等.国有企业合规前沿与实务探索[M].杭州：浙江工商大学出版社,2023.
[50] 周鋐.企业合规管理全流程：政策讲解＋热点解析＋操作实务[M].北京：人民邮电出版社,2023.
[51] 梁枫.大合规时代：企业合规建设指引与案例解析[M].北京：中国法制出版社,2023.
[52] 李素鹏,龙戎.合规管理体系标准解读及建设指南(修订扩展版)[M].北京：人民邮电出版社,2023.
[53] 周斌,韩琰.劳动争议指导案例、典型案例与企业合规实务：纠纷解决、风险防范、合规经营、制度完善[M].北京：中国法制出版社,2023.
[54] Edwards Jason, Weaver Griffin. The cybersecurity guide to governance, risk, and compliance [M]. Hoboken: John Wiley & Sons, Ltd, 2024.
[55] Sharon Ward. The changing function of compliance: a handbook to managing regulatory risk [M]. Oxford: Taylor and Francis, 2023.
[56] Petter Gottschalk. Corporate compliance and conformity: a convenience theory approach to executive deviance [M]. Oxford: Taylor and Francis, 2023.
[57] Ramakrishna, Saloni. Enterprise compliance risk management: an essential toolkit for banks and financial services [M]. Hoboken: John Wiley & Sons, 2015.

后　　记

与合规结缘于十多年前我主持的一项国有建筑企业法律风险管理体系建设课题。该课题以扎实的《法律风险识别清单》和《法律风险评估报告》为之后帮助企业搭建法律风险信息化预警系统奠定了坚实的基础，也为该课题画上圆满的句号。自此，我怀揣着浓浓的兴趣与热情，投身于这一领域的理论研究和实践探索中。2013 年，《企业知识产权管理规范》(GB/T 29490—2013)发布，全国范围内的企业知识产权贯标如火如荼地展开。我主持并见证了多家企业知识产权管理体系构建与实施的过程。之后，我有幸成为知识产权贯标认证兼职审核员，参与多家企业知识产权管理体系的贯标认证审核工作。在随后的十余年，我坚持每年为华东理工大学研究生开设至少一次"法律风险管理"课程及随后的"企业合规管理"课程，受到学生们的普遍欢迎。在教学和理论研究之余，我主持完成多家知名企业合规管理体系建设的咨询项目，对企业合规建设面临的困难和问题有了深刻理解。我也多次作为合规监督审核的专业人员，指导企业提出更符合本单位实际及合规管理需求的合规计划，并监督、引导他们通过积极开展合规管理体系建设，不断提升合规管理水平、强化企业管理效能，以期企业在迈入提速发展的新阶段下能更加稳健、高质量地运行。

以上经历是我多年致力于企业法律风险管理和合规学研究的动力源泉。而企业家们对建设合规管理体系转变企业治理方式、降低合规风险的渴望也在不断鼓励和支持着我尽早付梓成书，以飨读者。

本书的完成要感谢华东理工大学研究生院对本书的肯定以及多次给予的相关课程建设的支持。同时，我要感谢华东理工大学法学院领导、同事们一直以来的关心、支持和鼓励。本书在框架和体例安排上得到过他们多次建议和无私帮助。同时，我也要感谢本书编审委员会各位志同道合的专家们对本书成稿的关心与支持。他们在合规治理与企业合规管理的实务经验与职业体验增添了本书实证研究的分量。"滚动的石头不长青苔。"除选取国内外优秀、经典合规管理案例外，本书也有多个案例来源于近些年我国不同企业成功的合规管理实践，进一步扩展了本书的案例来源和研究视域。借此机会，我也要对提供这些案例的国泰君安股份有限公司党委办公室姚晓光、肖汉辰，国金证券股份有限公司审计稽核部郑武、董世杰，以及保乐力加(中国)贸易有限公司法律合规部周洁琼等表达诚挚的谢意。正是他们百忙中多次反复修改、总结本单位多年的合规管理实践，才使本书研究的一手案例更加丰富。同时，我也要感谢上述单位将合规管理实践以案例形式毫无保留地授权本书使用，令这些有益的做法有机会启发、影响更多企业和读者。显然，他们正以实际行动践行着企业合规文化，并生动诠释着企业的社会责任与担当。

感谢华东理工大学出版社编辑团队对本书从内容到排版的细致工作。感谢北京体育大学体育休闲与旅游学院研究生张琛瑶同学。在校阅书稿时，她谦虚好学、一丝不苟、精益求精，一遍遍认真、细致地对本书从内容到文字提出意见、建议，不仅高质量完成了书稿校对任务，还不断提出创新性意见、建议。感谢我的众多学生们。本书成稿之时，也是他们与我共同学习"企业合规管理"课程之际。他们积极反馈阅读本书后的体会，也时常与我就专业问题展开广泛而深入的讨论。欣喜之余，常带给我新的思考。正是在大家的共同努力下，本书才能以更为科学、更为规范、更加缜密以及更受学生欢迎的面貌呈现在读者面前。

川学海而至海，故谋道者不可有止心。合规治理与企业合规管理论题视域广阔、内容深邃，值得通幽洞微、潜精研思。志之所趋，无远勿届；穷山距海，不能限也。书中谬误与疏漏之处恳请读者不吝赐教。书稿留下的缺憾将鞭策我思勤深耕、笃行致远！

祝宁波

甲辰龙年于上海